Pedro Mártir Vermigli
Reforma Protestante. Con un legado que se extiende desde Nápoles hasta Zúrich y Oxford, Vermigli dejó numerosos comentarios bíblicos y tratados. Además, un grupo de discípulos leales compiló sus escritos en el extenso compendio teológico conocido como los *Loci Communes*. Esta es la primera entrega de un proyecto innovador destinado a traducir los *Loci Communes* por primera vez desde 1583. Presentada aquí en una traducción clara y erudita, la profunda discusión de Vermigli sobre el pecado original muestra las bases bíblicas y patrísticas de esta polémica doctrina, resaltando su importancia para la ortodoxia protestante. Este tratado se caracteriza por su habilidad exegética, erudición histórica y sofisticación filosófica.

The Davenant Institute

Loci Communes de Vermigli se convirtieron en una de las teologías sistemáticas reformadas más influyentes, especialmente en el mundo angloparlante. Kirk Summers ha traducido la selección de estos temas comunes relacionados con la esencial enseñanza cristiana sobre el Pecado Original, convirtiéndolos en un lenguaje moderno claro y comprensible. Para cualquier erudito o teólogo en formación familiarizado con la tradición reformada, este volumen es lectura obligatoria.

W.J. Torrance Kirby,
Universidad McGill, autor de "The Zurich Connection and Tudor Political Theology".

Pedro Mártir Vermigli es, sin duda, uno de los teólogos reformados más importantes del siglo XVI y sus *Loci Communes* son la joya de su obra colectiva. La conversión de esta obra al español contemporáneo es un valioso aporte para comprender el pensamiento de la Reforma y será enriquecedor tanto para académicos como para pastores.

Jordan J. Ballor,

Acton Institute y Junius Institute, autor de "Covenant, Causality, and Law: A Study in the Theology of Wolfgang Musculus".

Con esta traducción precisa pero maravillosamente legible, los estudiosos de la Reforma están en deuda con los editores y el traductor de este primer volumen de la nueva serie sobre los *Loci Communes* de Pedro Mártir Vermigli. Kirk Summers ha traducido fiel y elocuentemente a Vermigli, mostrándolo en su mejor momento, tanto sutil como enérgico. De esta manera, se ha abierto a un público más amplio el pensamiento del Reformador sobre algunos de los temas más centrales en las disputas del siglo XVI.

Gary Jenkins
Eastern University, autor de "Calvin's Tormentor's: Understanding the Conflicts that Shaped the Reformer".

LOCI COMMUNES

PRINCIPIOS FUNDAMENTALES DE LA FE CRISTIANA (II.1-3)

TEOLOGÍA PARA VIVIR
Fe y Palabra

El pecado original, el libre albedrío y la ley de Dios

PEDRO MÁRTIR VERMIGLI

Editado por
Kirk Summers & Joseph A. Tipton

IMPRESO EN LIMA,
PERÚ

EL PECADO ORIGINAL, EL LIBRE ALBEDRÍO, Y LA LEY DE DIOS

***LOCI COMMUNES*: PRINCIPIOS FUNDAMENTALES DE LA FE CRISTIANA (II.1-3)**

Autor: ©Pedro Mártir Vermigli
Traducción: Cynthia Y. Alarcón
Revisión de traducción: Cynthia Y. Alarcón
Lector prueba: Jaime D. Caballero
Diseño de cubierta: Angela García-Naranjo
Colección: Las Obras Completas de Pedro Mártir Vermigli
Título original:

> Peter Martyr Vermigli, *On Original Sin – Vol. 1: A New Translation of the Loci Communes (1576)*, translated and edited by Kirk Summers (Leesburg, VA: The Davenant Institute, 2019).
> Peter Martyr Vermigli, *On Free Will and the Law – Vol. 2: A New Translation of the Loci Communes (1576)*, translated and edited by Joseh A. Tipton (Leesburg, VA: The Davenant Institute, 2021).

Editado por:
©TEOLOGIAPARAVIVIR.S.A.C
José de Rivadeneyra 610. Urb. Santa Catalina, La Victoria.
Lima, Perú.
ventas@teologiaparavivir.com
https://www.facebook.com/teologiaparavivir/
www.teologiaparavivir.com
Primera edición: Noviembre del 2023
Tiraje: 1000 ejemplares

Hecho el Depósito Legal en la Biblioteca Nacional del Perú, N°: 2023-10571
ISBN Tapa Blanda: 978-612-5034-97-7

Se terminó de imprimir en noviembre del 2023 en:
ALEPH IMPRESIONES S.R.L.
Jr. Risso 580, Lince
Lima, Perú.

Prohibida su reproducción o transmisión total o parcial, por cualquier medio, sin permiso escrito de la editorial. Las citas bíblicas fueron tomadas de las versiones *Reina Valera* de 1960, y de la *Nueva Biblia de los Hispanos*, salvo indique lo contrario en alguna de ellas.

TABLA DE CONTENIDOS

PEDRO MÁRTIR VERMIGLI – *LOCI COMMUNES*:
PRINCIPIOS FUNDAMENTALES 1
***LOCI COMMUNES* – II.1: SOBRE EL PECADO ORIGINAL** 3
PRÓLOGO E INTRODUCCIÓN GENERAL 5
INTRODUCCIÓN AL VOLUMEN 15
***LOCI COMMUNES* -SEGUNDA PARTE (II.1)** 39

CAPÍTULO 1: SOBRE EL PECADO, ESPECIALMENTE DEL PECADO ORIGINAL, Y LA CORRUPCIÓN GENERAL DE LA NATURALEZA HUMANA 41
  §1: Los pelagianos sobre la naturaleza humana 43
  §2: La plenitud de Adán antes de la caída 47
  §3: Pighius sobre la culpa infantil 53
  §4: Concupiscencia: Propensión al mal 61
  §5: La remoción de la gracia divina en la caída 71
  §6: Recuperando nuestra humanidad en Cristo 81
  §7: El pecado original en los niños pequeños 93
  §8: Pighius sobre la plenitud original de Adán 103
  §9: El conocimiento natural 107
  §10: La transmisión del pecado original 111
  §11: El castigo de los niños no bautizados 121
  §12: La culpa generacional 123
  §13: Los padres piadosos y el pecado heredado 135
  §14: La culpa añadida 139

DIGRESIÓN SOBRE ROMANOS 5 147
  §15: El pecado definido 149
  §16: Cómo entra el pecado en el mundo 153

vi EL PECADO ORIGINAL, EL LIBRE ALBEDRÍO, Y LA LEY DE DIOS

§17: Cómo se propaga el pecado 159
§18: Las criaturas y la caída 171
LOCI COMMUNES – II.2-3: SOBRE EL LIBRE ALBEDRÍO Y LA LEY DE DIOS 187
INTRODUCCIÓN POR JOSEPH A. TIPTON 189
CAPÍTULO 2: SOBRE EL LIBRE ALBEDRÍO 213
§1: El libre albedrío 215
§2: Los estados de la voluntad 219
§3: Distinción entre necesidad y coerción 229
§4: Una crítica sobre el mérito de congruo y el mérito de condigno 235
§5: El caso de Cornelio 241
§6: La visión dinámica de Agustín sobre la gracia y la fe, y su relación con el caso de Cornelio 247
§7: Crisóstomo sobre el caso de Cornelio 255
§8: Las obras virtuosas fuera de Cristo son pecados 259
§9: El valor de las obras instrumentales para la salvación 265
§10: Características de una buena obra 273
§11: Conclusiones 285
§12: El libre albedrío de los regenerados 287
§13: ¿Es pecado la propensión innata al pecado? 291
§14: Clases de pecado y qué es lo que constituye pecado actual 295
§15: Implicaciones de esta postura 301
§16: El libre albedrío y la presciencia de Dios 309
§17: El libre albedrío y el poder de Dios: Respecto de la astrología 321
CAPÍTULO 3: SOBRE LA LEY DE DIOS 325
§1: Definición de la ley 327

§2: El error de los maniqueos 331
§3: El error de los pelagianos 335
§4. Pautas esenciales para explicar y obedecer la ley 339
BIBLIOGRAFÍA 347

PEDRO MÁRTIR VERMIGLI – *LOCI COMMUNES*: PRINCIPIOS FUNDAMENTALES

PETRI MARTY-
RIS VERMILII, FLOREN-
TINI PRÆSTANTISSIMI NOSTRA ÆTATE
THEOLOGI, LOCI COMMVNES.

Ex varijs ipsius Aucthoris & libris in vnum volumen collecti, & quatuor classes distributi.

PSAL. 46.
Deus in medio eius non commouebitur.

MATTH. 16.
Portæ inferorum non superabunt eam.

LONDINI,
EX TYPOGRAPHIA IOANNIS
KYNGSTONI.
1576.

LOCI COMMUNES – II.1: SOBRE EL PECADO ORIGINAL

4 EL PECADO ORIGINAL, EL LIBRE ALBEDRÍO, Y LA LEY DE DIOS

PRÓLOGO E INTRODUCCIÓN GENERAL

Chris Castaldo

ENFRENTADO a la persecución, la fuerza y la crueldad de este mundo, Pedro Mártir Vermigli (1499-1562) instó a los cristianos a abandonar las sombras de la ignorancia y reconocer dos realidades: su identidad en Cristo y la esperanza segura de ver un día a Dios cara a cara.[1] Ésta, según él, es la 'felicidad última del hombre', el deleite que sobrepasa todo placer mundano: ser aceptado por el Padre eterno en Cristo.[2] En su obra más antigua conservada, el *Comentario al Credo de los Apóstoles* (1541), Vermigli aborda el problema de la ignorancia de los cristianos respecto a su salvación en Cristo. La solución, sostiene, es un estudio diligente de la fe basada en el texto inspirado de las Escrituras, aplicando su visión

---

[1] Como en su *Credo*, Vermigli hace esta observación en sus comentarios sobre la *Ética a Nicómaco* de Aristóteles. *The Peter Martyr Reader*. Editado por John Patrick Donnelly, Frank A. James III y Joseph C. McLelland. (Kirksville: Truman State University Press, 1999), 24-26; 99.
[2] Vermigli et al., *The Peter Martyr Reader*, 7, 51, 99.

redentora a un conjunto de desafíos teológicos, morales y políticos. He aquí el genio de Vermigli. Como exégeta bíblico y filósofo de primer nivel, fue capaz de conectar la verdad divina con las cuestiones más acuciantes de su época; y como teólogo ofreció sus reflexiones con una preocupación abundante por el llamado de la iglesia en el mundo. Tal erudición multidisciplinaria surgió de su extraordinaria formación.

En 1514, a la edad de 15 años, Pedro Mártir (como se hizo conocido) entró a la orden agustiniana de la ciudad de Fiesole, a casi ocho kilómetros de su Florencia natal.[3] Luego de tres años —durante los cuales Vermigli se distinguió como un estudiante precoz—, fue enviado al norte al monasterio de San Giovanni di Verdara para comenzar sus estudios en la Universidad de Padua. Fundada en 1222, la Universidad de Padua alcanzó la cúspide de su prestigio durante los primeros años del siglo XVI. Allí, el joven florentino se encontró con la rica tradición de Aristóteles.[4] Sin caer en el partidismo que en ocasiones afligía a las escuelas aristotélicas, Vermigli se impregnó de la lógica y la metodología del Filósofo. Al mismo tiempo, su monasterio le proveía de una base firme en el estudio del humanismo renacentista.

Excepcionalmente enfocado, Vermigli suplementó su entrenamiento formal con un curso riguroso de estudio privado,

---

[3] Según la *Oratio* de Simler, la madre de Vermigli le había enseñado latín cuando era niño. Simler, "Oratio", en *Life, Letters and Sermons*. Traducido y editado por John Patrick Donnelly. The Peter Martyr Library, vol. 5, 9-62. (Kirksville: Thomas Jefferson University Press, 1999), 11.

[4] Para una taxonomía de las diversas "escuelas" aristotélicas de la época, véase John Patrick Donnelly, *Calvinism and Scholasticism in Vermigli's Doctrine of Man and Grace*, Studies in Medieval and Reformation Thought 18 (Leiden: Brill, 1976), 13-41, y Philip McNair, *Peter Martyr in Italy: An Anatomy of Apostasy*. (Oxford: Clarendon, 1967), 86-115. En adelante *PMI*.

un hábito facilitado por la exquisita librería de su monasterio.⁵ Luego de encontrar numerosos errores en la traducción latina de Aristóteles, decidió estudiar griego por las noches, para así poder leer directamente las fuentes. La adquisición de este lenguaje le abrió la puerta al humanismo del Renacimiento con gran profundidad e inmediatez. Bajo la tutela del profesor Pietro Bembo —probablemente el más distinguido académico humanista asociado a San Giovanni di Verdara—, Vermigli adquirió un apetito insaciable por el estudio de los textos clásicos.⁶ Luego de ocho años en Padua, Vermigli recibió la ordenación sacerdotal y, simultáneamente, recibió un doctorado en teología (1526).⁷

Los siete años que siguieron a la partida de Vermigli de Padua le abrieron nuevos horizontes vocacionales. Fue elegido para el oficio de predicador público, una ilustre posición en ese tiempo. Viajó desde el norte de Italia dictando clases sobre las Escrituras y la filosofía, y, donde fuera posible, estudió estos asuntos con cuidadosa atención.⁸ En tan solo unos pocos años, mientras servía en Bologna, Vermigli también aprendió por su cuenta el lenguaje hebreo —una hazaña no menor en aquellos días— con la asistencia de cierto doctor judío llamado Isaac.⁹ El ministerio de Vermigli se volvió tan distinguido que su orden

---

⁵ McNair dice: "Esta biblioteca fue una de las grandes influencias formativas en los primeros años de Vermigli". *PMI*, 93.

⁶ El "ambiente del humanismo devoto y erudito [de Padua]" es descrito por Dermot Fenlon, *Heresy and Obedience in Tridentine Italy: Cardinal Pole and the Counter Reformation*. (Cambridge: Cambridge University Press, 1972), 26.

⁷ Simler, "Oratio", en Vermigli, *Life, Letters and Sermons*, 17.

⁸ Según Simler, este estudio se realizaba sobre todo en las casas de su Congregación en Padua, Rávena, Bolonia y Vercelli. Simler, "Oratio", en Vermigli, *Vida, cartas y sermones* 17.

⁹ Simler, "Oratio", en Vermigli, *Life, Letters and Sermons*, 17.

8 EL PECADO ORIGINAL, EL LIBRE ALBEDRÍO, Y LA LEY
DE DIOS

agustiniana lo describió como *predicatorem eximium* (un predicador excepcional).[10] Luego, en la primavera de 1530, fue nombrado vicario de la casa agustiniana en Bologna. Fue allí, según McNair, que el ministerio de predicación y enseñanza de Vermigli lo condujo hacia una rutina más profunda e intencional de exégesis bíblica.

De los escolásticos arribó a los Padres, de los Padres a la Vulgata, y de la Vulgata a la Fuente misma, los Oráculos vivos de Dios en su expresión original. En Padua había aprendido griego para leer a Aristóteles; en Bolonga había aprendido hebreo para leer las Escrituras.[11]

En la medida en que su nombre se hacía más conocido en las más grandes ciudades italianas, Vermigli era promovido a una más alta posición. Por acuerdo unánime, fue hecho abad del monasterio de su orden en Espoleto.[12] Navegando con eficacia por las minas de la volátil política de Espoleto, se las arregló para poner orden moral en medio del caos. Tal visión y habilidad administrativa distinguió a Vermigli como un hombre capaz de implementar la reforma, una habilidad que a su vez le hizo ganar un nuevo y más grande rol como abad de San Pietro ad Aram en Nápoles.

Josías Simler, discípulo y biógrafo de Pedro Mártir, identifica a Nápoles como el lugar en el que el viaje teológico de Vermigli dio un giro evidente. Durante los tres años de peregrinaje en San Pietro (1537-1540), según Simler, "la luz más grande de la verdad de Dios" comenzó a brillar sobre él.[13]

---

[10] McNair, *PMI*, 118.
[11] McNair, PMI, 124-25.
[12] Spoleto está a unos 200 kilómetros al sureste de Florencia, un poco más de la mitad del camino hacia Roma.
[13] Simler, "Oratio", *Life, Letters and Sermons*, 19. Simler también señala que fue durante sus tres años en Nápoles cuando Vermigli "cayó en una enfermedad grave y mortal", aunque no tenemos ninguna

Siguiendo el análisis de McNair, esta "luz más grande" fue esencialmente "la doctrina de la justificación solo por fe... La aceptación de esta doctrina vital supuso una reorientación del corazón y la mente tan drástica que fue equivalente a una conversión."[14] Con esta nueva orientación teológica, Vermigli se dirigió al norte, en mayo de 1541, para convertirse en prior del prestigioso monasterio de San Frediano en Lucca. Fue allí en donde inició una serie de reformas educacionales y eclesiásticas que han sido asociadas al trabajo de Calvino en Geneva. Sin embargo, después de solo quince meses de tal avivamiento del evangelio, el Papa Pablo III se apresuró a ponerle fin, al reinstalar la inquisición romana. Reconociendo que era la discreción la mejor porción, Vermigli renunció a sus votos y tomó la difícil decisión de dejar su tierra natal.

Fue Martín Bucero quien arregló el nombramiento académico de Vermigli en la Escuela de Santo Tomás en Estrasburgo. Se esperaba del exiliado italiano que enseñara las letras sagradas, lo que procedió a hacer desde el Antiguo Testamento. Mientras estaba en Estrasburgo, Vermigli además se casó con una ex monja de Metz llamada Caterina Dammartín, "una amante de la verdadera religión", especialmente admirada por su caridad. Tras ocho años de matrimonio, ella murió en

---

indicación de si esta experiencia influyó en su conversión (ibid., 22). Se cree que esta enfermedad era malaria.
[14] McNair, *PMI*, 179. Frank James hace eco de esta interpretación, en la que afirma: "Hay pocas dudas de que Simler entendía que esta 'mayor luz de la verdad de Dios' era la doctrina de la justificación solo por la fe". *"De Iustificatione*: La evolución de la doctrina de la justificación de Pedro Mártir Vermigli". Tesis doctoral, Westminster Theological Seminary, 2000, 1.

10 EL PECADO ORIGINAL, EL LIBRE ALBEDRÍO, Y LA LEY DE DIOS

febrero de 1553, aunque Pedro Mártir se casaría de nuevo, con otra Caterina, en mayo de 1559.

Tras cinco fructíferos años enseñando en la ciudad alsaciana, Vermigli recibió una invitación en 1547 del Arzobispo Tomás Cranmer para fortificar la recientemente independiente Iglesia de Inglaterra con la teología reformada como Regius Professor de Divinidades en Oxford. Entre sus muchos logros durante este período, dio clases sobre Romanos, produjo varios tratados teológicos, defendió al protestantismo en la famosa Disputación Eucarística de 1549, y asistió a Cranmer en reformar la Iglesia de Inglaterra al revisar el libro de la Oración Común, en la formulación de los cuarentaidós artículos (más tarde condensados en treintainueve artículos autoritativos) y al contribuir a las Leyes Eclesiásticas de la Reforma de 1551 a 1553.

Con la ascensión de la reina católica María I en 1553, Vermigli se vio forzado a dejar Inglaterra. Al volver a Estrasburgo, fue inmediatamente puesto en su posición en la Escuela Superior. Y en adición a las labores teológicas de enseñanza y escritura, se reunió con exiliados marianos en su casa para estudiar y orar. Eventualmente, aceptó la oferta de Enrique Bullinger en 1556 para suceder a Conrad Pellican en la Academia de Zúrich. A pesar de tener numerosas oportunidades de enseñar a lo largo de Europa, incluyendo invitaciones de Calvino para enseñar en Geneva y pastorear a la congregación italiana, Pedro Mártir permaneció en Zúrich. La excepción a esto fue su viaje al Coloquio de Poissy junto a Teodoro de Beza en 1561, en donde rebatió a los líderes católicos frente a la Corona francesa y dio testimonio a la reina Catalina de Médici en su italiano nativo.

Vermigli murió en Zúrich el 12 de noviembre de 1562, en presencia de su esposa y amigos. De acuerdo con Simler, quien estuvo presente junto con Enrique Bullinger y un grupo pequeño de personas: "[Pedro Mártir] estuvo silente en una reflexión personal profunda; luego se volvió a nosotros y declaró, con una voz más bien clara, que reconocía que solo en Cristo hay vida y salvación, quien ha sido dado por el Padre a la raza humana como su único salvador." Esta frase "salvación solo en Cristo" resume adecuadamente la doctrina de Vermigli, una fe en la que vivió y murió.

Los *Loci Communes* de Vermigli

La exposición a Vermigli como teólogo a menudo comienza con la lectura de sus *scholia* o *topoi* (tratados de varios "tópicos"), que aparecen a lo largo de su comentarios bíblicos y que Robert Masson reunió y publicó en Londres como los *Loci Communes* ("Principios Fundamentales") en 1576.[15] El método de *Loci*, que experimentaba un reavivamiento en los días de Pedro Mártir, puede asociarse a un procedimiento quirúrgico por su relativamente estrecho alcance y análisis meticuloso de un asunto.[16] Más que ninguna otra figura, se le acredita a

---

[15] También conocido como Robert le Maçon, Sieur de la Fontaine, Masson fue ministro de la congregación francesa en Londres. Familiarizado personalmente con la obra de Pedro Mártir en Inglaterra, también asistió a la conferencia de Poissy en 1562. Para la estructuración de los *Loci Communes* de Vermigli, Masson tomó como modelo la *Institución* de Juan Calvino, ordenando los temas en cuatro libros, una decisión comprensible dada la solidaridad teológica compartida por los teólogos italianos y franceses, por no mencionar el deseo de ofrecer una presentación unificada de la doctrina reformada. El alcance y la secuencia de la obra son familiares: Dios creador; pecado y salvación; predestinación; llamado; unión con Cristo; resurrección; Espíritu Santo; Iglesia; sacramentos; magistrados y Estado.

[16] Para una visión general de su historia y desarrollo, véase McLelland, "A Literary History of the Loci Communes", en *A Companion*

Aristóteles (384-322 a.c.) el haber popularizado esta aproximación, seguido de Cicerón (106-43 a.c.), quien la había encontrado primero en los *Topica* del Filósofo.[17] El método también extrajo algo de la tradición humanista representada por Lorenzo Valla (1407-1457), con su mordaz análisis histórico, gramatical y retórico.[18] En el contexto de Vermigli, la escritura de *loci* teológicos a menudo amalgamaba estos métodos dialécticos y retóricos.[19] Respecto al primero, era una manera de argumentación enfocada sistemáticamente al ceder, negar, y admitir pruebas (*concedo, nego, admitto casum*). Respecto al segundo, aplicaba las herramientas de exégesis a los textos.

Publicados unos catorce años luego de su muerte, los *Loci Communes* de Vermigli se convertirían en uno de los trabajos teológicos más significativos de finales del siglo XVI. Joseph McLelland nos ha dado una historia literaria de los *Loci*, explicando que era natural para los discípulos de Pedro Mártir que reunieran varios *scholia* en un compendio teológico como

---

to Peter Martyr Vermigli, editado por W. J. Torrance Kirby, Emidio Campi y Frank A. James III (Leiden: Brill, 2009), 479-94.

[17] Los *Topica* de Aristóteles forman parte de su *Organon*, una colección de obras lógicas que abordan principios y métodos de presentación de pruebas.

[18] Cesare Vasoli, "Loci Communes and the Rhetorical and Dialetical Traditions." En *Peter Martyr Vermigli and Italian Reform*, editado por Joseph C. McLelland. (Waterloo, Ontario: Wilfred Laurier University Press, 1980), 20-21.

[19] Paul Oskar Kristeller. *Renaissance Thought: The Classic, Scholastic and Humanist Strains.* (Nueva York: Harper & Row, 1961), 92-119. Éste fue el caso, por ejemplo, de instituciones que presentaban una mezcla de planes de estudios escolásticos y humanistas, como la Universidad de Padua, donde Vermigli recibió su educación, o la Universidad de Heidelberg, de la que Martin Bucer recibió influencia durante sus estudios en el monasterio dominico de Heidelberg. Véase Martin Greschat, *Martin Bucer: A Reformer and His Times*, (Louisville: Westminster John Knox Press, 2004), 18-20.

una manera de elucidar su pensamiento.[20] A su tiempo, los *Loci Communes* de Vermigli verían más de una docena de ediciones que siguirían su publicación inicial en 1576 y se convertirían un en vehículo central para expandir la teología reformada a través de Europa y más allá.[21] "La traducción al inglés de 1583 tuvo un lugar especial", escribe McLelland, "al viajar al Nuevo Mundo en buenas condiciones. En una reciente clase en Harvard, Diarmaid MacCulloch afirmó: "las obras de Pedro Mártir se volvieron un tipo de manual teológico temático, *Los Principios Fundamentales*. Si buscaban en la librería aquí en Harvard en 1636, supongo que sería [el] libro más hojeado que encontrarían."[22]

Al leer los *Loci Communes* de Vermigli, un podría preguntarse: ¿Fue él más un humanista o un escolástico? El incisivo trabajo de Pedro Mártir en filología, patrística, exégesis y estudios rabínicos sugiere que lo primero, en tanto su

---

[20] Algunos de estos *scholia* eran relativamente breves, no más de un párrafo. Otros son extensos tratados. Ya en 1563, el año siguiente a la muerte de Vermigli, Teodoro de Beza escribió una carta fechada el 1 de julio de 1563 instando a Heinrich Bullinger a considerar una teología sistemática a partir de los escritos de Pedro Mártir. McLelland, "A Literary History ", 486.

[21] La traducción inglesa de los *Loci Communes fue* realizada por Anthony Marten (m. 1597), quien tomó como base la versión de Masson. Modificó ligeramente la disposición de los temas y añadió nuevo material, en particular el gran apéndice que comprende esencialmente el Libro Quinto. Su título fue *The Common Places of the most famous and renowned Divine Doctor Peter Martyr*, dividido en cuatro partes principales, con una gran adición de muchos y necesarios discursos teológicos, algunos nunca antes existentes. Traducido y recopilado en parte por Anthony Marten, uno de los Cosedores de la Honorable Cámara de su Majestad (Londres: H. Denham y H. Middleton, 1583).

[22] McLelland, "A Literary History", 488, citando a Diarmaid MacCulloch, 'Can the English Think for Themselves? The Roots of the English Reformation" en *Harvard Divinity Bulletin* 30/1 (primavera de 2001), 19.

confianza en la cuádruple causalidad (distinguiendo entre *substantia* y *accidentia*, y la *quaestio*) y el uso de metáforas naturales podría sugerir lo último. La verdad es que Vermigli fue moldeado por ambos elementos de su notable trasfondo. Nacido en Florencia —capital de la Italia renacentista— y formado en la Universidad de Padua, un centro de la filosofía aristotélica y el escolasticismo, Pedro Mártir empleó ambas tradiciones al combatir la ignorancia teológica.[23]

Cerca de quinientos años después, las sombras de la ignorancia continúan retrocediendo, y los *Loci Communes* de Pedro Mártir continúan hablando, impartiendo iluminación a aquellos que seguirán el ejemplo del antiguo mentor de Vermigli, Agustín: "*tolle lege, tolle*" ("toma y lee, toma y lee").

---

[23] Joseph C. McLelland, " Peter Martyr Vermigli: Scholastic or Humanist?" En *Peter Martyr Vermigli and Italian Reform*, editado por Joseph C. McLelland. (Waterloo, Ontario: Wilfrid Laurier University Press, 1980), 141.

INTRODUCCIÓN AL VOLUMEN

Kirk Summers

EL COMIENZO del segundo libro de los de Pedro Mártir Vermigli (1499-1562) examina la pregunta central de la humanidad frente a Dios: ¿De qué manera el pecado y caída de Adán resultó en la culpa de su posteridad y sujetó a todas las personas a la muerte?[1] La Iglesia tradicionalmente sostuvo el punto de vista de que el primer pecado de Adán, en el que Eva lo indujo a comer del fruto prohibido, tuvo ramificaciones catastróficas para la raza humana.[2] Ya que él se posicionaba

---

[1] Para otra visión general de las opiniones de Vermigli sobre el pecado original centrada más en su metodología escolástica, véase John Patrick Donnelly, SJ, *Calvinism and Scholasticism in Vermigli's Doctrine of Man and Grace* (Leiden: Brill, 1976), 104-16. Para una visión más breve de las fuentes de la primera sección tomada del comentario del Génesis, véase Emidio Campi, "Genesis Commentary: Interpreting Creation", en *A Companion to Peter Martyr Vermigli*, ed., Torrance Kirby, Emidio Campi. Torrance Kirby, Emidio Campi y Frank James III (Leiden: Brill, 2009), 209-30, esp. 225-26.

[2] El tratamiento clásico de la historia de la doctrina puede encontrarse en Julius Gross, *Geschichte des Erbsündendogmas: Ein Beitrag zur Geschichte des Problems vom Ursprung des Übels*, 4 vols. (Munich: Ernst Reinhardt Verlag, 1960-72). El primer volumen abarca desde la época de la Biblia hasta Agustín; el segundo trata de la evolución desde Agustín hasta la escolástica temprana; el tercero examina la evolución en

como la cabeza representativa de la humanidad, su acto de rebeldía frente a Dios, el pecado original, garantizó la muerte para todos los que vinieran de él. Llevaba en sus entrañas a la totalidad de la raza humana. De esta manera, cada niño que viene al mundo carga con la mancha de este pecado y, por tanto, merece la condenación eterna. Sin embargo, Dios en Su gracia ha provisto de una solución para este dilema, primero a través del bautismo como un sello, pero en última instancia a través del sacrificio de Su hijo Jesucristo.

La presentación de la doctrina del pecado original de Vermigli cae dentro de un amplio espectro de esta tradicional posición ortodoxa. Los oponentes comunes de todos, sean católico-romanos o protestantes, fueron los antiguos herejes pelagianos representados en la figura de Albert Pighius (c. 1490–1542).[3] Este último asistió al Coloquio de Regensburg (1541) sobre el posicionamiento católico y permaneció fiel al papado durante toda su vida, a pesar de tener ciertas diferencias doctrinales. En consecuencia, a lo largo de esta sección en los *Loci* serán estos dos los que servirán de adversarios para que

---

la escolástica tardía (siglos 12th -15th); el cuarto abarca la Reforma y más allá. Para un análisis perspicaz de las opiniones de Calvino, véase Barbara Pitkin, "Nothing but Concupiscence: Calvin's Understanding of Sin and the *Via Augustini*," *Calvin Theological Journal* 34 (1999): 347-69 ; y Nico Vorster, "Calvin's Modification of Augustine's Doctrine of Original Sin", en *Restoration through Redemption: John Calvin Revisited*, ed. Henk Belt (Leiden: Brill, 2013), 45-61.

[3] Pelagio vivió entre los años 360 y 418. A instancias de Agustín, el Papa Inocencio I lo condenó, principalmente por sus opiniones sobre el impacto de la Caída en el libre albedrío del hombre. Pelagio creía que los seres humanos conservaban su poder de elegir el bien o el mal incluso después de la Caída, al tiempo que rechazaba la noción del pecado hereditario. Su alumno Coelestius (o Celestius, se desconocen las fechas exactas) llevó sus enseñanzas al extremo, causando alarma entre los líderes cristianos. El Concilio de Éfeso de 431 condenó sus enseñanzas como herejía. Véase Robert Evans, *Pelagius: Inquiries and Reappraisals* (Nueva York: The Seabury Press, 1968); y Brinley Rees, *Pelagius: A Reluctant Heretic* (Wolfeboro, NH: The Boydell Press, 1988).

Vermigli haga su presentación. Él estructura sus argumentos de un buen modo dialéctico al declarar los puntos de vista opuestos y las contradicciones y luego resolverlas, usando tanto la razón como las Escrituras. Pero incluso entre los cristianos ortodoxos, los pormenores de esta doctrina, a menudo misteriosa e impenetrable, admiten algunas variaciones dignas de mencionar, incluyendo el proceso y mecanismo por el cual la corrupción de Adán se disemina y qué papel juega el bautismo en relación con el pecado original. Vermigli vadea por estos asuntos con gran reverencia, examinando muchas opiniones divergentes entre los Padres (especialmente Agustín) y los escolásticos, y en ocasiones tomando prestado un punto u ofreciendo opciones como una posible contraposición a un punto favorecido. Sus presupuestos protestantes influyen naturalmente en su opinión sobre lo que considera más sensato entre cualquier conjunto de argumentos.

Agustín consideró a los pelagianos como una amenaza significativa hacia las doctrinas establecidas de la Iglesia. Él escribió numerosos tratados en contra de representantes de esta secta, sobre todo entre los años 412 y 429, atacando su posición sobre el libre albedrío y el pecado original.[4] En estos escritos tocó el tema sobre la creación del alma, qué es y no es natural para un ser humano, la gracia y la remisión de pecados, los problemas que plantea el pecado original al matrimonio, y el concepto de concupiscencia. A través de estas obras construye un retrato mixto del pelagianismo y una delineación de sus

---

[4] Convenientemente, la mayoría de los extensos escritos de Agustín contra los pelagianos han sido reunidos en un volumen y traducidos en *Saint Augustin: Anti-Pelagian Writings*, traducido por Peter Holmes, Robert Wallis y Benjamin Warfield, 1st ser., vol. 5 de *Nicene and Post-Nicene Fathers*, ed. Philip Schaff (Grand Rapids, Reino Unido). Philip Schaff (Grand Rapids, MI: Eerdmans, 1980 repr.) (en adelante NPNF).

18 EL PECADO ORIGINAL, EL LIBRE ALBEDRÍO, Y LA LEY
DE DIOS

propias teorías. Con respecto a lo último, él no es siempre tan preciso o consistente como debería ser, y así lo hace notar el mismo Vermigli.

Sin embargo, en un tratado titulado *Las Herejías*, escrito en el 428 por solicitud de un cierto diácono llamado Quodvultdeus, quien deseaba tener un recuento de todas las herejías conocidas, Agustín provee una panorámica útil de las herejías pelagianas según las había entendido, incluyendo una breve mención de aquellas que tenían que ver con el pecado original. Entre los protestantes de convicción reformada, como era Vermigli, esta obra tuvo un defensor y comentador en el académico y teólogo Lambert Daneau (1530–1595).[5] Más conocido por sus escritos sobre hechicería, física, y ética, Daneau también se vio atraído a la exposición de Agustín de las herejías, como una manera de abogar por la disciplina eclesiástica durante sus días. Él explica la sección de Agustín sobre los pelagianos, y en el proceso construye una lista bien ordenada y un breve resumen de las doctrinas pelagianas concernientes al pecado original, al menos aquellas que

---

[5] Lambert Daneau, *D. Aurelii Augustini Hiponensis Episcopi liber De haeresibus, ad Quodvultdeum... emendatus et commentariis illustratus, a quo eodem additae sunt haereses ab orbe condito ad constitutum Papismum et Mahumetismum, etiam ea quae hic erant ab Augustino praetermissae* (Ginebra: Eustache Vignon, 1578), 215^v -217^r . Para obtener información biográfica sobre Daneau, puede consultarse lo siguiente: Paul de Félice, Lambert Daneau (de Baugency-sur-Loire), Pasteur et Professeur en *Théologie 1530-1595: Sa Vie, Ses Ouvrages, Ses Lettres Inédites (*París: G. Fischbacher, 1881); Olivier Fatio, "Lambert Daneau", en *Shapers of Religious Traditions in Germany, Switzerland, and Poland, 1560-1600,* ed., Jill Raitt (New Haven: Eustache Vignon, 1578). Jill Raitt (New Haven, CT: Yale University Press, 1981), 105-119. Véase también Olivier Fatio, *Nihil Pulchrius Ordine: contribution à l'étude de l'établissement de la discipline ecclésiastique aux Pay-Bas, ou Lambert Daneau aux Pays-Bas* (1581-1583) (Leiden: Brill, 1971); y Olivier Fatio, *Méthode et théologie. Lambert Daneau. Les débuts de la scolastique réformée* (Ginebra: Droz, 1976).

encontraba más peligrosas y contrarias a la fe reformada. Para nuestros propósitos, por tanto, la ampliación "reformada" sobre el resumen de Agustín nos ofrece indicaciones bien recibidas para guiarnos a través de la obra de Vermigli.

En su comentario, Daneau explica que los pelagianos aceleraron su descenso hacia la herejía cuando comenzaron a establecer *hipótesis* o axiomas que no dependían de las Escrituras, sino que emergían de sus propias preferencias y definiciones. Según Daneau, los pelagianos incluyen un axioma, primario entre todos los otros, que es fundamental para todos los errores que siguen: ellos sostienen que Adán hubiese muerto incluso si no hubiese pecado, puesto que hacerlo era algo inherente a su condición. En otras palabras, la muerte para Adán y para toda la humanidad es natural.

Podemos no captar inmediatamente la significancia de este axioma como una fuente de la cual fluye un torrente de dogmas heréticos, pero Daneau considera que ésta es una estratagema destinada a sustentar ciertas posiciones pelagianas erróneas, a saber, que el pecado no amerita la pena de muerte, y que Adán no le traspasó la muerte o el pecado a su posteridad. Daneau rebate estas ideas apuntando a Romanos 5:12, en donde Pablo proclama: "Por tanto, como el pecado entró en el mundo por un hombre, y por el pecado la muerte, así la muerte pasó a todos los hombres, por cuanto todos pecaron."[6]

---

[6] Esta es la traducción de la Biblia de Ginebra de Thomson, siguiendo el latín de Teodoro de Beza. Sobre la posibilidad de que el texto griego signifique a *causa de Adán todos pecaron* en lugar de *en Adán todos pecaron*, véase Vorster, "Calvin's Modification", 50. Pero Teodoro argumenta vehementemente contra esta interpretación en sus anotaciones, citando paralelismos con la gramática y citando a Agustín. También señala que, si se quiere decir *porque*, el v. 15 no crea un contraste especular, ya que allí Pablo no está afirmando que Cristo salva

Asimismo, Daneau cree que Romanos 5:12 contradice la posición pelagiana de que el pecado de Adán no dañó a nadie más que a sí mismo, a no ser en la medida en que su posteridad pueda estar inclinada a imitarlo. En el punto de vista pelagiano, la contribución de Cristo consistió meramente en proveer un contraejemplo de Adán y enseñarnos a vivir bien, en tanto que "hace corresponder la medicina y remedio para el dolor con el tipo de herida." Esto, dice Daneau, permite que estas herejías nieguen la existencia del pecado original o su transmisión de los padres a los hijos a través de la procreación. Aún más, los pelagianos enseñan que el deseo o concupiscencia (el término de Agustín para definir el pecado original) es natural a nosotros, y que es bueno y no es algo por lo cual debamos sentir vergüenza.

Ellos dicen esto para menoscabar la visión sostenida por algunos (aunque no Vermigli), de que el pecado original se deriva del deseo que los padres experimentan en el acto conyugal. Los pelagianos señalan que Dios mismo ordenó el matrimonio como una institución y lo hizo santo. Sin embargo, Daneau se vuelve al lamento de David en Salmos 51:5 ("He aquí, en maldad he sido formado, y en pecado me concibió mi madre") para sostener su punto de vista de que tras la caída de Adán incluso el deseo conyugal en el acto matrimonial está manchado delante de Dios, viendo que el hombre y la mujer no pueden evitar pecar.

Los pelagianos también enseñan que los bebés de ninguna manera heredan el pecado original de sus padres, al contrario, dice Daneau, al ya mencionado Romanos 5:12. Él también cita Efesios 2:2 al respecto, en donde Pablo señala que todos nacen como hijos de ira por naturaleza. Y es también la posición

---

a su pueblo de la muerte ofreciendo un modelo a imitar, sino mediante el poder de su muerte como don gratuito.

pelagiana que los bebés no bautizados de los creyentes se salvarán y disfrutarán de la vida eterna de algún bendito tipo, aunque esto sea fuera del reino de los Cielos. Daneau encuentra dos errores en esta doctrina: primero, la idea de que los hijos de los creyentes invariablemente obtengan salvación, y segundo, esta noción sin fundamento de un estado y lugar secundarios de existencia eterna. Los Padres de la Iglesia comprensiblemente se apresuraron a defender la dignidad del sacramento del bautismo, añade, pero al hacerlo ellos mismos se apresuraron de golpe hacia otro error, "topándose con Scylla mientras evitaban a Charybdis." Insistían en que todos los bebés no bautizados que mueren se encuentran con la condenación eterna, lo que nos lleva de inmediato a establecer la absoluta necesidad del bautismo para salvación y el "poder de la obra realizada" para la remisión de los pecados, transfiriendo al elemento terrenal del agua lo que solo la gracia de Dios puede conferir.

Al lidiar con el error pelagiano, Daneau no menciona a Albert Pighius, pero Vermigli aborda las doctrinas pelagianas y extra-pelagianas puestas ante él como una manera de añadir relevancia inmediata a su argumento. Pighius publicó una obra en 1541 titulada *Controversiae*, en la cual establece muchas opiniones inusuales —algunas originales, algunas derivadas— acerca de las doctrinas cristianas centrales. La primera controversia de las dieciséis trata el problema del pecado original, llamado en latín de distintas maneras, como *peccatum originis* y *peccatum originale*, dependiendo de la perspectiva.[7]

---

[7] Albert Pighius, "De peccato originis controversia", en *Controversiarum praecipuarum in comitiis Ratisponensibus tractatarum et quibus nunc potissimum exagitatur Christi fides et religio, diligens, et luculenta explicatio* (Colonia: Melchior Novesianus, 1542), fols. i -xxix^{rr}.

Tanto los teólogos protestantes como los católicos se resistieron a sus conclusiones, y lo calificaron despectivamente como semi-pelagiano.[8] Él no solo recibió un extensivo rechazo de parte de Calvino (partes de las *Controversiae* estaban dirigidas directamente a la *Institución* de 1539), sino que el Concilio de Trento también lo menciona como un adherente de enseñanzas heréticas acerca del pecado. Sus *Controversiae* aparecen en la lista católica de libros prohibidos.[9] Su obra, por tanto, dio lugar en parte al ensayo de Vermigli.

Vermigli comienza su discusión estableciendo las posiciones de sus oponentes, a quienes identifica como pelagianos y anabaptistas (él nunca vuelve a mencionar a estos últimos en las selecciones de los *Loci*, aunque sus ideas sobre el bautismo de adultos se toman en consideración) (sección 1). Según Vermigli, los pelagianos niegan que haya algo así como pecado original por las siguientes razones:

1) Adán pagó él mismo por su pecado;
2) los hijos no pagan por los pecados de sus padres;
3) Dios no crearía un cuerpo en pecado;
4) Dios mismo instituyó el matrimonio, por lo que no podría ser el medio a través del cual el pecado se propaga; y
5) las Escrituras llaman *santos* a los hijos de los santos.

Los pelagianos dicen que el pecado es una transgresión voluntaria contra la Ley de Dios, esto es, debe implicar un acto

---

[8] Sobre la compleja historia de esta denominación y su uso contra Pighius, véase Irena Backus y Aza Goudriaan, "*Semipelagianism*: The Origins of the Term and its Passage into the History of Heresy", *Journal of Ecclesiastical History* 65, n.º 1 (2014): 25-46.

[9] Anthony Lane, "Albert Pighius's Controversial Work on Original Sin," *Reformation and Renaissance Review* 4, no. 1 (2002): 29-61.

intencional en contra de lo que está escrito en la Escritura. Como tal, el pecado no puede ser algo que se pasa a través del cuerpo como si fuera un objeto o parte física de la semilla; representa algo efectivamente cometido por un ser humano convencido de rebelión por motivaciones internas. De esta manera, todos los individuos cometen sus propios pecados en violación consciente de la Ley (algo que los niños pequeños no pueden hacer). Si Adán juega un rol en este asunto, es el de proveer un modelo de transgresión que su posteridad imita.

Los pelagianos aún deben explicar cómo es que la muerte entró en el mundo. Y lo hacen, dice Vermigli, al atribuirlo al estado natural de Adán y Eva. Los seres humanos mueren porque es su naturaleza hacerlo, ellos dicen, no porque Adán introdujo la muerte a través de su caída (sección 2).

El primer pecado de Adán y la presencia de la muerte entre los seres humanos no están conectados. Es más, los pelagianos sostuvieron que la naturaleza humana no es pecaminosa desde el nacimiento, ya que, para que el pecado realmente existiera, debe actualizarse en la forma de rebelión intencional en contra de la Ley de Dios; los niños pequeños, que no tienen un intelecto o voluntad formados, no pueden pecar. Desde su punto de vista, simplemente tener el potencial o la disposición para el pecado, una naturaleza corrompida, no constituye pecado. Ellos en especial objetan el llamar a algo que no podamos evitar *pecado*. Es abominable pensar que un niño pequeño podría pecar involuntariamente. Los pelagianos también cuestionan qué hace que tan solo el pecado de Adán sea transferible o significativo, pero no cada pecado de cada ancestro (secciones 3-5).

Este malentendido sobre la naturaleza humana es para Vermigli el meollo del problema respecto del punto de vista pelagiano, y la fuente de la cual todas sus otras falsas nociones fluyen (como Daneau también señala). Si la paga del pecado es *muerte*, como enseñan las Escrituras, y si Cristo, el nuevo Adán, efectúa la *regeneración* de su pueblo a través de su muerte y resurrección, entonces Génesis nos dice cómo la humanidad llegó a estar en este dilema al establecer la conexión entre el pecado y la muerte. Vermigli considera a Adán según fue creado originalmente, como una persona completa, sostenida por los dones de gracia y sostén de Dios para cumplir el propósito que se le ordenó, pero que no estaba sujeto a la muerte.

Dios lo mantuvo en esta condición. El pecado de Adán lo privó de estos sustentos, en tanto Dios los retiró, y lo expuso a él y a la naturaleza humana en su totalidad a la autoafirmación, debilidad, falta de espiritualidad, decadencia, y muerte. Los seres humanos, por tanto, se volvieron incapaces de mantener su rol supervisor en el mundo y ahora se encuentran en conflicto con la creación. Éste es el estado corrupto en el cual todos nacen, y por el cual necesitan nacer de nuevo en Cristo. El hecho de que los niños pequeños a veces mueren, señala Vermigli, evidencia aún más que tienen pecado, así como las conexiones escriturales entre el bautismo y la circuncisión, ambos sellos de la renovación extendida a los niños pequeños (sección 4).

Los pelagianos sí reconocen que Adán ha impactado a su posteridad de manera negativa, pero solo en el sentido de que somos atraídos a imitar su pecado. Pighius diverge de los pelagianos en este punto, prefiriendo definir el pecado original como una culpa o responsabilidad legal derivada de la transgresión de Adán, pero no un pecado efectivo del que nace (sección 5). De esta manera, concibe dos tipos de pecado que alteran nuestra posición ante Dios: uno que Adán cometió y que se añade a nuestra cuenta (como si estuviéramos pagando el precio por el pecado de alguien más), y otro del tipo que cometemos cuando somos suficientemente grandes para conocer las reglas y traspasarlas voluntariamente. Los niños pequeños solo tienen el primero.

Lo que el punto de vista ortodoxo ve como animosidad innata e inherente de la humanidad caída en contra de Dios, aquellos afectos y deseos que controlan nuestros cuerpos, mentes y almas, Pighius considera que son "los componentes básicos de nuestra naturaleza" (sección 6). Éstos no reflejan una naturaleza corrupta, por lo que aquellos que mueren en la infancia son, según Pighius, responsabilizados tan solo por el pacado de Adán, y por tanto en la vida futura continúan en un estado de bendición intermedio, libres de los tormentos del Infierno, aunque todavía no se encuentren directamente en la presencia de Dios.

Vermigli objeta esta idea de la culpa transferida, haciendo ver que a lo largo de todas las Escrituras queda claro que toda la posteridad de Adán nace en pecado. No debe cometer un pecado para ser pecaminoso, sino que ya tiene pecado dentro de ella. Aunque originalmente, en el Jardín, Dios no creó a los seres humanos con una naturaleza corrompida, lasciva y de autoafirmación, ahora todos nacen como esclavos de tal naturaleza, y "el intento del corazón del hombre es malo desde su juventud" (sección 7).

Esta idea expone la falacia de la analogía de Pighius del príncipe que libera a su esclavo y le da riquezas a cambio de su lealtad (sección 5). Con esto supone que los primeros padres estaban sometidos a esclavitud (sección 8). Vermigli, en cambio, prefiere la analogía de un lobo que, incluso como cachorro, cuando aún no alcanza todo su potencial de daño, mantiene las semillas de maldad y debe, por tanto, destruirlas.

De esta manera, cuando Vermigli define el pecado como "todo lo que se opone a la ley de Dios", está refutando la noción de que el pecado es algo que debe ser actualizado por la voluntad para ser calificado como pecado; es, en cambio, una "propensión, inclinación, tendencia natural, y proclividad a hacer el mal." Agustín lo llama *concupiscencia*. Es la rapacidad que ya está al acecho en el cachorro de lobo. Es el veneno de la serpiente que aún no ha sido usado (sección 8-9).

En este punto, para hacer sentido del argumento, debemos entender la comúnmente sostenida visión antropológica del tiempo. Tanto para Vermigli como para Agustín, un ser humano está compuesto de un cuerpo, de las partes más bajas o vulgares del alma en donde residen las afecciones (esto es, la parte animada o sensible de una persona), y la parte más alta del alma, la mente, en donde residen la razón y la voluntad. Todas éstas fueron dañadas en la caída de Adán y todas conjuntamente se resisten al estándar dispuesto por Dios desde el comienzo de la existencia de la humanidad. Los seres humanos tienen una tendencia natural que se encuentra "inclinada a toda depravación" (secciones 10-11).

Este *daño* puede explicarse como el justo castigo por la rebelión de Adán, cuando Dios removió los dones divinos y la gracia que les había dado a los primeros padres como una investidura para que pudieran cumplir sus deseos. La corrupción, anteriormente extraña a la condición humana por causa de estos dones, llegó aceleradamente una vez que éstos fueron removidos. Adán y Eva luego pasaron esta imagen, despojada de sus dones divinamente concedidos en el origen, a su posteridad. De esta manera, en lugar de la culpabilidad lo que pasaron fue una naturaleza deficiente con una propensión a autoafirmarse antes que a las demandas de Dios (secciones 10-15).

Vermigli destaca el hecho de que los seres humanos no estaban corrompidos según fueron originalmente creados. Mientras que Pighius y los pelagianos consideran que la autoafirmación y la deliberación son una parte inherente de la naturaleza divina, para Vermigli éstas reflejan una corrupción innatural, una conscupiscencia (como dice Agustín) que no concuerda con la imagen de Dios. El Padre envistió a los primeros padres con su imagen "para adornarnos con propiedades divinas, esto es, con justicia, sabiduría, bondad y paciencia" (sección 13).

Estos dones dados por gracia equiparon a la humanidad en su inteligencia, memoria y voluntad para gobernar bien a la creación. Una vez que Adán cayó y perdió estos dones, todos los niños vinieron al mundo con apetitos descontrolados y resistencia a la Palabra de Dios. Son ignorantes de su lugar en el mundo, reacios a sujetarse a Dios, incapaces de gobernar sus impulsos básicos por medio de la razón, corrompidos tanto en los aspectos carnales como en los espirituales de la mente. La Escritura afirma esto de los niños cuando dice en numerosos pasajes que todos nacen en pecado. Aunque este pecado no es *per se* una acción, es, sin embargo, una disposición injusta y concupiscencia. Es la función del bautismo romper con su poder y anular su imputación en el proceso de regeneración.

El bautismo "sella en sus receptores la remisión de la culpa y la ofensa, la gracia, el Espíritu, la unión con Cristo y el derecho a la vida eterna" (sección 46). Incluso después, el bautizado se encuentra con que la lucha contra el pecado es un proceso que dura toda la vida, uno de "ponerse el nuevo hombre". La persona que asume el nuevo hombre, en otras palabras, comienza a recuperar las virtudes perdidas, esos

28 EL PECADO ORIGINAL, EL LIBRE ALBEDRÍO, Y LA LEY DE DIOS

soportes originales, al volverse más y más conformado a la imagen de Cristo (secciones 14-19).

Vermigli refuerza su caso en contra de Pighius apelando a los Padres de la Iglesia, quienes están casi unánimes en negar nuestra inocencia de nacimiento (sección 21). Basan su enseñanza en pasajes como Salmos 51:7, en donde David lamenta haber nacido en iniquidad, o la pregunta retórica de Job "¿quién hará limpio a lo inmundo?" (Job 14:4). Los pelagianos erróneamente evocaban a Basilio de Cesárea (329/30-379) como su partisano, por algunas declaraciones que hizo sobre los orígenes del pecado en la voluntad.[10] Pero Basilio, dice Vermigli, solo intentaba refutar el trato que los maniqueos hacen de la maldad como algo substancial, no sugerir que los niños están exentos de la contaminación del pecado original solo porque no pueden aún ejercer su voluntad.[11] Basilio es claro a lo largo de sus escritos en que el mal no era natural a los seres humanos según fueron originalmente creados, sino un "accidente" (un término aristotélico) de su naturaleza, y que los niños necesitan ser limpiados de esta contaminación a través del bautismo (secciones 22-23).

En opinión de Vermigli, Pighius supera a los pelagianos en su herejía. En efecto, él se aparta de sus hermanos católico-

---

[10] Para ello, véase la sección 22. Basilio plantea este punto en lo que tradicionalmente se ha etiquetado como Homilía 9, con el título *Homilia quod Deus non est auctor malorum* (*Que Dios no es el autor del pecado*), pero que desde entonces ha sido renumerada como 336 por Paul Fedwick en su *Basil of Caesarea: Christian, Humanist, Ascetic* (Toronto: Pontifical Institute of Mediaeval Studies, 1981), 3-20. Existe una traducción en Nonna Verna Harrison, *St. Basil the Great: On the Human Condition* (Crestwood, NY: St. Vladimir's Seminary Press, 2005), 65-80.

[11] Los maniqueos fueron una secta fundada en el siglo III por Mani. Enseñaban un dualismo radical, un conflicto eterno entre un buen Padre de las Luces y un malvado Príncipe de las Tinieblas. Para un relato, véase especialmente Geo Widengren, *Mani and Manichaeism* (Nueva York: Holt, Rinehart, and Winston, 1965).

romanos, cuyas tradiciones en relación al entierro infantil y el bautismo asumen una creencia en el pecado original (sección 23). Además, Pelagio enseña que los seres humanos en su creación original eran completos *sin* los dones divinos que luego le fueron concedidos por el Padre. Cuando Adán pecó, argumenta Pighius, los dones adicionales fueron removidos y los seres humanos retrocedieron de un estado sobrenatural a su estado de compleción original (sección 24). De esta manera, cuando cada individuo entra al mundo, llega completo y como Dios quiso que fuera. No pecan hasta que su voluntad y razón son formados para que puedan violar intencionalmente la Ley de Dios. Si un niño muere, no hay razón para que él o ella sea castigado.

La remoción de los dones divinos que lleva al daño de la naturaleza humana sostiene el argumento entero de Vermigli acerca del pecado original. En la sección 25 califica aquello que quiere decir por *remoción*, por medio de una expresión sucinta de la doctrina reformada del conocimiento natural.[12] Podría sostenerse la objeción de que un esquema que incluye la privación de los dones divinos necesarios para hacer completos a los seres humanos arruinaría tanto a la raza humana que no podría funcionar ni construir una sociedad civilizada. Vermigli rechaza esta conclusión, pues Dios ha dejado una cantidad residual de sus dones en los seres humanos para que puedan buscar y, de una manera limitada, descubrir lo que es bueno y justo. Muchos filósofos y estadistas paganos defendieron una conducta ética y crearon leyes encomiables, impulsados por un

---

[12] Para el tratamiento de Calvino sobre los efectos noéticos del pecado y del conocimiento residual tras la Caída, véase *Inst.* (1559) 2.2.12-24.

atisbo de la gracia de Dios que permaneció en ellos, los refrenó y los empujó a la verdad.

Hasta aquí, Vermigli ha pretendido establecer dos categorías de pecado (siguiendo a Agustín): cometemos pecados *actuales* cuando tenemos la capacidad de deliberadamente violar los mandamientos de Dios, pero también nacemos con una concupiscencia o disposición malvada, que es en sí misma pecado. Este último existe en nosotros porque Dios retiró esos dones y gracia que nos permitían cumplir nuestro propósito en el mundo como él quería. Después de establecer la existencia y naturaleza de este pecado, Vermigli ocupa mucho del resto de la obra en dilucidar cómo este pecado es pasado de persona a persona (secciones 26-32). Exhibe las diferentes opiniones, incluyendo la idea de que el mismo acto de procreación propaga el pecado porque involucra lascivia y por tanto es inherentemente malo.

Pero Vermigli no está de acuerdo con que el sexo marital legítimo necesariamente contenga el pecado (recordemos que Daneau era partidario de esa opinión), y prefiere buscar en otro lugar por una explicación. Se ve atraído a la conjetura de que, ya que la corrupción reside primariamente en la carne, es a través de la simiente que el pecado se propaga. Las Escrituras parecen sostener esta afirmación en numerosos lugares. La carne, entonces, que a la vez contiene y propaga su corrupción a través de la semilla, contamina el alma siempre que entra en contacto con ella.

La magnificencia de la obra de Cristo descansa en la restauración tanto del alma como del cuerpo a través de varias "semillas" que ofrece: el bautismo, para comenzar, pero sobre todo la Palabra. Ambos instrumentos de gracia inician el proceso de regeneración del pueblo de Dios, por lo que la culpa del pecado original ya no se nos imputa para muerte eterna.

Aunque los remanentes de la corrupción persisten en los regenerados, y el yo corrompido nunca es totalmente derrotado hasta que experimentamos la resurrección.

En esta sección Vermigli también considera los argumentos de los pelagianos en contra de la existencia del pecado original. Los pelagianos rechazan la idea de que Dios pudiera continuar castigando el pecado de Adán en su progenie, puesto que sería injusto para Él hacer juicio dos veces por uno y el mismo pecado. Para sustentar esta idea, apuntan a Nahúm 1:9 (sección 33). Vermigli está de acuerdo con que Dios no haría esto, pero reitera un punto sutil que se omite con facilidad: todos los individuos nacen en pecado porque sus naturalezas, privadas del soporte gracioso de Dios luego de la Caída, se encuentran en oposición a la Palabra y la Ley de Dios.

Esta disposición de la mente, el alma, y la carne, en sí misma *es* un pecado que merece castigo. Es una actitud y posición generalizadas de rebelión. En un sentido, todos han contraído este pecado de Adán así como uno podría contraer la plaga de una persona enferma: la enfermedad es propia de uno, pero tiene su origen en la persona que originalmente sufrió esta plaga. Este esquema doctrinal resuelve la aparente contradicción a la doctrina del pecado original que se encuentra en Ezequiel 18:20, en donde está escrito que "el hijo no llevará el pecado del padre" (secciones 34 y 41). Sí, Vermigli dice, las personas llevan sus propios pecados, no los de Adán; ellos tan solo heredan de Adán la naturaleza pecaminosa. Los descendientes no reciben el castigo por algo que sus ancestros hayan hecho, sino que de la pecaminosidad inherente a su naturaleza desde el nacimiento.

Dios no castiga al inocente por los pecados de otro, dado que todos tienen los suyos propios. Por otro lado, cuando se dice en la Ley que Dios castiga los pecados hasta la tercera y cuarta generación, debemos entender que esto representa un truismo, pues los pecados sí tienen efectos perdurables en una familia o pueblo, ya sea a través de la asunción de ciertos rasgos ancestrales o por las largas ramificaciones que resultan del pecado. Pero esto sirve meramente como un llamado al arrepentimiento, ya que los hijos mismos deben odiar a Dios para que Él los castigue. Aunque resulta el caso que a menudo efectivamente lo odian.

Aquellos que objetan la doctrina del pecado original también preguntan cómo el pecado se propaga a través de lo santo (secciones 38-39). ¿No son la fe de los padres y la divinamente establecida institución del matrimonio suficientes para impedir la transmisión del pecado original? Vermigli concuerda con que los hijos de padres piadosos tienen un hogar más estable en el que ser criados en la fe, y que se benefician del pacto hecho originalmente con Adán. Sin embargo (y nuevamente), incluso en los hijos de padres piadosos la cooperación de cuerpo y alma se ha quebrado porque el alma "ya no está fortalecida con su investidura original."

La Caída, como Vermigli ha reiterado hasta aquí, significó la pérdida del poder y los dones para vivir de acuerdo con la voluntad de Dios. En última instancia, solo Dios sabe qué hijos pertenecen a Él y cuáles no; mientras que los seres humanos ven solo la Iglesia visible, solo Dios conoce la Iglesia invisible.

Vermigli también considera el problema de la culpa devengada: los pelagianos sostienen que, si el pecado se transmite de generación en generación, aquellos que llegan a vivir más tarde en la historia deben encontrarse en una desventaja severa en comparación con los primeros descendientes de Adán, ya que aquéllos han acumulado más pecado, y sus implicaciones, de sus ancestros (sección 43).

Vermigli muestra que la Iglesia tradicionalmente ha negado un agregado de pecado en la posteridad de Adán, o incluso que los pecados de un padre inmediato o "próximo" pasen a sus hijos. Agustín enseñó que los hijos reciben el pecado original de sus padres en forma de una naturaleza corrompida; es este pecado, esta falta en conformarse a lo que Dios quiso que ellos que fuera, por lo cual Dios responsabiliza a los recién nacidos. Sea o no que los otros pecados de los padres influencien a sus hijos de alguna manera, está totalmente determinado por Dios, viendo que toda bondad en nosotros depende de la gracia y ayuda de Dios. Una vez más, esta distinción en los pecados de nuestros padres sostiene el argumento principal de Vermigli. Desde su punto de vista, los pelagianos (y Pighius después de ellos) tienen una definición inadecuada del pecado, dado que no reconocen que la inclinación base con la cual cada ser humano viene al mundo es *per se* pecaminosa y sujeta al juicio de Dios. Esta depravación de base de la naturaleza es la raíz de pecado a partir de la cual todos los pecados actuales derivan.

El trato que hace Vermigli del pecado original concluye con una pieza discursiva que incluyó junto a su comentario a Romanos 5:12, ya antes citado (secciones 44-58). En referencia a este versículo, Vermigli aborda tres cuestiones: 1) qué es el pecado; 2) quién es responsable de que el pecado entrara en el mundo; y 3) cómo se propaga el pecado. Para la primera pregunta, Vermigli cubre un terreno familiar de la sección principal de este *locus*, con referencia al estado original de la humanidad, la imagen de Dios en ella, y la diferencia entre contagio original y pecados actuales. La segunda cuestión es tratada al subrayar la antítesis de Pablo entre Adán y Jesús, es decir, el que introduce el pecado y daña la naturaleza humana, y el que restaura la naturaleza humana (sección 45).

Respecto de cómo el pecado se propaga y esparce de un alma a otra, Vermigli registra cuatro opiniones sobre el asunto (sección 47). Aquí es interesante notar el problema propuesto al explicar la propagación del pecado original por el nacimiento de Jesús a partir de María. Si el alma pasa corrompida desde los padres, entonces ¿no hubiese heredado Jesús la depravación de María (sección 48)? O si Dios crea el alma dañada y corrupta, ¿por qué perdonó a Jesús? ¿Qué dice esto acerca de Dios? La opinión que más hace sentido a Vermigli es la idea de que Dios crea el alma sin pecado pero el alma lo contrae del cuerpo inmediatamente al ser unida a él porque el alma no tiene suportes espirituales (sección 49). Es más, la muerte afecta el alma cuando Dios quita su gracia de ella y la priva de la vida que quiso que tuviera (secciones 50-51). La muerte, en consecuencia, no es natural a los seres humanos porque Dios hubiese seguido sosteniendo a Adán con la gracia de la inmortalidad.[13] Esto encaja bien con la tesis principal de Vermigli respecto del pecado original.

Vermigli concluye con una discusión fascinante de las criaturas y la Caída (secciones 52-58). Casi todos concuerdan con que la raza humana cayó en Adán. En este sentido, pregunta, ¿cayó la creación misma? La creación no posee un alma más elevada, ni aspira a la imagen de Dios. Y todavía, de acuerdo con Pablo, gime y está en angustia por causa de nosotros y espera nuestra revelación final como hijos de Dios. Mientras tanto, experimenta decadencia y extremos, veneno y enfermedad. Los ángeles mismos, quienes debemos imaginar se

---

[13] Calvino, *Inst.* (1536), 20-21, lo explica de esta manera: "Adán, padre de todos nosotros, fue creado a imagen y semejanza de Dios [Gn 1, 26-27]. Es decir, estaba dotado de sabiduría, justicia, santidad, y estaba tan aferrado por estos dones de la gracia a Dios, que habría podido vivir eternamente en Él, si se hubiera mantenido firme en la rectitud que Dios le había dado."

encuentran en un estado bendecido, ven ansiosos nuestra restauración.

Vermigli acepta que los ángeles viven en felicidad, pero también sienten frustración ante la aparente naturaleza sin fin de su labor, su involucramiento y tratos con la corrupción y la mortalidad. Son dichosos por naturaleza, pero en relación a su tarea están "sujetos a vanidad", es decir, no pueden terminarla. La humanidad mal administra y arruina la creación, y ha arrojado el mundo al caos. Todo está fuera de lugar. Figurativamente hablando, por tanto, la naturaleza, que quiere servir a maestros piadosos, sufre en cambio bajo sus señores malvados.

La naturaleza ayudó a los israelitas para escapar de Egipto; responde con alegría al nacimiento de Cristo, con agitación a su muerte; cuando el salvador se levantó de la tumba, la tierra tembló y ángeles aparecieron; una nube facilitó su ascensión. Las Escrituras anuncian que en su retorno toda la creación será renovada y el sol brillará siete veces más. La larga noche oscura traída por el pecado de Adán será finalmente disipada, la herida hecha a la creación será deshecha, y la gloria de la imagen de Dios retornará una vez más a la raza humana.[14]

Sobre la traducción de esta obra y sus fuertes

Para el texto latino, me baso en la primera edición publicada en Londres en 1576 en la imprenta de John Kyngston bajo el título *Loci communes, ex variis ipsius acuthoris et libris in unum*

---

[14] Cf. Calvino, *Inst.* (1559), 1.15.4, en donde construye el caso de que Cristo efectúa la renovación del conocimiento, la justicia y la santidad, la suma de la luz de la imagen de Dios en nosotros, a partir de su lectura de Col. 3:10 y Ef. 4:24. Ver también su comentario de Gen. 1:26. Véase también su comentario sobre Génesis 1:26.

volumen collecti, et quatuor classes distributi. Para los pasajes difíciles, he consultado la única edición vernácula, traducida por Anthony Marten y publicada en Londres en 1583 en la imprenta de H. Denham y H. Middleton bajo el título *The Common Places... divided into foure principall parts: with a large addition of manie theologicall and necessarie discourses, some never extant before*. Esta última corrige algunos de los errores de la numeración y división de las secciones del original, y he seguido sus modificaciones cuando consideré apropiado.

En algunos lugares, revisé el texto contrastado con la edición de Heidelberg de 1622 publicado por Daniel y David Aubry y Clemen Schleich.[15] El objetivo ha sido crear una traducción que fluya con un estilo inglés familiar para el lector moderno, a la vez que se mantiene la integridad del lenguaje teológico en cuanto sea posible. Es un delicado acto de equilibrio que puede ofender a alguien que esté inmerso en los escritos de la ortodoxia reformada, pero ojalá haga a Pedro Mártir Vermigli disponible para una audiencia más amplia. Estoy agradecido con la Dr. Atria Larson del Greystone Thological Institute por leer amablemente a lo largo de la traducción y revisar errores y omisiones, y por señalar las ocasiones en las que el latín depende más de matices medievales de significado que de clásicos o patrísticos. Un ejemplo de esto es la palabra *noxa*, que el lector encontrará traducida aquí como *responsabilidad* (e.g., los comienzos de la sección 5), basado en la terminología medieval legal. En otras ocasiones, he permitido que la fuerte de Vermigli (a menudo Agustín) o el contexto inmediato dicte cómo una palabra debe traducirse.

---

[15] Puede encontrarse una descripción detallada de las catorce ediciones de los *Loci* en John Patrick Donnelly, SJ, Robert Kingdon y Marvin Anderson, *A Bibliography of the Works of Peter Martyr Vermigli* (Ann Arbor, MI: Edwards Brothers, 1990), 98-126.

LOCI COMMUNES (II.1-3) 37

Las secciones que cubren el pecado original en los *Loci* están adaptadas de los comentarios de Vermigli al Génesis, Romanos y 1 Corintios, cuyas primeras ediciones son las siguientes:

1) *In primum librum Mosis, qui vulgo Genesis dicitur commentarii doctissimi Zurich:* [C. Froschauer], 1569;
2) Vermigli, Peter Martyr. *In Epistolam S. Pauli Apostoli ad Romanos[...]commentarii doctissimi. Zurich*: [A. Gesner], 1559;
3) *In selectissimam D. Pauli priorem ad Corinthios Epistolam[...]commentarii doctissimi Zurich:* [C. Froschauer], 1551.

En estas ediciones, los capítulos 1-43 de esta traducción (1-44 de la edición latina) derivan de la digresión de Vermigli sobre el pecado original en Génesis 8 (36r-38v) y sus comentarios sobre la frase "como por la transgresión de un hombre" en Romanos 5:17 (274-316). Los capítulos 44-49 (45-50 de la edición latina) están tomados de los comentarios de Vermigli sobre Rom. 5:12 y las palabras "como por un hombre…" (251-58). El capítulo 50 (51) interrumpe el flujo al traer los comentarios de Vermigli sobre 1 Cor. 15:21 y la frase "como la muerte vino por un hombre" (408v-409v), mientras que 51 (52) retorna a Romanos 5:12 y a la frase "y muerte a través del pecado" (258-59). Los capítulos 52-58 (Capítulos 53-59 de la edición latina) derivan del comentario de Vermigli sobre Romanos 8:20, en donde interpreta la frase "todas las cosas fueron sujetas a la vanidad del pecado" (501-08).

Con el objetivo de organizar mejor el material para el lector moderno, dieciocho nuevas divisiones de "capítulos" han sido creadas (el texto entero es un "capítulo" en los *Loci Communes* original). He dispuesto yo mismo los nombres de los capítulos; para dejar claro que no son originales de Vermigli, están todos puestos entre corchetes.

LOCI COMMUNES - SEGUNDA PARTE (II.1)

CAPÍTULO 1: SOBRE EL PECADO, ESPECIALMENTE DEL PECADO ORIGINAL, Y LA CORRUPCIÓN GENERAL DE LA NATURALEZA HUMANA

§1: LOS PELAGIANOS SOBRE LA NATURALEZA HUMANA

1. Para comenzar, nos haremos la pregunta sobre si el pecado original sea algo, ya que algunos niegan rotundamente su existencia. Luego, diremos qué sea éste. Y, finalmente, examinaremos cuáles son sus propiedades, cómo se transmite como herencia a la posteridad, y cómo es perdonado o remitido.

En cuanto al primer asunto, debemos recordar que tanto en las Escrituras como en los Padres el pecado recibe diversos nombres. En Romanos 7 [vv. 8, 23], se lo llama *pecado, la ley de los miembros*, y *conscupiscencia*. En otro lugar, se lo llama *la falta de justicia original, corrupción de la naturaleza, inclinación perversa* [Gn. 8:21], *encendimiento* [del odio y del mal, Gn. 37,8], *debilidad de la naturaleza, la ley de la carne*, y otros nombres por el estilo. Hace mucho tiempo, los pelagianos negaban la existencia de este pecado; hoy hacen lo mismo los anabaptistas. Sus argumentos son más o menos los siguientes: en primer lugar, aseveran que la caída de Adán recibió castigo suficiente y que no hay razones por las que Dios quiera imponer castigo por ella a su posteridad, especialmente considerando lo que está escrito en el profeta Nahúm: "[Dios] hará consumación; no tomará venganza dos veces de sus enemigos" [Nah. 1:9].

En segundo lugar, argumentan que las Escrituras afirman que el hijo no llevará el pecado del padre, sino que el alma misma que pecare morirá [Ez. 18:20]. Además, sostienen que el cuerpo, formado en el vientre, es hechura de Dios, y que no hay razón por la que se lo deba culpar. Al contrario, dicen, debemos

44 EL PECADO ORIGINAL, EL LIBRE ALBEDRÍO, Y LA LEY
DE DIOS

admirarlo al máximo, y así también debemos maravillarnos de que tenga un alma creada o infundida por Dios. Aseveran también que no debemos considerar el medio de su propagación como algo malo, pues el matrimonio es elogiado en las Escrituras, y desde el principio ordenó Dios a la humanidad que procreara. En vista de esto, ellos se preguntan por qué grietas, entre tantas defensas de inocencia, podría el pecado insinuarse. Añaden también que Pablo en 1 Corintios [7:14], cuando insta a una esposa creyente a permanecer casada con su esposo no creyente si éste consiente, dice entre otras cosas: "vuestros hijos son santos." Ellos objetan que no pueden ser santos si han nacido en pecado. Por lo tanto, aquellos nacidos de padres creyentes no pueden heredar el pecado original de ellos.

En adición, sostienen que en el lenguaje común el pecado es algo que se dice, se hace o se desea, que es contrario a la ley de Dios, y que no hay pecado a menos que sea voluntario. De acuerdo con esto, Juan dice en su epístola [1 Juan 3:4] que el pecado es "infracción de la ley", a lo que se contrapone la equidad o justicia, que no puede considerarse más de lo que está contenido en la Ley. De esta manera, el pecado es la transgresión de la Ley. Ninguna de estas cosas, argumentan, se ajusta a los niños que acaban de nacer.[1]

Tampoco están de acuerdo con aquellos que dicen que el pecado se transfiere por medio de la carne o el cuerpo. Según ellos, la carne y el cuerpo son por naturaleza cosas sin sentido y no son un receptáculo adecuado para el pecado.[2] Y para reforzar sus fabricaciones, añaden que podemos atribuir las cosas que

---

[1] Para este argumento, véase Pighius, *De peccato originis controversia*, fols. iv^r y vii$^{r\text{-}v}$ (para refutar la opinión de Anselmo de que el pecado es una falta de justicia original).

[2] Véase especialmente Pighius, *De peccato originis controversia*, fols. xvii$^{r\text{-}v}$.

Pablo menciona en Romanos 5 [v. 12] a los pecados llamados *actuales*.³ Todavía más, refiriendo la declaración de Pablo sobre el pecado que entra al mundo por medio de un hombre, afirman que esto se debe a que la posteridad lo imita y sigue su ejemplo.

2. Siguiendo éstos y otros argumentos similares, niegan que haya algo así como el pecado original. Dicen que la muerte y las aflicciones de esta vida, que usualmente se consideran indicadores que confirman la existencia del pecado original, son el resultado de causas naturales, así como lo son la temperatura de los elementos y los fluidos humorales.⁴ En consecuencia, declaran que es un mero artificio nuestro el asociar estas cosas a la caída de Adán. Consideran, también, que es de lo más absurdo suponer que hay un pecado que no pueda ser de ninguna manera evitado. Por último, dicen, si según este razonamiento se dice que hemos pecado en Adán porque provenimos de sus lomos, así como Hebreos [7:5] afirma que Leví recibe los diezmos de los lomos de Abraham, entonces por este mismo razonamiento podríamos decir que también salimos de los lomos de otros antepasados, de quienes descendemos por

---

³ Distingue entre los pecados *actuales,* es decir, los que una persona comete real y activamente, y la mancha o corrupción persistente e innata del pecado *original.* Este último da origen al primero, como un árbol produce frutos. Los reformadores siguieron a Agustín en esta distinción (p. ej., *De peccatorum meritis et remissione* 1.11 [*Sobre los méritos*, NPNF, 5:19]) y en llamar a esta corrupción *concupiscencia* o *codicia*, como hace aquí Vermigli, viendo la relación paradigmática entre pecados originales y actuales expresada sucintamente en Santiago 1:15.

⁴ Una antigua creencia, derivada de los antiguos médicos y filósofos griegos, era que los elementos (tierra, agua, viento y fuego), reconocibles por sus denominadas *temperaturas* seca, húmeda, fría y caliente, se reflejan en los elementos y sus agentes humorales dentro del cuerpo humano. El equilibrio de estos humores produce a su vez los temperamentos. Vermigli tiene en mente los argumentos de Pighius de que, esencialmente, la propensión al mal no es el mal, en *De peccato originis controversia*, fol. xvi^v.

procreación. De esta manera, no hay razón por la cual el pecado de Adán se difunda hacia nosotros más que el de nuestro abuelo, bisabuelo, tatarabuelo, o cualquiera de nuestros progenitores. Porque si seguimos esta lógica, argumentan, la condición de aquellos que nacen al final podría verse como más infeliz, ya que cargan con las iniquidades de todos sus predecesores. En su opinión, esto desacredita la noción de pecado original.

Nosotros, sin embargo, estamos en desacuerdo, y probaremos que el pecado original existe, por medio de abundantes testimonios de las Escrituras. En Génesis 6, Dios dice: "No contenderá mi espíritu con el hombre para siempre, porque ciertamente él es carne" [vv. 3,5]. Y también: "Todo designio de los pensamientos del corazón de ellos era de continuo solamente el mal." Y en el capítulo ocho [v.21]: "El intento del corazón del hombre es malo desde su juventud." Estas palabras indican que cuando nacemos se conserva en nuestra naturaleza algo de vicio. David también lo dice: "He aquí, en maldad he sido formado, y en pecado me concibió mi madre" [Sal. 51:7]. Nada más claro que este testimonio. Jeremías dice en el capítulo diecisiete: "El pecado de Judá escrito está con cincel de hierro y con punta de diamante; esculpido está en la tabla de su corazón" [v.3]. Y tanto Jeremías como Job maldicen el día en el que llegaron al mundo, pues sentían que el origen y la fuente de los vicios brotaron junto con ellos [Job 3:3; Jer. 20:14]. Es más, Job nos entrega un testimonio del todo claro sobre nuestra impureza innata cuando dice: "¿Quién hará limpio a lo inmundo?" [Job 14:4]. Y nuestro salvador dice: "El que no naciere de nuevo, no puede ver el reino de Dios" [Juan 3:3]. Así como el alfarero no modifica una vasija a menos que vea que la actual fue deficientemente moldeada, así también Cristo no querría crearnos de nuevo si no viera que hemos sido engendrados en un estado de infelicidad.

§2: LA PLENITUD DE ADÁN ANTES DE LA CAÍDA

3. Él [Jesús] da testimonio de esto en otro pasaje, diciendo: "Lo que es nacido de la carne, carne es; y lo que es nacido del Espíritu, espíritu es" [Juan 3:6]. Con estas palabras quería que entendiéramos que necesitamos renacer en el espíritu porque previamente habíamos nacido solo de la carne. Pablo, en el capítulo seis de Romanos [v. 2], dice: "Porque los que hemos muerto al pecado, ¿cómo viviremos aún en él?" Y demuestra esto a partir del bautismo, al decir: "Porque somos sepultados juntamente con él para muerte por el bautismo, […] sabiendo esto, que nuestro viejo hombre fue crucificado juntamente con él, para que el cuerpo del pecado sea destruido, a fin de que no sirvamos más al pecado" [Rom. 6:4,6].

Y cuando los niños son bautizados, incluso a partir de esto tenemos testimonio de que hay pecado en ellos; de otra manera, la explicación de Pablo acerca de cómo funciona el bautismo, no tiene sentido. Él sigue la misma línea de razonamiento en Colosenses, en donde dice que fuimos "circuncidados con circuncisión no hecha a mano, al echar de vosotros el cuerpo pecaminoso carnal, en la circuncisión de Cristo; sepultados con él en el bautismo" [Col. 2:11-12]. Compara el bautismo con la circuncisión y dice que aquellos que son bautizados son bautizados para remisión de pecados. Y la circuncisión, hecha a los niños en la antigua Ley, se corresponde ciertamente con nuestro bautismo.

Respecto a la circuncisión, está escrito: "Y el varón incircunciso, el que no hubiere circuncidado la carne de su prepucio, aquella persona será cortada de su pueblo" [Gn. 17:14]. Por lo tanto, ya que los niños necesitan el sacramento que lleva a la regeneración y el renacimiento, debemos suponer que han nacido bajo el poder del pecado.[1] Pablo dice a los efesios que somos por naturaleza hijos de ira [Ef. 2:3], y Dios odiaría nuestra naturaleza solo si está contaminada por el pecado.

Y en el mismo pasaje, Pablo, con gravísimas palabras, describe lo horrible de su ira: "En los cuales anduvisteis en otro tiempo, siguiendo la corriente de este mundo, conforme al príncipe de la potestad del aire, el espíritu que ahora opera en los hijos de desobediencia" [Ef. 2:2]. Agustín también cita un pasaje de 1 Corintios [15:22] en el que se dice que Cristo murió por todos.[2] De aquí se sigue que todos estaban muertos y necesitados de Su muerte. Es más, es un error excluir a los niños del número de aquellos por los que Cristo murió. Pero si os preguntáis cuál fue el tipo de personas por las que Cristo murió, el apóstol lo expresó suficientemente bien en Romanos, cuando dijo que eran débiles, enemigos de Dios, impíos, pecadores. Debemos incluir a los niños pequeños en este número si queremos que Cristo haya muerto por ellos.

Además, parece que el pecado original se ha enseñado más claramente a partir de Romanos 7, en donde encontramos

---

[1] Véanse los argumentos de Agustín a este respecto en *De gratia Christi, et de peccato originali* 2.35 (Sobre la *gracia de Jesucristo y el pecado original*, NPNF, 5:250).

[2] Agustín, *De diversis quaestionibus ad Simplicianum* 1.2.16 (*To Simplician, on various questions* , 398), cita 1 Cor. 15:22 en apoyo de su argumento de que toda la posteridad puede rastrear el origen de su pecado hasta Adán. Aunque alude al pasaje de Corintios, es probable que tenga en mente Rom. 5:12; sobre esto véase Keech, *The Anti-Pelagian Christology*, 80.

escrito lo siguiente: "Porque sabemos que la ley es espiritual; mas yo soy carnal, vendido al pecado" [v. 14]. Aún más: "Porque no hago el bien que quiero, sino el mal que no quiero, eso hago. Y si hago lo que no quiero, ya no lo hago yo, sino el pecado que mora en mí" [vv. 19-20]. También menciona la ley de los miembros, de la cual se queja que lo lleva cautivo [v. 23]. Y en el capítulo ocho [v. 7] dice: "Por cuanto los designios de la carne son enemistad contra Dios; porque no se sujetan a la ley de Dios, ni tampoco pueden." Incluso la muerte que sufren los niños pequeños atestigua suficientemente que el pecado se aferra a ellos, a menos que estemos dispuestos a decir que Dios castiga a aquellos que no lo merecen.

Más aún, un pasaje en Romanos contiene un testimonio claro sobre el pecado original. Pablo escribe lo siguiente: "Por tanto, como el pecado entró en el mundo por un hombre, y por el pecado la muerte, así la muerte pasó a todos los hombres, por cuanto todos pecaron"; y "por la transgresión de aquel uno murieron los muchos"; "por la desobediencia de un hombre los muchos fueron constituidos pecadores" [vv. 12, 15, 19]. Además, hacia el final de la misma epístola se llama olivos silvestres a aquellos que son injertados en Cristo [Rom. 11:17].

Esta metáfora indica que el hombre ha sido degenerado de su bondad natural que tenía en la creación original. Pero si nos hemos desviado de nuestra naturaleza creada, ciertamente hemos heredado el pecado original. Y antes Pablo acusa a la totalidad de la raza de mortales cuando dice: "No hay justo, ni aun uno; no hay quien entienda, no hay quien busque a Dios. Todos se desviaron, a una se hicieron inútiles; no hay quien haga lo bueno, no hay ni siquiera uno" [Rom. 3:10-12]. Todas estas cosas apuntan suficientemente a la completa corrupción de la naturaleza humana. A partir de estos testimonios de la

Escritura creo que está suficientemente claro que hay pecado original.

4. A continuación, dispondré los argumentos de mis adversarios. Pero antes creo que será de valor afirmar con claridad la definición de pecado original. Al sopesarla y comprenderla cuidadosamente, aprenderemos muchas cosas en el camino, que nos ayudarán a descartar sus argumentos. En primer lugar, repasaremos las opiniones de otros, para luego revelar lo que nos parece a nosotros que es lo correcto.

Los pelagianos aseveraron que el pecado de Adán no influyó en la posteridad sino solo por imitación. Agustín les objetó con firmeza, y mostró por muchos argumentos que el pecado original no es meramente la imitación del pecado de Adán.[3] Si Pablo hubiese querido decir que el primer pecado se difundió de esta manera, no hubiese dicho que fluyó de Adán; antes bien, hubiese dicho que provino del diablo [Rom. 5:12]. Después de todo, fue el diablo el que primero enseñó cómo pecar, le dio forma.

Por tanto, Cristo en el Evangelio de Juan dice que los judíos, que se jactaban de ser del padre Abraham, eran en verdad hijos del diablo, porque hacían las obras del diablo [Juan 8:41, 44]. Desde el principio el diablo fue un asesino; los judíos, de manera similar, deseaban matar a Jesús, aunque él no lo merecía. Al respecto, Agustín cita el pasaje del segundo libro de Sabiduría de Salomón [v.24], diciendo que la envidia del diablo trajo la muerte al mundo, y sus seguidores lo imitan.[4]

---

[3] Agustín, *De peccatorum meritis et remissione* 1.9 y 17 (Sobre los méritos, NPNF, 5:18, 21); *De natura et gratia* 10 (Sobre la naturaleza y la gracia, NPNF, 5:124); *De gratia Christi, et de peccato originali* 2.16 (Sobre la gracia de Jesucristo y el pecado original, NPNF, 5:242); y *De nuptiis et concupiscentia* 2.45 (El matrimonio y la concupiscencia, NPNF, 5:301).

[4] Agustín, *De nuptiis et concupiscentia* 2.45 (El matrimonio y la concupiscencia, NPNF, 5:301).

No obstante, no doy demasiado crédito a este último dicho, en parte porque el libro no pertenece al canon, y en parte porque hay cierta ambigüedad en el texto griego. No encontramos allí la palabra para *imitar*, sino *experimentar* (πειράζουσι), esto es, ellos experimentaron esa muerte. No obstante, estoy de acuerdo con su argumento de que el primer ejemplo de pecado vino del diablo. Y todavía más, la opinión pelagiana es más refutada por el hecho de que Pablo realiza una antítesis entre Cristo y Adán [Rom. 5:18].

En tal antítesis, la justicia de Cristo no se nos presenta meramente para ser imitada, sino también para que aquellos que crean en él sean cambiados en sus mentes, rectificados en el espíritu, y corregidos en sus fuerzas.[5] Por causa de esto, se requiere también, por analogía, que más allá de ofrecer un mal ejemplo a la posteridad, Adán haya corrompido su naturaleza, y (como dice Agustín en su libro *De los méritos y del perdón de los pecados*) los corrompió con cierta enfermedad consumidora.[6]

Un tercer argumento contra el punto de vista pelagiano en éste: hasta los mismos niños mueren. Porque, como dice Pablo en Romanos 6 [v. 23], "la paga del pecado es muerte, mas la dádiva de Dios es vida eterna en Cristo Jesús Señor nuestro." Y en 1 Corintios 15 [v. 56] dice que "el aguijón de la muerte es el pecado." Finalmente, el bautismo, que se le confiere a los niños pequeños, no puede quitar de ellos el pecado de imitación; por lo tanto, es necesario que asumamos en ellos otro tipo de pecado, a menos que pensemos que son bautizados en vano.

---

[5] Alusión a las palabras de Jesús recogidas en Lucas 10:27 y Marcos 12:30.
[6] Para esta sección, Vermigli se basa en gran parte en *De peccatorum meritis et remissione* 1.9-11 (*Sobre los méritos*, NPNF, 5:18-19).

§3: PIGHIUS SOBRE LA CULPA INFANTIL

5. Otra opinión fue la que el maestro de las *Sentencias* relató en el libro dos, decimotercera distinción.[1] Habla sobre aquellos que piensan que el pecado original es tan solo una culpa, o carga, o responsabilidad a la que nos encontramos sujetos por causa del pecado de Adán.[2] Esta gente no reconoce ninguna falla real o pecado en aquellos que nacen, sino solo cierta carga y responsabilidad, por lo que al morir son condenados por el pecado de Adán.

Pighius parece al menos haber reavivado esta opinión. Él niega que el pecado original sea en verdad un pecado, dado que éste no es una transgresión de la ley, ni tampoco deriva de la voluntad.[3] Por lo tanto, estableció que no es sino el pecado de

---

[1] Se trata de una referencia al *Libri quattuor sententiarum* (*Las sentencias*, 145-53) de Pedro Lombardo, un manual teológico dividido en capítulos y numerosas subsecciones denominadas *distinciones*. El segundo libro trata de la creación.

[2] Véase Agustín, *Contra Iulianum Pelagianum* 3.4.10 (*Contra Juliano*, 114-16). El punto aquí se puede resumir de la siguiente manera: Algunos dicen que nacemos responsables y obligados por el pecado de Adán, pero que no tenemos nuestro propio pecado real hasta que cometemos un pecado nosotros mismos voluntariamente.

[3] Como observa Vermigli en la frase siguiente, Pighius admite en cierto sentido que el pecado original es un pecado real, aunque diría que fue Adán quien lo cometió, no el infante, ya que el infante con una voluntad no formada no puede transgredir la ley; véase "De peccato originis controversia", fols. iv -vii[rv] y xv[v]. Sobre la distinción entre pecado

Adán por el que nosotros, su posteridad, nos vemos sujetos a condenación y muerte, y somos exiliados del reino de los Cielos.[4] También afirman que la muerte, las aflicciones de esta vida, los deseos del corazón, y otras afecciones de este tipo tienen su origen en la naturaleza. Tan lejos está él de llamar a esto pecado que las proclama como obras de Dios, ya que es Dios el autor de la naturaleza.[5]

Y afirma que estas cosas siguen los humores y el calor del cuerpo, y que aquello que vemos entre las bestias salvajes sucede también en el caso de los seres humanos en lo que concierne a la carne y a las facultades más embotadas de la mente.[6] Desean aquellas cosas que tienden a su supervivencia y que son placenteras y útiles, sea que estén de acuerdo con la razón o no; y evitan todas las cosas opuestas a esto. En consecuencia, según Pighius, la única falta original se encuentra en la transgresión de Adán, por lo que todos nacemos culpables por esta única transgresión, aunque no por algún vicio, falta, o depravación que tengamos en nosotros mismos.

---

original y pecado actual, véase *De peccatorum meritis et remissione* 1.11 (*Sobre los méritos*, NPNF, 5:19).

[4] La afirmación más clara de esta posición por parte de Pighius aparece en "De peccato originis controversia", fol. xxiv[r], donde interpreta Rom. 5:12 a su manera única. Afirma que todos nacemos bajo el juicio contra Adán, que en él estaba el pecado por el cual todos pecamos. Todos nacemos pecadores, pero no a causa de *nuestro propio* pecado. Véase también la sucinta expresión de su punto de vista en el fol. xxvi[r] : "El pecado original es el pecado del originador de la raza humana, obviamente Adán, por el cual se hizo a sí mismo y a nosotros exiliados del reino de la Jerusalén celestial, y nos hizo sujetos a la muerte y a la condenación eterna. Y nos envolvió con él en todas las calamidades y miserias de la naturaleza humana, de las que la sobreabundancia de los dones de la gracia divina nos había rescatado y mantenido inmunes. Por estar ligados a la culpa de esta única persona, todos nacemos pecadores. De esta culpa, la gracia de la regeneración en Cristo nos libera y absuelve."

[5] Pighius, *De peccato originis controversia*, fols. xii -xv[vr].

[6] Pighius, *De peccato originis controversia*, fol. xvii[r].

Además, asevera que aquellos que mueren siendo solo culpables del vicio de Adán, de ninguna manera serán afligidos en la otra vida con castigo físico. Imagina (aunque no se atreve a afirmarlo con consistencia), que ellos experimentan un tipo de felicidad y bendición naturales, sea en este mundo o en algún otro lugar razonablemente agradable.[7] Allí, dice, vivirán alabando y dando gracias a Dios, aun estando excluidos del reino de los Cielos. Sueña con que no se quejen sobre esta desventaja ni se pongan tristes por causa de ello. Explica que esto equivale a luchar contra la voluntad de Dios, lo que no puede suceder sin pecar. Y dado que, mientras vivían aquí, no tuvieron corrupción alguna en su voluntad, no podemos creer que la tendrán en la otra vida. Es más, se muestra muy confiado de haber probado que no sufrirán castigo sensible por dos razones: primero, porque no cometieron ningún acto malvado ni se contaminaron con corrupción alguna; segundo, porque se requiere de arrepentimiento o contrición en esta vida por el pecado original.

Y para esta ficción tiene como pretexto que no consideramos que algo sea pecado a menos que tengamos una legítima razón. En otras palabras, debe ser algo hablado, hecho, o deseado en contra de la ley de Dios, y debe ser voluntario, no algo forzado sobre alguien sin su voluntad, sino algo que pueda ser evitado. Y ya que estas cosas no tienen lugar en niños pequeños, no puede haber pecado en ellos.

No obstante, hay que afirmar que él no niega la existencia del pecado original; en su mente éste es el pecado de Adán, y es el que trae condenación y muerte sobre todos nosotros. Por esta razón yo afirmo que él busca esto como un pretexto, porque en

---

[7] Pighius, *De peccato originis controversia*, fols. xxvii -xviii[rr].

la realidad veo que, aunque diga estas cosas, tiene otras motivaciones. Llegó a esta nueva idea convenientemente ya que le atribuye tanto al libre albedrío, y ha escrito tantas cosas sobre este asunto, en contra de nosotros,[8] y ya que ve que es inconsistente si abiertamente admite el pecado original (que todos los santos enseñan), convenientemente concibió esta nueva idea.[9] Pero esto no es del todo nuevo, considerando que esta doctrina es discutida y rechazada por el maestro de las *Sentencias*.

Para darle un color más brillante a su invención, establece una comparación con un príncipe muy generoso que libera a uno de sus sirvientes, y además de esto le confiere un señorío y lo enriquece con riquezas que se extenderán hasta su posteridad.[10] El príncipe solo le pide a su siervo que obedezca fielmente ciertos mandatos. Si los transgrede, debe estar al tanto de que le serán arrebatadas todas esas riquezas y beneficios, y que deberá volver a la servidumbre. Este siervo, siendo imprudente y desagradecido, transgrede los mandatos del príncipe. Y entonces, no solo es hecho siervo como lo era antes, sino que además engendra a sus hijos en servidumbre. Pero estos niños no tienen razón por la cual quejarse sobre la servidumbre al príncipe; más bien, tienen razones para darle gracias porque trató a su padre con tal generosidad. Respecto a su padre, sin embargo, pueden sentir la pena más profunda, porque perdió aquellos dones tanto para él como para ellos. Pero esto no es todo.

---

[8] En 1542, Pighius publicó *De libero hominis arbitrio*. Para la obra y la respuesta de Calvino, véase Juan Calvino, *The Bondage and Liberation of the Will*.

[9] Vermigli utiliza aquí la palabra *sententia* (idea) como un juego de palabras con las *Sententiae* de Lombardo, es decir, las *Sentencias*.

[10] Pighius, *De peccato originis controversia*, fols. xiv -xxv^{rr}.

¿Y qué si añadiéramos que la generosidad de este príncipe fue tan grande que invitó a los descendientes de aquel siervo desagradecido a participar de las mismas bendiciones, e incluso mayores; y los invitó de tal manera que con gusto envió a su propio hijo para que los llamara? Ésta es nuestra actual situación, dice Pighius. Adán fue creado por Dios para que fuera capaz de felicidad sobrenatural, pero cuando despreció los mandamientos de Dios, se le arrebataron aquellos dones sobrenaturales y fue dejado en el estado de su propia naturaleza. En tal estado fuimos nosotros engendrados, y así, por causa de su pecado somos condenados y muertos, y somos también exiliados del reino de los Cielos, sufriendo muchas dificultades, que se derivan de los principios básicos y esenciales de nuestra naturaleza. Por lo tanto, podemos quejarnos acerca del primer padre, pero no acerca de Dios, ya que Él fue muy generoso con aquél; pero fue considerablemente generoso cuando nos llamó nuevamente hacia Él, que es la fuente última de gozo, a través de su único hijo, quien por nuestra salvación conoció la muerte voluntariamente.

6. Sin embargo, lo que he dicho ya dos veces, sobre que los niños mueren, contradice especialmente esta idea. La muerte no tiene un reclamo justo allí donde no hay pecado, a menos que queramos decir que Dios castiga al inocente. Pablo confirma esta afirmación cuando plantea que el pecado era antes de la ley. "No obstante, reinó la muerte desde Adán hasta Moisés" [Rom. 5:14]. Pero en opinión de Pighius, esta línea de razonamiento parece muy débil. Rebate diciendo que, aunque mueran, no se puede seguir de ello que hayan pecado, ya que la muerte ocurre por causa de Adán, y por su pecado se vuelven mortales. Además, ¿no admite Pablo que la culpa está en la naturaleza cuando admite que el pecado mora en él y dice que la ley de sus

miembros lo lleva cautivo, y otras cosas semejantes? [Rom. 7:17,23].

Pero no permitiremos que Pighius haga la objeción de que estas luchas vienen de los cimientos básicos de la naturaleza. Estos cimientos en nosotros no reflejan una naturaleza saludable y plena, sino una corrupta y depravada. Tampoco debemos establecer en este asunto una comparación con las bestias salvajes, ya que un ser humano es creado para exceder por lejos a las bestias y para gobernar sobre ellas.

Es verdad que la gente tiene en sí misma los cimientos básicos para desear lo que es dulce y útil, pero no lo contrario a la razón y la Palabra de Dios. Tales afectos impetuosos y violentos no pertenecen a los seres humanos, sino a las bestias. En segundo lugar, ya que nuestra alma es inmortal y dada por Dios, busca para sí un cuerpo que le sea adecuado, esto es, que lo pueda mantener para siempre, aunque el alma esté obligada a separarse de él por algún tiempo. Por tanto, no tenemos recursos contra los cimientos básicos de la naturaleza; lo que tenemos ahora no es lo mismo que aquello puesto en nosotros en el principio.

Pero si Pighius cree que Dios creó aquellos afectos lujuriosos y perversos en nosotros, está blasfemando y recriminando contra Él, que son los mismos crímenes que inmerecidamente está intentando imputarnos a nosotros. Viendo que Dios es tanto sabio como justo en el mejor y máximo grado, y que creó al hombre para la mayor felicidad, no dotaría al hombre con tales cosas que lo alejan de la felicidad. No encomiaría lo opuesto a los mandatos divinos, ni aquello que es inherentemente malo; tampoco nos llevaría cautivos a la ley del pecado y de la muerte. Porque, si estas cosas deben ser puestas bajo muerte y deben ser crucificadas, como deben ciertamente, tenemos que decir que son vicios y son aborrecibles para Dios.

Tampoco es un argumento relevante el que él diga que estas cosas no son pecados propiamente; a menos que, así como el frío es llamado lento porque hace que las personas sean lentas, en ese sentido aquellas cosas pueden ser llamadas pecado porque incitan a la gente a pecar; o como la Escritura es llamada un manuscrito porque está escrita a mano, o el lenguaje es llamado una lengua porque se ejecuta por su obra, así también éstos pueden ser llamados pecados porque han procedido de él.[11] Estas comparaciones de ninguna manera ayudan al caso de Pighius. Ahora bien, incluso si Agustín solía hablar de esta manera de vez en cuando, su intención era, en todo caso, que éste se entendiera como los defectos y vicios que permanecen en una persona después del bautismo.

---

[11] En otras palabras, Pighius argumenta que la lujuria y cosas similares no son pecados en sí mismas. Si derivan del pecado, entonces podemos llamarlos pecados, pero si un ser humano, actuando por impulsos naturales pero no pecaminosos, tiene lujuria, entonces esa lujuria no puede ser etiquetada como pecado. Para la analogía a la que se refiere Vermigli, véase Pighius, *De peccato originis controversia*, fols. v - vi[vr]; y Agustín, *El matrimonio y la concupiscencia* 1.25 (=NPNF, 5:274).

§4: CONCUPISCENCIA: PROPENSIÓN AL MAL

7. Sin embargo, tened en cuenta que Agustín ciertamente considera a estos afectos lujuriosos y depravados como pecado incluso antes del bautismo,[1] y así también lo considera el Espíritu Santo hablando a través de Pablo, y que la naturaleza del pecado aplica apropiadamente a ellos [Rom. 7:5]. Hemos definido el pecado de tal manera que se refiere a cualquier cosa que se opone a la ley de Dios. Como dice Juan, el pecado es transgresión [1 Juan 3:4].

¿Y quién no ve que es transgresión que la carne se esfuerce por someter a sí el espíritu, y que nuestra mente no quiera asentir a la Palabra de Dios? Por lo tanto, ya que todos estos deseos nos incitan a desobedecer y rebelarnos contra la Palabra de Dios, son transgresión y deben llamarse pecado. Además, las palabras de David se oponen a la visión de Pighius: "He aquí, en maldad he sido formado, y en pecado me concibió mi madre" [Salmos 51:5].[2]

Si estos afectos lujuriosos y depravados fueran obra de la naturaleza, seguramente el hombre de Dios no hablaría en

---

[1] Agustín, *De peccatorum meritis et remissione* 1.24 (Sobre los méritos, NPNF, 5:24); y *Contra duas epistolas Pelagianorum* 1.40 (Contra dos cartas de los pelagianos, NPNF, 5:390).

[2] Pighius elude este argumento señalando que "iniquidades" está en plural y, por tanto, no debe referirse al pecado original; véase *De peccato originis controversia*, fol. xviii^v.

contra de ellos. ¿Y qué más quiere decir el apóstol Pablo cuando escribe a los efesios que somos por naturaleza hijos de ira [Ef. 2:3] si es que el pecado no existe en cada uno de nosotros? Pighius, sin embargo, intenta arrebatar de nosotros este testimonio a partir de una interpretación torcida. Argumenta que la frase *por naturaleza hijos de ira* solo significa *ser hijos de ira*, esto es, a partir de cierta condición de nuestro nacimiento, ya que somos traídos al mundo de esta manera.

Y él elabora el argumento de que algunos son llamados *siervos por naturaleza*, lo que no significa otra cosa que el que ellos han nacido en la condición de servidumbre. Pero no podemos ni debemos asentir a esta ficción, porque la ira de Dios solo es provocada por una causa justa, y no es del tipo que acelerada o impredeciblemente se inflama. Por esta razón, debe haber algo corrompido en nuestra naturaleza para cuyo castigo es despertada la ira divina. En cualquier caso, su comparación sirve a este intento, porque aquellos que se dice que nacen como siervos por naturaleza tienen también algo en ellos mismos que es adecuado para la servidumbre. Si le tomamos la palabra a Aristóteles, *siervos por naturaleza* son aquellos que exceden en fuerza corporal, al mismo tiempo que son torpes y lentos en sus capacidades racionales. Así, sucede que son más adecuados para servir que para mandar a otros o para vivir en libertad.[3]

El apóstol explica suficientemente por qué nos llama por naturaleza hijos de ira. Dice que pareciera que somos propensos por naturaleza a provocar la ira de Dios, y que andamos

---

[3] Aristóteles, *Política* 1254b16-21. Véase Nicholas D. Smith, "Aristotle's Theory of Natural Slavery", *Phoenix* 37.2 (1983): 109-22; Wayne Ambler, "Aristotle on Nature and Politics: The Case of Slavery", *Political Theory* 15, no. 3 (agosto de 1987): 390-410; Paul Millett, "Aristotle and slavery in Athens," *Greece and Rome* 54.2 (2007): 178-209; Donald Ross, "Aristotle's ambivalence on slavery", *Hermathena 184 (2008)*: 53-67.

conforme al príncipe de este mundo, y que el diablo es eficaz en nuestros corazones por causa de nuestra falta de fe, y que hacemos la voluntad de la carne y de nuestra mente [Ef. 2:2]. Éstas son cosas que nos hacen por naturaleza hijos de ira. ¿Y cómo podemos negar que hay vicio en nuestra naturaleza si Cristo mismo desea que nazcamos de nuevo [Juan 3:3]? Porque, a menos que hayamos nacido en corrupción, ¿qué necesidad hay de que nazcamos de nuevo? Además de esto, en Génesis 8 [v. 21] se lee claramente que la inclinación del corazón del hombre es mala desde su juventud. ¿Y cómo se atreverá Pighius a decir que lo que el Espíritu Santo llamó malo es la obra de Dios y algo bueno?[4] Para guardarse de parecer que habla un sinsentido vacío, inventa que Dios dijo esto por causa de su misericordia, como si quisiera de esta manera excusar a los seres humanos y testificar que ya no quería destruir la tierra por agua, porque supuestamente las personas son hechas así y sus pensamientos tienden al mal incluso desde su juventud. Pero viendo que esto es una excusa, decimos que está muy equivocado.

En cambio, considerad ésta como una mejor interpretación del pasaje: Dios quiso entrar en pacto con Noé, de tal manera que nunca destruiría el mundo con un diluvio, aunque las personas son de tal manera que lo merecen y la inclinación de sus corazones es mala desde su juventud. Estas cosas no excusan de vicio a la naturaleza humana, sino que señalan su

---

[4] Pighius, *De peccato originis controversia*, fol. xii[v]. En el fol. xiii[r], Pighius continúa argumentando que la naturaleza esencial de Adán no fue cambiada por su pecado. Sobre el pasaje del Génesis, véase Pighius, *De peccato originis controversia*, fols. xvi[r]-xvii[r], donde Pighius afirma que la carne es meramente bruta y, por tanto, incapaz de rectitud o injusticia; solo intenta satisfacer sus necesidades. El alma, sin embargo, la lleva a pecar porque el pecado requiere una operación de la voluntad.

pecaminosidad y corrupción. Sin embargo, Dios según su propia misericordia elige eximir a la humanidad.

8. Finalmente, Pablo nos dice que por la desobediencia de un hombre fuimos todos constituidos pecadores [Rom. 5:19]. Esto muestra que hay pecado en los descendientes de Adán, por lo cual somos llamados pecadores. Pero Pighius piensa que puede eludir el asunto ya que en ocasiones los pecadores son llamados de esta manera por causa de su culpa, aun cuando la acción de pecar haya pasado y no exista ya.

Aunque esto es así, él no es nunca capaz de mostrar a partir de las Escrituras que alguien sea llamado pecador sin tener pecado en sí mismo, o al menos sin haber cometido antes pecado, a no ser que quiera decir que Dios hace que los hombres sean culpables independientemente de cualquier pecado propio. En segundo lugar, Pighius no considera que por su propia ficción introduce una noción vaga e intermedia acerca del estado de aquellos que mueren solo en la culpa de Adán. Pero las Escrituras nos enseñan de manera clara que en el juicio final no habrá un estado intermedio; la gente será condenada o al fuego eterno o a la bendición eterna [Mat. 25:14-34; Ma. 13:13; Juan 5:29]. Es apresurado querer ir más allá de lo que está revelado en las sagradas Escrituras. Por lo tanto, son más sabios y van por mejor camino aquellos que dejan este asunto por completo a la divina providencia.

Aun así, vale la pena considerar qué es lo que ha convencido a Pighius. No experimentarán ningún castigo físico, él dice, porque no se contaminaron con una voluntad corrupta en esta vida. ¿Cómo se relacionan estas cosas? Es suficiente con que tengan una naturaleza depravada; estaban inclinados al pecado, aunque, por causa de su edad, no tuvieron capacidad de pecar. Si muere el cachorro de un lobo, ¿quién puede excusarlo solo porque no ha matado aún a ninguna oveja o causado estragos en el rebaño? Así, es muerto por una justa razón, porque tiene la naturaleza de un lobo, y actuará con violencia si se le permite vivir.

A esto añade Pighius otro argumento: No se requiere de nosotros que suframos pena o contrición respecto al pecado original. ¿Qué utiliza para probar esto? Pregunto porque todos los santos se afligen profundamente de que este pecado pese sobre ellos. David en su tiempo, cuando se encontraba en la agonía de su arrepentimiento, clama: "Yo nací en iniquidad" [Salmos 51:5]. Pablo lamenta de tal manera este pecado que llega a exclamar: "¡Miserable de mí! ¿quién me librará de este cuerpo de muerte?" [Rom. 7:24].

Aunque Pighius dice que los que murieron en un estado intermedio con solo el pecado original estarán contentos en su estado, no ofrece ninguna razón, sino que si tuvieran que luchar contra la voluntad divina y lamentarse sobre la sentencia que se les ha impuesto, estarían pecando. No tenemos razones para sospechar de ellos, ya que en esta vida no cometieron pecado. Pero en este punto debemos preguntarle a Pighius si los niños tuvieron esta actitud o inclinación correcta durante sus vidas. Él debería negarlo, pues serían incapaces por causa de su edad. Ya que esto es así, ¿por qué se aventura a atribuirle a ellos esta inclinación en la otra vida? Es mucho más probable que allí estén inclinados hacia la maldad que hacia el bien, ya que las semillas de la misma se encontraban en ellos y no poseían ningún rastro del bien aquí.

El símil que aduce respecto al príncipe generoso, el que no solo liberó a su siervo, sino que también le concedió grandes honores, no es de su propia invención. Lo toma de Egidio, el teólogo escolástico romano, quien reconoce junto a nosotros la corrupción y depravación natural injertada en nosotros desde el principio. Sin embargo, debemos examinarlo, para que no sea como un tapiz bellamente bordado que cubre las manchas de una pared, y cuya apariencia y encanto nos llevan a error y nos engañan perniciosamente.

Él nos describe a Adán como un siervo, a quien desde el principio Dios no solo liberó, sino que también enriqueció grandemente, tanto que le hubiese pasado su riqueza a su posteridad si hubiese obedecido los mandamientos y la Ley de Dios. Pero si fallaba, él junto a toda su posteridad retornarían al estado original de servidumbre. He aquí el error de Pighius. Él piensa en Adán como una persona que desde el principio tenía una sujeción natural a la corrupción y un lazo a la servidumbre de los afectos irracionales. Esto no es cierto, pues él fue hecho perfecto por Dios, para que así no fuera como las bestias. Es más, él tenía deseos hacia las cosas que eran agradables y que lo preservarían, no por las que lo llevarían en contra de la Palabra de Dios y la correcta razón. Dios le dio un cuerpo que duraría para siempre. Por lo tanto, cuando pecó, no volvió a su condición original, sino que invocó sobre él una extraña y nueva desgracia.

Por ahora, esto tendrá que bastar como refutación contra esta segunda opinión.

9. Una tercera opinión es que la concupiscencia, esparcida en la carne y los miembros, es pecado original. Agustín era de esta opinión, como es evidente en su libro *De los méritos y del perdón de los pecados* y en varios otros pasajes.[5] Los estudiosos interpretaron que quería decir esto no solo de la conscupiscencia de las partes bajas de la mente, sino también de la corrupción de la voluntad. Pero Pighius responde que Agustín sostuvo la idea de que solo la concupiscencia de la carne y sus miembros

---

[5] Agustín, *De peccatorum meritis et remissione* 2.45 (Sobre los méritos 2.45, NPNF, 5:62).

es pecado original, como si Agustín no hubiera querido decir que los afectos están corrompidos, la mente es ciega y la voluntad es corrupta.[6] Porque, ya que estos vicios están todos conectados, él quiso incluirlos a todos. Y usó el término *concupiscencia* porque en ese vicio el poder de la enfermedad se muestra a sí mismo con mayor claridad. Por esta razón, Hugo escribe en su obra *Sobre los sacramentos* que el pecado original es lo que heredamos desde el nacimiento en la ignorancia de la mente y la concupiscencia de la carne.[7] Por último, cuando Cristo dice que nadie puede salvarse a menos que la persona haya nacido de nuevo [Juan 3:3], no estaba pensando solo en la carne o en la parte de la mente que desea. En primer lugar, y sobre todo, nuestra razón y voluntad deben renacer. Después de esto, siguen la regeneración de los afectos y el cuerpo, a través de cuyo proceso todas las cosas son correctamente sujetas al Espíritu y la Palabra de Dios.

Pero por el término concupiscencia Agustín no está pensando en el acto de desear, sino en la propensión, inclinación, tendencia natural y proclividad a hacer el mal. No siempre reconocemos estos vicios en niños pequeños, a menos, como decimos, que se delaten en el tiempo. De manera similar, no hay diferencia en los tonos de negro entre aquellos que tienen vista y aquellos que no cuando estamos en la oscuridad. Pero cuando se revela una luz o llega el día, podemos con facilidad descubrir el impedimento de la persona ciega. El lobo, antes de alcanzar la madurez, no revela su tendencia natural o su rapacidad. El escorpión no siempre pica, pero siempre conserva

---

[6] Pighius, *De peccato originis controversia*, fols. v^r -vi^v.
[7] Hugo de San Víctor, *De sacramentis Christianae fidei* 1.7.28 (Sobre los sacramentos de la fe cristiana, 134).

con él su aguijón para picar. La serpiente, como es lenta puede ser manejada con facilidad en el frío del invierno, pero no porque no tenga veneno, sino porque no es capaz de liberarlo. Es más, Agustín dice que la concupiscencia se pasa a través de la procreación porque todos pecaron en Adán. Él piensa que la totalidad de la raza humana estaba en Adán. Y debido a que la naturaleza humana se corrompió en él por causa del pecado, no puede derivarse de él ninguna naturaleza que no sea corrupta. No recogemos uvas de los espinos ni higos de los abrojos [Mat. 7:16]. Pero él cree que esta concupiscencia es heredada especialmente a través del acto sexual de la procreación.[8]

Aunque algunos de los estudiosos más prudentes juzgaron que, incluso cuando los padres no están involucrados en lujuria durante el acto la descendencia, tendrá pecado original porque estaba en el primer hombre, en lo que los filósofos llaman una razón seminal,[9] por decirlo así. Pero si le preguntas a Agustín si es que él juzga que esta concupiscencia, que él llama pecado original, incluye la voluntad, él responderá que puede decirse que incluye la voluntad porque el pecado cometido por los primeros padres incluyó la voluntad; en nosotros, por otra parte, no podemos decir que incluye la voluntad porque no lo asumimos por elección propia, a menos que, de casualidad,

---

[8] Agustín, *De nuptiis et concupiscientia* 1.27 (El matrimonio y la concupiscencia, NPNF, 5:274-75).
[9] *Seminali ratione*. Según Agustín, tomando prestada una doctrina de los estoicos y neoplatónicos, se trata de la capacidad, poder o semilla natural que reside en las cosas, implantada por Dios originariamente en el orden creado, que permite a cada cosa reproducir su propia semejanza. Véase Agustín, *Quaestiones in Heptateuchum* 2.21 (*Cuestiones sobre el Heptateuco*, 95); *De Genesi ad litteram* 5.20.41 (*Sobre el sentido literal del Génesis*, 171-72; véase también Libro 4, n. 67 y Libro 6, n. 18). Véase también el estudio de Brady, "St. Augustine's Theory of Seminal Reasons", y la bibliografía en n 1; y Chris Gousmett, "Creation Order and Miracle According to Augustine".

incluya a la voluntad simplemente porque no es impuesta a la fuerza sobre nosotros en contra de nuestra voluntad.

Pighius ataca este punto de vista, diciendo que, si el pecado de la primera persona infectó la naturaleza humana, entonces su pecado específico debe poseer este tipo de efecto natural. Argumentaría que nada había en esa primera transgresión que tuviera el poder de infectar nuestra naturaleza más que cualquier otro pecado. Si así hubiera sido, él piensa, tendríamos que admitir que nuestra naturaleza está corrompida, no solo por el pecado de nuestros primeros padres, sino también a través del pecado de nuestros ancestros. Pighius considera que es una proposición muy absurda el que aquellos que han nacido después están más corrompidos porque tienen más ancestros.

§5: LA REMOCIÓN DE LA GRACIA DIVINA EN LA CAÍDA

10. Pero en consideración del tiempo pasaré por alto el tema de si los pecados de todos los padres son pasados a la posteridad o no, y solo diré al final lo que me parece correcto. Entretanto, rechazo su suposición acerca de que la corrupción es el efecto natural del pecado.[1] Los orígenes de la corrupción pueden ser explicados por medio de la justicia divina: por causa de ella, cuando el hombre pecó le fue quitada la gracia del Espíritu y los dones celestiales, con los cuales fue envestido antes de la Caída. Esta remoción de la gracia fue llevada a cabo por la justicia divina. Sin embargo, a menos que de inmediato se responda que Dios es la causa del pecado, debe culparse de esa remoción a la transgresión del primer hombre. Porque, tan pronto como Dios quitó los dones que le había conferido al hombre, de inmediato le siguieron el pecado y la corrupción. Estas cosas eran antes extrañas a la condición humana. Pighius se pregunta cómo el pecado tiene el poder de corromper la naturaleza humana, ¿es por privación o por algo que resulta de ella? Él piensa que es imposible que la privación pueda corromper la naturaleza humana, ya que ésta no es nada y por tanto no puede causar nada; tampoco piensa que pueda resultar de esa acción derivada

---

[1] Vermigli quiere argumentar aquí que no fue el pecado de Adán lo que causó la corrupción en la raza humana, sino la retirada de la gracia de Dios tras el pecado. Esto le permite explicar cómo los niños nacen en la depravación: al faltarles las gracias espirituales de Dios, tienen una inclinación natural hacia la rebelión, que es maldad o iniquidad.

de la privación, de cuyo tipo fue la primera elección malvada del hombre a través de su voluntad. Cuando Adán comió el fruto prohibido, no estaba intentando, ni tampoco deseaba, corromper su propia naturaleza ni la de su posteridad.[2] Este argumento es muy débil. A menudo vemos que muchas cosas siguen a las personas de manera involuntaria e inconsciente, y aunque no las deseen, están unidas a sus acciones. La persona que sin moderación se atiborra de comida y bebida no lo hace para causarse la gota, aunque tal sea el resultado. De esta manera, aunque Adán no deseó que esas cosas sucedieran, cuando pecó sucedieron por sí mismas.

Pero, dice Pighius, puesto que este deseo o concupiscencia viene necesariamente como resultado de nacer, y no es opcional, no podemos culpar o pedirle cuentas al pecador. Éste es el resultado de que tome el pecado de manera más reducida y limitada de la que debería. Él quiere que el pecado incluya la voluntad, y que, en consecuencia, sea algo dicho, hecho o deseado en contra de la voluntad de Dios. Pero si toma el pecado como iniquidad o maldad, como lo describe Juan [1 Juan 3:4], vería que la naturaleza del pecado puede encontrarse en la concupiscencia. Es iniquidad que el cuerpo no obedezca a la mente y quiera dominarla, y también lo es que la razón se oponga a Dios y se retraiga de sus mandamientos. Pero ya que estas cosas son malvadas e injustas, sea que deriven o no de la voluntad o la necesidad, son ciertamente pecado.

Pero de seguro Pighius, quien hace estas objeciones, se ve forzado en la posición de que la posteridad de Adán está sujeta a su pecado, pero de manera involuntaria, una idea que es muy contraria a la Palabra de Dios. Porque está escrito en los

---

[2] Pighius, *De peccato originis controversia*, fol. iii^r.

profetas: "El alma que pecare, esa morirá; el hijo no llevará el pecado del padre" [Ez. 18:20].

Esto ciertamente sería falso si creyésemos a Pighius, puesto que los hijos mueren y están sujetos a condenación eterna, aunque de ninguna manera hayan pecado. Nosotros no nos dejamos llevar por esta absurdidad; afirmamos que todas las personas en cuanto nacen tienen pecado, y por él morirán y serán condenados. Parece ser a Pighius un insulto y blasfemia contra Dios decir que Él permite que el pecado se inserte en los bebés que nacen, viendo que no pueden evitar nacer y ser infectados junto con todos los demás. Pero dejemos que Pablo responda a esta objeción, quien en esta epístola dice: "Mas antes, oh hombre, ¿quién eres tú, para que alterques con Dios? ¿Dirá el vaso de barro al que lo formó: ¿Por qué me has hecho así?" [Rom. 9:20]. Dejemos también responder a Isaías, quien dice que no es adecuado que un tiesto dispute con otros tiestos sobre la obra de su hacedor [Isaías 45:9]. Dios no se tiene que conformar a nuestros estándares y razonamientos; pero tal sería el caso si midiéramos su justicia según la vara de medir de nuestro propio juicio. Viendo que no pasa un día en el cual no nos quejemos y mostremos nuestro desagrado por cómo es gobernado el mundo, ¿cuándo será justo Dios? ¿Quién puede explicar por qué menos gracia le es dada a uno que perecerá por la eternidad, y más a uno que se salvará?

11. Sé que algunos dicen que Dios no actúa injustamente al respecto porque no hay leyes que lo obliguen a distribuir la misma e igual cantidad de gracia a todos. Pero en esto ciertamente la sabiduría humana no quedará satisfecha. La gente se quejará e insistirá en que debería ser el mismo respecto de todos, aunque no por precepto de ley humana sino por la ley de su propia bondad. Además, ¿cómo puede la sabiduría

74 EL PECADO ORIGINAL, EL LIBRE ALBEDRÍO, Y LA LEY DE DIOS

humana ver qué es la justicia de Dios, cuando supuestamente algunos son quitados siendo aún bebés o niños pequeños, para que sus corazones no sean luego pervertidos por el mal, y así busquen la salvación, mientras que otros llegan a la adultez y ganan para sí mismos destrucción, aunque podrían haberse salvado de haber muerto cuando niños? En este punto debemos respetar y admirar lo secreto del juicio divino de Dios, y no querer corregir o enmendarlo para que siga nuestras leyes prescritas. Cuando el pagano Catón se alineaba con la causa de Pompeyo porque consideró que era más justa que la de César, y cuando al final César ganó ventaja y los partidarios de Pompeyo fueron dispersados y puestos en fuga, miró a los cielos y clamó: "¡Hay gran oscuridad en las cosas divinas!," porque no parecía digno de la divina providencia que César ganara. Es más, cuando pienso en estas cosas, tengo que sonreír frente a la respuesta de Agustín a los pelagianos sobre el mismo problema. Ellos tenían dos objeciones en contra de él, que eran algo sutiles y difíciles. La primera era: ¿cómo puede ser que Dios, que por su propia bondad perdona nuestros pecados, desee imputarnos los de alguien más? La segunda: si Adán nos condena por el pecado original de manera inconsciente e involuntaria, ¿por qué no salva Cristo a los incrédulos para que no parezcan inferiores a Adán en ningún aspecto? Agustín responde: "¿Y qué si fuera de algún modo más necio e incapaz de rebatir de inmediato sus argumentos? ¿Debería yo, por tanto, pensar menos de la divina Escritura? No, pues es mucho más adecuado reconocer mi simpleza que atribuir a lo sagrado esta falsedad."[3] Pero luego Agustín desmantela ambos argumentos. A lo primero responde que Dios

---

[3] Agustín, *De peccatorum meritis et remissione* 2.59 (Sobre los méritos, NPNF, 5:68); y *De Spiritu et Littera* 62 (Sobre el Espíritu y la Letra, NPNF, 5:111).

es supremamente bueno y no nos imputa, como alegan sobre el pecado original, el pecado de otro, sino que nuestra propia iniquidad, la cual se aferra a nuestra naturaleza desde el comienzo. A lo segundo, dice que Cristo también salva a quienes no tienen voluntad; no espera a que tengan voluntad, sino que Él mismo se acerca a los pecadores, no teniendo éstos voluntad y resistiéndosele. También, lleva a la bienaventuranza a muchos niños pequeños que aún no creen, ni pueden, por causa de su edad, tener la fe por la cual puedan creer.

De esta manera, quise mencionar estos argumentos para mostrar que podría, si quisiera, usar las respuestas que este Padre primero usó, y decirle a Pighius lo siguiente: Dejémosle a Dios Su propia defensa. Él no necesita que nosotros lo defendamos de ser considerado cruel o injusto. Creamos las Escrituras, que proclaman en muchos lugares que hemos nacido corruptos y contaminados. También la muerte nos da indicaciones de esto, así como todas las tribulaciones que enfrentamos. Ciertamente, Dios no infligiría esto sobre los hijos de Adán a menos que haya algún pecado en ellos que deba ser castigado. Pero aquellos que no descienden a sí mismos y no contemplan su inclinación natural, ni su tendencia a toda depravación, no entienden lo que significa la concupiscencia — aunque no pocos de los filósofos paganos la percibieron—. Se maravillan de cómo en una naturaleza tan excelente pueda residir tan grande depravación, amor propio e inclinación por los placeres. Reconocieron estos males de tal manera que consideraron que los niños necesitan reprimenda y castigo, y los animaban a corregir esta corrupción innata a través de esfuerzo y ejercicio, y soportando dificultades y severidad. Pero no vieron la real causa y fuente de estos males, lo cual solo puede percibirse por la Palabra de Dios.

12. Pighius argumenta que este deseo, que Agustín llama concupiscencia, es una obra de la naturaleza y también de Dios, y, por lo tanto, no puede ser vista como pecado. Pero, como ya respondí, esto no viene de los cimientos de la naturaleza según la instituyó Dios, sino de la naturaleza que ha sido corrompida. Porque cuando el hombre fue moldeado, fue hecho perfecto y, como dice la Escritura, a imagen de Dios. Por lo tanto, cuando Adán fue recién creado, su apetito por las cosas que agradan y preservan no se encontraba fuera de control al punto de volverse contrario a la correcta razón y a la Palabra de Dios; eso vino después. En consecuencia, no debemos llamarlo la obra de Dios, como afirma Pighius, sino la depravación del pecado y la corrupción de los afectos. Por esta razón, Agustín llama al pelagiano Juliano un desvergonzado devoto de concupiscencia.[4] Él, como Pighius, la elogió como una obra maravillosa de Dios. Además de esto, Pighius también se opone a Agustín por decir que la concupiscencia es pecado antes del bautismo, pero no después de él.[5] Pighius responde que la concupiscencia es la misma, así como lo es Dios y Su Ley.

Por consiguiente, concluye que en ambos casos debe ser o no un pecado. Pero Pighius yerra en gran manera por dos razones. En primer lugar, está equivocado al creer que ningún cambio ocurre en la regeneración, especialmente cuando sabe que Cristo trae remedio por la aplicación de su justicia y la

---

[4] Agustín, *Contra Iulianum Pelagianum* 3.26.66 (Contra Juliano, 165).

[5] Agustín, *De peccatorum meritis et remissione* 2.4 (Sobre los méritos, NPNF, 5:45); y *De nuptiis et concupiscientia* 1.25 (El matrimonio y la concupiscencia, NPNF, 5:274).

remoción de la culpa. Dios no imputa la concupiscencia que permanece luego de la regeneración.[6]

En segundo lugar, en el proceso de la regeneración, recibimos el regalo del Espíritu Santo, quien acaba con el poder de la concupiscencia, de tal manera que, aunque éste aún resida en nosotros, no nos gobierna. Esto es lo que Pablo menciona cuando exhorta a los fieles a no dejar que el pecado reine en sus cuerpos mortales [Rom. 6:12].

Por otro lado, Pighius está equivocado al pensar que Agustín considera que la concupiscencia que permanece luego del bautismo no es pecado; ciertamente él lo cree así, especialmente si lo consideramos de manera aislada. Hablando con gran elocuencia, declara que por su propia naturaleza es pecado lo que es desobediencia, contra el cual debemos continuamente luchar. Y cuando niega que es un pecado, debemos entender que está hablando respecto a la culpa, puesto que no puede haber duda de que ésta es removida en la regeneración. Y así sucede que no nos la imputa como pecado, aunque en sí misma sí sea pecado. Finalmente, Agustín está comparando la concupiscencia con aquellos pecados que ellos llaman *actuales*, y por esta comparación se puede decir que no es un pecado, porque es mucho menos grave que éstos.

13. Por otra parte, me asombra cómo Pighius se atreve a decir que Agustín determina sin el testimonio de la Escritura que la concupiscencia o la lujuria es pecado original, puesto que en sus disputaciones contra los pelagianos defiende su posición especialmente a partir de las Sagradas Escrituras. Y la razón por la que llama *concupiscencia* al pecado original es porque la corrupción original se revela especialmente a través de los

---

[6] En otras palabras, después de que alguien renace, Dios ya no lo considera culpable del pecado original.

deseos más vulgares de la mente y la carne. Ahora bien, vale la pena ver lo que otros han dicho acerca de esto. Aparte de la concupiscencia, hay quienes tienen la opinión de que el pecado original es la falta de justicia. Anselmo declara esto en su libro *Sobre la concepción virginal y el pecado original*, y convenció a muchos escritores escolásticos.[7] Y por *justicia original* se refieren a la correcta constitución de una persona, cuando el cuerpo obedece a la mente, y las partes bajas de la mente obedecen a las superiores, teniendo la mente sujeta a Dios y Su Ley. Adán fue creado en esta justicia, y si hubiese permanecido firme en ella, todos viviríamos en ella. Pero dado que cayó, hemos sido despojados de ella. Quieren que esta falta de justicia sea llamada *pecado original*, pero para explicar con mayor claridad su opinión, dicen que no todo defecto es algo malo, pues, aunque a una piedra le falte justicia, no podemos llamar a la piedra injusta o mala. Pero cuando una cosa se ajusta y es apta para tener aquello que le falta, entonces un defecto de este tipo puede llamarse malo, como en el caso de un ojo cuando es depravado de su habilidad de ver. Con todo, no decimos que haya falta o pecado en el ojo, tan solo aplicamos el término pecado cuando el defecto allí causa que se siga una lucha y discordia contra la Ley de Dios.

Pighius también condena esta opinión. Dice que no es pecado si alguien no conserva el don que ha recibido. En ocasiones una persona que nace fuerte y saludable se vuelve enfermiza o mutilada o desfigurada;[8] y nadie llamaría a estos defectos faltas o pecados. Pero este símil no se ajusta a la

---

[7] Anselmo, *De conceptu virginali et de originali peccato* 23 (Anselmo, *The Major Works*, 382). Para un análisis de esta idea, véase Aaron Denlinger, "Calvin's Understanding", 245-46.
[8] Pighius, *De peccato originis controversia* fol. xiii^v. La crítica de Pighius a los argumentos de Anselmo comienza en el fol. vi^v.

proposición, pues reconocer esta enfermedad o mutilación del cuerpo no tiene nada que ver con observar o violar la ley de Dios. Incluso más, él establece que la pérdida de la justicia original no es un pecado en niños pequeños, porque no eran responsables de que se perdiera. Pero, nuevamente, esto equivale a convocar a Dios a la corte, y Dios pertenece a una clase diferente, por lo que no se debe rebajar al gobierno de leyes humanas.

Pero dejemos que Pighius compare su propia opinión con aquella a la cual se opone. En la visión ortodoxa, hay un vicio y contaminación en los recién nacidos que Dios condena. Pighius, sin embargo, hace a los niños culpables y los condena por el vicio y el pecado, pero no por el que existe en ellos, sino solo por el pecado que Adán, el primer padre de todos, cometió.[9] En otras palabras, piensa que esos niños son completamente inocentes. ¿Cuál de estas posiciones está más alejada de la razón y es más contraria a las leyes humanas: que una persona inocente sufra castigo por el pecado de alguien más o que sea condenada una persona cuya culpa resida en sí misma?

Ciertamente, para la gente que mira de cerca este asunto, la opinión de Anselmo es en muchos aspectos mejor que la de Pighius. Sabemos que es cierto lo que dice Eclesiastés: "Dios hizo al hombre recto" [Ecl. 7:29]. Pero una vez habiendo pecado, de inmediato sobrevino lo torcido. Ya no considera a Dios ni a las cosas celestiales, sino que está continuamente inclinado a las cosas terrenales y carnales y está sujeto a las ataduras de la concupiscencia. Esto es lo que significa la falta de rectitud original, puesto que no son las acciones las que han sido arrebatadas de los seres humanos, sino que ha sido

---

[9] Pighius, *De peccato originis controversia*, fol. xxvi[r].

removida la capacidad de actuar bien. Todos conocemos por experiencia lo que sucede en los casos de los paralíticos. Ellos mueven su mano, pero por causa del daño a su movilidad, se mueve de manera débil y sin control. Lo mismo pasa con nosotros. Cuando la rectitud divina está ausente, el principio fundacional que requerimos para ordenar y llevar a cabo nuestras obras se encuentra corrompido.

Pero Pighius dice que la falta de esta habilidad no puede tomarse como un pecado en niños pequeños, puesto que ellos no están sujetos a ninguna obligación o requisito de tenerla. Afirma que, si alguien hace una objeción y dice lo contrario, debe explicar cuál es la ley que obliga a los niños, y puesto que no pueden hacerlo, entonces no deben decir que la falta de rectitud original es un pecado. Sin embargo, no presentaremos solo una ley, sino tres. La primera ley tiene que ver con el modo en que los seres humanos fueron creados. Dios hizo al hombre a su imagen y semejanza, y, por tanto, nos conviene permanecer así. Dios justamente requiere en nuestra naturaleza aquello que creó. Pero la principal razón para que tengamos la imagen de Dios es para que Él pueda adornarnos con propiedades divinas, esto es, con rectitud, sabiduría, bondad y paciencia. Pero, en oposición a esto, Pighius declara que ésta no es la naturaleza de la imagen de Dios. Él dice que ésta consiste en inteligencia, memoria, y voluntad, así como lo enseñó Agustín en su *De la Trinidad* y en muchos otros libros.[10] En efecto, esto dicen los entendidos. Pero nosotros probaremos, a partir de las Escrituras y de los Padres, que el asunto es muy diferente.

---

[10] Agustín, *De Trinitate* 9.11.16 (*Sobre la Trinidad*, NPNF, 3:269).

§6: RECUPERANDO NUESTRA HUMANIDAD EN CRISTO

14. Está escrito en Efesios que debemos despojarnos "del viejo hombre, que está viciado conforme a los deseos engañosos, y renovaos en el espíritu de vuestra mente, y vestíos del nuevo hombre, creado según Dios en la justicia y santidad de la verdad" [4:22-24]. Y así dice Pablo en Colosenses 3: "y revestido del nuevo, el cual conforme a la imagen del que lo creó se va renovando hasta el conocimiento pleno" [v. 10]. Y sigue luego explicando las propiedades de esta imagen, diciendo: "Vestíos, pues, como escogidos de Dios, santos y amados, de entrañable misericordia, de benignidad, de humildad, de mansedumbre, de paciencia; soportándoos unos a otros, y perdonándoos unos a otros si alguno tuviere queja contra otro" [v.12-13]. Y Romanos 8: "Porque a los que antes conoció, también los predestinó para que fuesen hechos conformes a la imagen de su Hijo" [v. 29].

Todos estos pasajes indican suficientemente aquello a lo que las Escrituras se refieren cuando mencionan la imagen de Dios en la creación y el origen de la humanidad. Los Padres entendieron este concepto. Ireneo en su Libro V dice que "por la unción del Espíritu Santo la persona se vuelve espiritual, a la manera como fue creada por Dios."[1] Y Tertuliano, contra Marción, dice que una persona que porta la imagen de Dios

---

[1] Ireneo, *Adversus haereses* 5.8 (Contra las herejías, ANF, 1:1316).

comparte con Él las mismas emociones e inclinaciones.[2] Su razonamiento es que el hombre fue hecho a la imagen de Dios en el principio para que pudiera gobernar sobre la creación como un tipo de vice-regente de Dios. Nadie dudaría de que Dios quiere que Sus criaturas sean bien gobernadas, puesto que constantemente nos demanda que no abusemos de ellas; y la ley nos manda que atribuyamos a Dios, de quien todo viene, todas las cosas que nos ayudan. Pero no puede haber un buen uso, ni un correcto gobierno, de las cosas a menos que se nos confieran aquellas propiedades que decimos pertenecen a la imagen de Dios. Ahora bien, aunque Agustín ubicó la imagen de Dios en la inteligencia, la memoria y la voluntad, diremos que lo hizo para darnos ejemplo de la interacción entre los miembros de la Trinidad.

Sin embargo, no debemos pensar que está diciendo que Dios hizo estas facultades de la mente portadoras de Su imagen, pero las privó de esas virtudes de las que hemos hablado. Por lo tanto, tenemos una segunda ley dada a nosotros, ya sea por la institución o por la restitución del hombre, que Pablo estableció; esta ley nos ata como un lazo, diciéndonos que debemos recuperar la rectitud original que hemos perdido. También tenemos la ley de la naturaleza, y vivir en conformidad a ésta, como dice Cicerón en *Sobre los fines* 3, es el propósito principal y último del ser humano. Es más, esta ley natural depende de la otra que ya expusimos. Pues, de ninguna otra parte sucede que tengamos pensamientos en nuestra mente acusando y defendiéndose de un lado para otro, a menos que sean extraídos de la dignidad de la naturaleza según fue instituida por Dios.

Todo lo que los filósofos o legisladores han mandado respecto a las responsabilidades de la vida humana deriva de la

---

[2] Tertuliano, *Adversus Marcion* 2.16 (*Contra Marción*, ANF, 3:659).

manera en que fuimos originalmente creados y formados. No podrían derivar esos preceptos para la vida de una naturaleza que está corrompida por el amor propio y la maldad, las mismas cosas que nos hacen tender al mal. Ellos los hacen derivar de una naturaleza pura y recta, del tipo de que nos provee la dignidad humana, según imaginaron, pero el que sabemos por la Sagradas Escrituras que fue instituido por Dios y que se nos demanda renovar. Algunos creen que el pasaje de Pablo sobre la ley de la mente resistida por la ley de los miembros aplica aquí.

15. Hay una tercera ley que Dios quiso que quedara escrita: "No codiciarás." Aunque nuestros adversarios tuerzan este precepto para hacer que se refiera a pecados actuales, hemos demostrado que también considera el pecado original, y que Dios por este mandato quiso que todo tipo de concupiscencia depravada sea quitada finalmente de los hombres. Por tanto, tenemos ahora leyes que, en tanto existan, nos atan constantemente y nos obligan a actuar según la rectitud que requieren. Sí, es cierto que esas leyes no son entendidas por los niños; por lo tanto, el pecado domina en ellos, como dice Agustín en el segundo libro de *De los méritos y del perdón de los pecados*.[3] Él sigue los dichos de Pablo: "Y yo sin la ley vivía en un tiempo" [Rom. 7:9]. No que hubiera un tiempo en el que la ley no estuviera puesta sobre Pablo; más bien, durante su infancia no la entendía por causa de su edad. Por eso dice Pablo que el pecado estaba 'muerto', lo que Agustín interpreta como 'dormido'. Pero cuando llegó este mandamiento, es decir, cuando él comenzó a comprender la ley, el pecado 'revivió'. Sin

---

[3] Agustín, *De peccatorum meritis et remissione* 1.67 (Sobre los méritos, NPNF, 5:42).

duda, estaba en él antes del pecado, pero ya que no la entendía parecía estar muerta.

Es evidente cómo lo que hemos dicho está alineado a las Sagradas Escrituras. Pero, con todo, Pighius sostiene que estas cosas de ninguna manera se refieren a los niños, puesto que la ley no debe estipularse acerca de esas cosas que no pueden evitarse.[4] Pero cuando dice estas cosas, no está siguiendo el sentido de las Escrituras, en tanto éstas enseñan suficientemente que no podemos cumplir a la perfección las cosas demandadas en la ley, aunque se nos demande con la mayor severidad. Pablo dice en esta epístola: "Porque lo que era imposible para la ley, por cuanto era débil por la carne, Dios, enviando a su Hijo..." [Rom. 8:3-5]. De estas palabras queda claro que no podríamos haber cumplido con la ley como se nos mandó. Si fuera posible, seríamos justificados por obras, y no habría necesidad de que Cristo sufriera la muerte por nosotros.

Hay otras funciones de la ley por la cuales ésta está escrita. Es, por supuesto, útil para dirigir las acciones de los piadosos, pero sobre todo para exhibir nuestros pecados. Por la ley, dice Pablo, viene el reconocimiento de pecado. No conocía la concupiscencia hasta que la ley dijo "no codiciarás" [Rom. 7:7]. Además, por medio de la ley el pecado es también incrementado y pone más carga sobre nosotros y nos oprime con mayor peso. Porque dice que "la ley se introdujo para que el pecado abundase" [Rom. 5:20]. Y en Corintios que "el poder del pecado [es] la ley" [1 Cor. 15:56].

El propósito de todas estas cosas es que una persona, así como por un pedagogo, es guiada a Cristo y busca Su ayuda y ora que se le dé fortaleza. Por esto, al menos en parte, con los primeros principios de la obediencia, una persona es capaz de

---

[4] Pighius, *De peccato originis controversia*, fol. vii[v].

realizar lo que se le ordena; además de que sus faltas sean reparadas a partir de la justicia de Cristo y no les sean imputadas. Agustín, en el libro uno de *Contra Juliano*, censura a los pelagianos porque pensaron que habían hecho un gran descubrimiento cuando lanzaron la declaración de que Dios no ordena lo que no puede lograrse. Les enseña los fines de la ley que ya hemos establecido. Sí, el mismo Agustín en sus *Confesiones* nos recuerda esos pecados que los niños cometen incluso siendo niños de pecho.[5] Sin embargo, nadie diría que ellos eran capaces de resistirlos.

Por otro lado, éstos no eran pecados a menos que puedan relacionarse con alguna ley que hayan violado. No ayuda a Pighius, ni remueve sus pecados, el que no entendieran, pues la falta es falta sea que pensemos que lo es o no. La opinión de Anselmo sobre la falta de rectitud original realmente no difiere de la de Agustín, quien llama concupiscencia al pecado original, excepto en que Anselmo en ocasiones menciona con mayor claridad aquello que está más oscuramente cubierto por el término concupiscencia. Pero ya que esta falta de rectitud original puede ser tomada de este modo, como si tan solo entendiéramos por ella la privación de los bienes de Dios, aparte de cualquier falla de la naturaleza, es necesario que demos una definición más completa.

16. Por lo tanto, el pecado original es la corrupción de toda la naturaleza humana derivada del pecado del primer padre y pasada a la posteridad a través de la procreación, el cual, a menos que el don de Cristo auxilie, condena a todos los que hayan nacido en este estado a los más infinitos males y a la condenación eterna. Esta definición contiene todas las

---

[5] Agustín, *Confesiones* 1.6.8.

categorías de las causas.⁶ Para la materia o sujeto, tenemos todas las partes y poderes de un ser humano. La forma es la corrupción de estas cosas. La causa eficiente es la voluntad pecaminosa de Adán, mientras que la instrumental es la propagación de aquello que se pasa, que tiene lugar a través de la carne. La causa final y el efecto es la condenación eterna, junto con todas las cosas desagradables de esta vida. Y los diversos términos usados para este pecado derivan de astas causas, y es por eso que a veces lo llamamos defecto, a veces corrupción, a veces vicio, a veces una enfermedad, a veces una plaga, y a veces malicia.

Aún más, Agustín lo llama cualidad afectada y masa desordenada. Es evidente que el hombre completo fue corrompido por el hecho de que éste fue hecho con el propósito de aferrarse a Dios como el más alto bien. Pero ahora los seres humanos no entienden las cosas divinas; ellos esperan impacientemente las promesas de las Escrituras; se molestan al escuchar los preceptos de Dios; desprecian las recompensas y castigos; sus afectos impetuosos asaltan de manera petulante la recta razón y la Palabra de Dios; y el cuerpo se rehúsa a obedecer a la mente. Aunque conocemos estas cosas como corrupción natural a través de la experiencia, esto es también confirmado por el testimonio de las Escrituras.

Respecto a las imperfecciones de nuestro entendimiento, Pablo dice: "Pero el hombre natural no percibe las cosas que son del Espíritu de Dios, porque para él son locura" [1 Cor. 2:14]. De pasada, comentaré en contra de Pighius que este pasaje indica que existe una ley que Pablo no puede cumplir. Esta ley particular nos obliga a buscar y entender las cosas divinas. Pero Pablo claramente dice que el hombre carnal no es

---

⁶ Se refiere a las cuatro categorías de causas de Aristóteles: material, formal, eficiente y final.

capaz de percibir estas cosas. Y en lo que respecta a nuestro diseño y propósito, vemos que Pablo enseña que esta ceguera o ignorancia está injertada en el hombre y es natural a él. Mientras más avanzado en edad es alguien, más y más aprende acerca de Dios. De esto, podemos ver que la gente es carnal y que no es apta para percibir las cosas divinas por causa de su corrupción natural.

17. Esta corrupción es de tal importancia que Agustín, en *Contra Juliano* 3.12, dice que aliena la imagen de Dios de la vida de los hombres debido a la ceguera del corazón.[7] Él identifica esto como un pecado en sí mismo, algo que hace que la naturaleza de la humanidad no esté del todo en sintonía. Además, en *De los méritos y del perdón de los pecados* 1.36, en donde recuerda las palabras de David, dice: "De los pecados de mi juventud, y de mis rebeliones, no te acuerdes" [Salmos 25:7]. Él menciona la impenetrable oscuridad de ignorancia en las mentes de los niños cuando están aún en el vientre materno.[8] Ellos no saben por qué, de dónde, ni cuándo fueron puesto ahí dentro.

El pequeño yace allí sin aprender, sin ser enseñado, incapaz de entender un precepto, inconsciente de dónde está, de qué sea él, de por quién fue creado y de quién fue engendrado. Todas estas cosas no se adecuaban a la naturaleza del hombre según fue primero creado; por el contrario, son corrupciones de la naturaleza. Adán no fue creado así; él era capaz de entender el mandato de Dios y tenía la capacidad de nombrar a su esposa y a todos los animales. Pero en los niños tenemos que esperar

---

[7] Agustín, *Contra Iulianum Pelagianum* 3.12.25 (*Contra Juliano*, 129). Agustín está pensando en Ef. 4:18.

[8] Vermigli recuerda mal, porque Agustín no cita aquí el Salmo 25:7.

un largo tiempo para que poco a poco se pueda disipar la, por así decir, borrachera.

Por otra parte, el que esta ignorancia deba ser considerada como pecado es una contribución de Reticio, el antiquísimo obispo de Autún, como Agustín testifica en el libro uno de *Contra Juliano*.[9] Al hablar acerca del bautismo, escribe así: "A nadie se le oculta que éste es el gran perdón en la Iglesia, en la que abandonamos el enorme peso del antiguo pecado, y se nos borran los crímenes antiguos de nuestra ignorancia, y nos despojamos del hombre viejo con sus inveterados delitos." De estas palabras sabemos que nuestros pecados innatos y que los pecados de ignorancia son removidos por el bautismo. Por lo tanto, si confiamos en la autoridad de Agustín, ya que los niños pequeños son bautizados, se demuestra que tienen pecados, y que la vieja ignorancia es removida en el bautismo.

Ahora bien, acerca de la voluntad, sea que esté también corrompida o no, veámoslo. El apóstol nos da claro testimonio sobre esto: "Por cuanto los designios de la carne son enemistad contra Dios" [Rom. 8:7]. En esta frase él incluye todos los afectos de la gente que no ha sido aún regenerada. Pero me maravillo de la imprudencia de Pighius, quien, en un esfuerzo por escapar de alguna manera, dice que este pasaje debería ser entendido como acerca del sentido literal, que él sostiene se encuentra en oposición a Dios y es incapaz de sujetarse a Él.[10]

Los versículos que preceden y que siguen claramente lo refutan, puesto que Pablo inmediatamente añade una distinción entre los hombres que están en la carne y aquellos que están en

---

[9] Agustín, *Contra Iulianum Pelagianum* 1.3.7 (Contra Juliano, 8).

[10] Pighius piensa que las Escrituras tienen un sentido *literal* y un sentido *espiritual*, una idea desarrollada ampliamente por el Aquinate. El sentido literal encierra el sentido espiritual como el cuerpo humano encierra el alma.

el Espíritu. De esto vemos claramente que no está tratando el sentido diverso de la Escritura, sino la variedad de hombres en sí mismos. Las palabras que están justo antes son: "Porque lo que era imposible para la ley, por cuanto era débil por la carne, Dios, enviando a su Hijo en semejanza de carne de pecado y a causa del pecado, condenó al pecado en la carne; para que la justicia de la ley se cumpliese en nosotros" [Rom. 8:3-4]. Estas cosas también indican que Pablo está hablando acerca de nosotros, no acerca de las Escrituras en sus sentidos literal o espiritual. En nosotros se encuentra esa dolencia por la que la ley es debilitada para que no nos pueda llevar a salvación. Y a través de Cristo en nosotros, la justicia de la ley comienza a ser cumplida.

18. Tampoco debemos estar de acuerdo con aquellos que, en este pasaje, y en muchos otros, quieren entender que solo se trata de la parte más grosera de la mente.[11] Cuando Pablo hace una lista a los gálatas de las obras de la carne, no solo incluye el adulterio, la fornicación y la codicia, junto con otras cosas similares, sino que también incluyó la idolatría, la que nadie puede negar que pertenece a la mente, no a la carne [Gál. 5:19]. Y cuando Cristo dice "lo que es nacido de la carne, carne es; y lo que es nacido del Espíritu, espíritu es," está exhortando a la regeneración [Juan 3:6]. Esto pertenece, no solo a la substancia del cuerpo o a las partes más groseras de la mente, sino también, y especialmente, a la voluntad y a la mente. Y cuando le dice a Pedro "bienaventurado eres, Simón, hijo de Jonás, porque no te lo reveló carne ni sangre, sino mi Padre que está en los cielos,"

---

[11] Por partes *más groseras* de la mente, Vermigli se refiere a la parte inferior y emocional del alma que puede ser representada por impulsos más bajos o, con la ayuda intermedia de la virtud, obedecer a la parte superior que contiene el intelecto y la razón.

quiere decir que él aprendió estas cosas no por conocimiento natural, sino por el Espíritu de Dios [Mat. 16:17].

El término *carne* incluye aquellas cosas que pertenecen a la mente y a la razón. Pero no decimos, como se burla tontamente Pighius, que en la parte superior de la mente solo hay carne. Sabemos sin la ayuda de Pighius que la mente es espíritu. Sin embargo, en las Escrituras es llamada *carne* cuando está aún en el estado de no haber nacido de nuevo. La razón es la siguiente: en vez de estar haciendo espiritual a la carne (esto es, las partes más bajas de la mente), y haciéndola obediente a la mente instruida por la Palabra de Dios, cede a sus placeres y, así, se hace carnal.

En este punto, lanzan como objeción lo que Pablo dice a los gálatas: "Porque el deseo de la carne es contra el Espíritu, y el del Espíritu es contra la carne" [Gál. 5:17]. Argumentan que esto no sería posible si no dejáramos nada saludable en las mentes de los hombres. Pero tenemos una respuesta simple a esta objeción. En primer lugar, Pablo está hablando acerca de los creyentes que ya han sido regenerados, como nos lo muestra suficientemente el pasaje que sigue: "para que no hagáis lo que quisiereis." Con estas palabras está declarando que ellos han obtenido una voluntad recta por el Espíritu de Cristo, la cual no son capaces de seguir por completo debido a los conflictos constantes de la mente y sus grandes debilidades.

Por tanto, el apóstol en este pasaje tan solo quiere decir que lo que sea que en nosotros no está perfectamente regenerado, lucha contra el Espíritu de Dios. En segundo lugar, no negamos que haya cierta lucha de este tipo de vez en cuando en los no regenerados, pero no porque sus mentes no sean carnales con una propensión a los pecados, sino porque en ella están aún escritas las leyes de la naturaleza, y porque en ella hay cierta iluminación del Espíritu de Dios. Aun así, esto no es suficiente para justificar a una persona o provocar un cambio salvífico.

19. Por otro lado, Pablo muestra suficientemente que nuestra razón está corrompida, cuando nos exhorta a vestirnos del nuevo hombre, el cual, dice, debe ser perpetuamente renovado en nosotros [Col. 3:10]. Viendo, de esta manera, que él quiere que una persona sea completamente cambiada, y que la persona consiste no solo del cuerpo y de las afecciones de la carne, sino también, y mucho más, de la mente, la voluntad, y la razón, tenemos que concluir que estos elementos fueron también corrompidos en la persona. De otra manera, ¿por qué necesitaban ser renovados? No tiene sentido si dices que estas cosas deben ser entendidas respecto de los adultos, quienes de su propia elección y por sus pecados personales han causado la corrupción en estos aspectos de sí mismos. Porque, pregunto yo, ¿por qué se contaminaron universalmente todos los no regenerados a tal grado que nadie se encuentra entre ellos que sea inocente? No se puede decir nada a esta pregunta excepto que desde el comienzo mismo estos principios corruptos y pecaminosos se encontraban en ellos.

Agustín también enseña que somos regenerados solo en tanto hemos sido hechos como Cristo. Porque tanto como somos distintos de él, así tanto no hemos nacido de nuevo, sino que retenemos en nosotros el viejo hombre. Veamos, por tanto, si desde el principio mismo tenemos una mente, una voluntad y una razón similares a Cristo. Si se halla que éstas son distintas a Él, entonces debemos concluir que esos aspectos de nosotros están corrompidos y pertenecen al viejo hombre. La experiencia diaria nos enseña suficientemente cuál es la medida de la corrupción de las partes bajas de la mente.

Asimismo, es característico de las partes bajas de la mente que se esparzan entre los miembros y se extiendan por todas las partes de la carne, lo cual no puede pasar con la parte de la mente que es superior y racional, ya que son espirituales e indivisibles. El cuerpo, es claro, ha caído de su propia naturaleza de tal manera que es rebelde y contrario a la mente. Pablo enseña lo mismo cuando exclama: "¡Miserable de mí! ¿quién me librará de este cuerpo de muerte?" [Rom. 7:24]. Y nuevamente, cuando dice: "pero veo otra ley en mis miembros" [Rom. 7:23].

Finalmente, el mandato de Cristo a que nos neguemos a nosotros mismos prueba con suficiencia que el hombre completo, de pies a cabeza, es depravado. Ahora bien, si nuestra naturaleza fuera inocente y completa, no habría necesidad de negarnos a nosotros mismos, considerando que debemos retener las cosas buenas y no quitarlas. La falta de rectitud original calza con nuestra definición de pecado original. La descripción de Agustín también concuerda con ella, por la que dice que es concupiscencia de la carne, siempre que se entienda bien lo uno y lo otro.

Los principales entre los escolásticos, como Tomás, Escoto, y especialmente Buenaventura, reconocieron esta doctrina. Ellos hacen la corrupción natural o concupiscencia el aspecto material en este pecado; hacen la falta de rectitud el aspecto formal. Y así, hacen confluir estas dos opiniones, que hemos revisado recién, en una sola. Algunos entre los nuestros quieren que el aspecto formal sea la culpa o imputación de Dios. Pero ya que éste es externo al pecado, tiendo más a la opinión que hace que el aspecto formal sea el combate y la lucha contra la ley de Dios. Ésta es la principal razón por la cual los vicios naturales son llamados pecados.

§7: EL PECADO ORIGINAL EN LOS NIÑOS PEQUEÑOS

20. No debemos escuchar a aquellos que constantemente exclaman que nuestra naturaleza es buena. Concordamos con que esto describe nuestra naturaleza según fue creada originalmente, pero no así nuestra naturaleza caída. Nuestra naturaleza tiene bondad, pero de tal manera que tiene aún algo de corrupción mezclada con ella. Y cuando dicen que la codicia es buena, me perdonarán, pero daré más crédito a Pablo que a ellos. Él dice: "Y yo sé que en mí, esto es, en mi carne, no mora el bien" [Rom. 7:18]. Y añade: "Así que, queriendo yo hacer el bien, hallo esta ley: que el mal está en mí" [v. 21].

Él llama maldad a esta concupiscencia. Y también les confirma a los gálatas que nuestra naturaleza es suficientemente mala cuando ordena que la crucifiquemos. Es también falso lo que dicen, que nuestra naturaleza siempre busca lo que es útil y lo que nos preserva. Experimentamos su constante atracción a lo que nos daña y a aquellas cosas que existen en detrimento de nuestra vida. Asimismo, si nuestra naturaleza fuera tan inocente y buena como ellos la imaginan, entonces ¿por qué Dios necesita castigarla tan gravemente? Entre todas las criaturas vivientes, vemos que casi ninguna es tan afortunada como un ser humano, si vemos su nacimiento, infancia, niñez, educación y disciplina. Todo está lleno de lágrimas, dolor, lamento, debilidad y trabajos.

El cuerpo debe trabajar para su subsistencia, la mente está perpetuamente atormentada con ansiedades, el seno es agitado por fuertes emociones, y el cuerpo es afligido con enfermedades. Algunos, cuando consideran estas cosas, han dicho que la naturaleza no es una madre, sino una madrastra. Omitiré que algunas veces los cuerpos y las mentes de los bebés y los niños son entregados al diablo para ser atormentados. Así leemos en los Evangelios sobre un niño que era atormentado por el diablo de tal manera que en ocasiones se arrojaba a sí mismo al fuego, o a veces al agua. Por tanto, la severidad divina reconoce la inocencia de la naturaleza de tal manera que la castiga gravemente. Es más, parece ser que los gentiles han sido más claros en este asunto que estos teólogos. Platón, en el segundo libro de *La República*, dice que los seres humanos son malos por naturaleza: no pueden ser inducidos a cultivar la justicia por su propia cuenta, sino solo a evitar pagar las consecuencias. Y Sócrates muestra que nadie exhibe virtud a menos que sean inspirados por algún poder divino, como lo fueron los poetas. Y Cicerón en *De la República* 3 (como cita Agustín en *Contra Juliano* 4) dice que una persona es traída al mundo por la madrastra naturaleza con un cuerpo nudo, frágil y débil, con una mente ansiosa por los problemas, abatida por temores, débil por sus labores, inclinada a los placeres, en quien yace oculto el fuego divino, así como la mente y el genio naturales.[12] Los escritores eclesiásticos han llegado a la misma opinión. Agustín coleccionó sus opiniones aprobadas en *Contra Juliano* 1.

21. Ya hemos citado a Ireneo y Tertuliano. También Cipriano dice que Cristo sanó las heridas que Adán introdujo, y extrajo el veneno con el cual el diablo había infectado nuestra

---

[12] Agustín, *Contra Iulianum Pelagianum* 4.12.60 (Contra Juliano, 218).

naturaleza.[13] Cipriano reconoce que la dolencia derivada del pecado del primer padre, por la cual somos incitados a pecar, es tal que nadie puede elogiarse a sí mismo acerca de su propia inocencia. ¿Quién puede gloriarse de tener un corazón puro? Como dice Juan: "Si decimos que no hemos pecado, le hacemos a él mentiroso, y su palabra no está en nosotros" [1 Juan 1:10]. Y otra vez, Cipriano en su carta a Fidus enseña que los bebés deben ser bautizados, o perecerán para siempre.[14]
Asimismo, Agustín cita al obispo Reticio, cuyas palabras mencionamos antes. También cita al obispo español Olimpio, quien dice que el vicio del primogénito está tan diseminado entre los descendientes que el pecado nace junto a la persona.[15]
E Hilario escribe así acerca de la carne de Cristo:

> Cuando fue enviado en semejanza de carne de pecado, tuvo carne, pero no tuvo pecado. Pero como toda carne trae su origen del pecado, esto es, del pecado de nuestro primer padre Adán, el Señor fue enviado en semejanza de carne de pecado, y en él existía no el pecado, sino la semejanza de la carne de pecado.[16]

---

[13] Agustín discute las opiniones de Cipriano en *Contra Iulianum Pelagianum* 1.3.6 (*Contra Juliano*, 7-8).
[14] Cipriano, Epistola 64, *ad Fidum* (Cartas de San Cipriano, 109-11).
[15] Agustín, *Contra Iulianum Pelagianum* 1.3.8 (Contra Juliano, 8-9).
[16] Agustín discute las opiniones de Hilario en *Contra Iulianum Pelagianum* 1.3.9 (*Contra Juliano*, 9-10). La afirmación es menos desconcertante si tenemos en cuenta que Vermigli ha definido el pecado original como una predisposición a pecar una vez que Dios retiró su gracia de la humanidad tras la caída de Adán. La humanidad de Cristo nació en este mismo estado como descendiente carnal de Adán, pero debido a que su humanidad estaba unida a la naturaleza divina como su ayuda y apoyo, Cristo no pecaría y, por tanto, no *sintió* esa inclinación y rebelión en sí mismo.

Lo mismo hace cuando explica el Salmo 18, y elogia la sentencia de David: "He aquí, en maldad he sido formado, y en pecado me concibió mi madre" [Salmos 51:5]. Asimismo, en su sermón sobre el libro de Job, dice que el cuerpo es el material del mal, lo que no podría decirse de la primera creación. Y Ambrosio, comentando el evangelio de Lucas, dice que el cuerpo es un cenagal y la habitación del pecado, pero por la ayuda de Cristo es cambiado en un templo de Dios y un lugar santo de virtudes.[17] Y contra los novacianos dice que nuestro comienzo es un vicio.[18] Así también, en su *Apología*, menciona que en su salmo de contrición David dice que antes de nacer estamos teñidos con esta enfermada, y antes de que experimentemos la luz del día recibimos la injusticia original y somos concebidos en iniquidad [Salmos 51:5].[19] Y de Cristo dice que era adecuado que Él no sintiera nada del contagio natural de la generación, dado que él no tenía en su cuerpo ningún pecado. Así, David no se lamenta tanto de sus propias iniquidades naturales como de la mancha que se origina en una persona antes de la vida.

Ambrosio también dice esto en su libro *Sobre Noé y el arca*: "¿A quién, entonces, llama ahora justo, sino a uno que esté libre de estas cadenas, uno a quien las cadenas de nuestra naturaleza común no retengan?" Y, también, dice sobre el Evangelio de Lucas: "El Jordán es un símbolo de los misterios futuros del bautismo de salvación, por los cuales los niños que

---

[17] Agustín recurre con frecuencia a Ambrosio como autoridad. Vermigli ha extraído la mayoría de estas afirmaciones de *Contra Iulianum Pelagianum* 1.3.10 (*Contra Juliano*, 10-11).
[18] Agustín, *Contra Iulianum Pelagianum* 2.3.5 (Contra Juliano, 59-60).
[19] Agustín, *Contra Iulianum Pelagianum* 2.3.5 (Contra Juliano, 60).

son bautizados quedan libres de la culpa contraída en el origen de su naturaleza."[20] Jerónimo dice, comentando al profeta Jonás, que los niños pequeños están sujetos al pecado de Adán.[21] Y para que no se piense que solo está hablando sobre la culpa de Adán imputada a ellos, subraya en Ezequiel 18:41 que ni siquiera el niño de un día está libre de pecado. Él también establece una conexión con esta frase: "¿Quién hará limpio a lo inmundo? Nadie" [Job 14:4]. Y Gregorio Nacianceno dice que la Imagen de Dios limpiará la mancha contraída, por medio de la inmersión corporal.[22] Y un poco después dice que debemos reverenciar el nacimiento, por el cual somos desatados del lazo del nacimiento carnal.[23] Y al tratar el bautismo dice que a través de él las manchas del primer nacimiento son limpiadas, porque fuimos concebidos en iniquidad y engendrados en pecado.

22. Agustín vino en defensa de Basilio el Grande cuando los pelagianos intentaron hacer de él su partidario.[24] Basilio argumenta, en contra de los maniqueos, que el mal no es una substancia, sino un modo de conducta contingente solamente a la voluntad. Se refería a aquellos que han contraído la enfermedad de su conducta a partir de su propia voluntad: esta conducta, dice, puede fácilmente ser separada de la voluntad de

---

[20] Agustín cita esto en *Contra Iulianum Pelagianum* 2.2.4 (Contra Juliano, 58).
[21] Agustín, *Contra Iulianum Pelagianum* 1.7.34 (Contra Juliano, 42); Jerónimo, *In Ionam*, en 3:5 (Comentarios sobre los Doce Profetas, 265).
[22] Agustín, *Contra Iulianum Pelagianum* 1.5.15 (Contra Juliano, 16-17).
[23] Agustín, *Contra Iulianum Pelagianum* 1.5.15 (Contra Juliano, 17).
[24] Toda esta sección sobre Basilio alude a Agustín, *Contra Iulianum Pelagianum* 1.5.16-18 (*Contra Juliano*, 18-22). Los pelagianos recurren a estos argumentos porque Basilio parece estar afirmando que el pecado debe ser un acto de la voluntad y, por lo tanto, no es aplicable a los niños.

aquellos que están infectados. Si no puede separarse, entonces la maldad es una parte substancial de ésta.[25] Agustín concuerda con todas estas cosas, pues los maniqueos sostenían que el mal es un tipo de sustancia y que ésta creó al mundo. En contra de esto, Basilio replica que esta maldad tiene existencia en una cosa buena y que fue añadida a ella por medio de la voluntad del hombre y la mujer que pecaron. La idea de que puede separarse fácilmente de la voluntad se la atribuye no a nuestro poder, sino a la misericordia de Dios. Y también podemos vivir con la esperanza de que no habrá vestigios de éste, aunque no en esta vida, sino en la siguiente.

No obstante, él reconoce la existencia del pecado original. Da testimonio suficiente sobre esta convicción en su sermón acerca del ayuno, en donde dice: "Y si Eva hubiera ayunado del fruto del árbol, no necesitaríamos nosotros ayunar, pues no son los sanos los que necesitan médico, sino los enfermos [Mat. 9:12]. Enfermamos por el pecado, sanemos por la penitencia. Penitencia sin ayuno es un mito." Por estas palabras Basilio ha expresado su opinión de que por causa del pecado de Adán no somos completos y sanos. Es más, cita a los doce obispos de Oriente que condenaron a Pelagio.

Orígenes debe sumarse a este grupo, quien, cuando comentó el pasaje de Pablo del que habló, dijo que "la muerte vino a todos los hombres," y que Abel, Enoc, Matusalén y Noé pecaron[26] [Rom. 5:12]. Y dice que pasará por alto a otros Padres, porque todos han pecado en un hombre. Nadie está

---

[25] Por *sustancial*, Vermigli se refiere aquí a las categorías del ser de Aristóteles; la única categoría del ser que no está supeditada a otra cosa es la sustancia o esencia. El mal, según Basilio, existe, pero no en sí mismo ni como parte de la esencia de nuestra voluntad.

[26] Orígenes, *Commentarii in Romanos* 5.1.20 (Comentario a Romanos, libros 1-5, 314-15).

limpio de suciedad, incluso si vivió solo un día. Pero habla mucho más claramente en Romanos 6 cuando dice que se debe dar bautismo a niños pequeños según la tradición de los apóstoles. Los apóstoles sabían que todos nacen en pecado, y que éste necesita ser lavado por agua y por espíritu.

Y Crisóstomo aborda el tema del miedo humano a las bestias y el daño que pueden causar, aunque el hombre fue creado para gobernar sobre ellas.[27] Esto, dice él, sucede por causa del pecado, y puesto que hemos reducido nuestros deberes y responsabilidades. Y Agustín afirma que la naturaleza de niños pequeños ha caído porque las bestias no las perdonan. Lo mismo Crisóstomo, exponiendo ese pasaje en Romanos 5, dice que el pecado, que existe por la desobediencia de Adán, ha contaminado todas las cosas. Y dice lo mismo en numerosas ocasiones y en distintos lugares.[28]

23. Y ni siquiera así los pelagianos, y especialmente Juliano, tuvieron vergüenza de citar a los Padres como testigos.[29] En el sermón *Sobre los bautizados*,[30] al numerar las muchas gracias del bautismo, dice que aquellos que son bautizados, no solo reciben la remisión de los pecados, sino también son hechos hijos y herederos de Dios, hermanos de Cristo, coherederos, miembros y templos de Dios, e instrumentos del Espíritu Santo. Hacia el final, añade lo siguiente:

---

[27] *De la Homilia en Genesim de Crisóstomo* 9.11 y 16.4 (Homilías sobre Génesis 1-17, pp. 124, 209); citado en Agustín, *Contra Iulianum Pelagianum* 1.6.25 (Contra Juliano, 30).
[28] Agustín, *Contra Iulianum Pelagianum* 6.4.9 (Contra Juliano, 316).
[29] Agustín, *Contra Iulianum Pelagianum* 1.6.22 (Contra Juliano, 27).
[30] Esta obra se ha perdido.

Ves cuántas son las gracias del bautismo. ¡Y algunos sostienen aún que la gracia divina de este sacramento consiste sólo en el perdón de los pecados! Nosotros hemos contado hasta diez beneficios. Por esta razón nosotros bautizamos a los niños, aunque no estén manchados por el pecado, para que sean enriquecidos con santidad, justicia, adopción, hermandad con Cristo, y sean miembros suyos.

Sobre la base de estas palabras, Juliano pensaba que Crisóstomo rechazaba la idea del pecado original. Pero Agustín dice que sus palabras deben ser entendidas como referidas al pecado que el niño cometió de su propia deliberación. Nadie niega que los niños son libres de este pecado y por esta razón pueden ser llamados inocentes. En este sentido habla Pablo sobre los dos hermanos [Jacob y Esaú]: "no habían hecho aún ni bien ni mal" [Rom. 9:11]. Al mismo tiempo, nadie se exime de la declaración de Pablo de que "el juicio vino a causa de un solo pecado para condenación" [Rom. 5:16]; y que "por la desobediencia de un hombre los muchos fueron constituidos pecadores" [v. 19].

De estas palabras se hace evidente cuán cuidadosos debemos ser al leer a los Padres; en ocasiones leemos en ellos que los niños pequeños no tienen su propio pecado, o pecados propiamente dichos, aunque ellos especialmente reconocen que en ellos hay una naturaleza corrompida, esto es, pecado original. Pero tener pecados como tal puede ser entendido de dos maneras: se refieren o a aquellos pecados que ocurren de su propia voluntad y son cometidos por su libre elección (y por esta razón es permitida la declaración de Crisóstomo); o se refieren a sus propios vicios naturales, por los cuales son ellos contaminados y condenados.

Esto último no se puede separar de los niños pequeños, puesto que está en ellos cuando nacen, como David claramente lo prueba. Al respecto, Agustín señala que en las palabras de Crisóstomo, que se encuentran en griego, el pecado es usado en el plural y no en el singular, como lo cita Juliano. El pasaje en griego es el siguiente: "Διὰ τουτὸ καὶ τα παιδία βαπτίζαμεν, καὶ τα ἁμαρτήματα οὔκ ἔχοντα." En opinión de Agustín, la palabra ἁμαρτήματα, puesto que es plural en número, encaja mejor con los pecados llamados *actuales*. Y agrega que los Padres más antiguos no argumentaron tanto sobre la existencia del pecado original porque los pelagianos no habían nacido aún para tener que disputarlos.

Pighius debería haber sopesado todas estas muchas declaraciones de los Padres, especialmente ya que considera que son águilas que ven las cosas con un ojo muy agudo y siempre vuelan hacia el meollo del asunto. Pero pienso que los considera como fichas de contador, que son puestas aquí y allí con el propósito de indicar ahora un talento, ahora media dracma, a voluntad del que está llevando la cuenta. De esta manera, Pighius en algunas ocasiones quiere que los Padres tengan total autoridad, pero en otras que no tengan ninguna autoridad, si no dicen lo que él quiere que digan. Así, a veces los exalta como águilas, pero a veces los desprecia como cuervos.

Sobre este asunto, parece menospreciar el juicio de su Iglesia Romana, que en otras ocasiones hace igual a Dios. Porque la Iglesia reconoce de tal modo el pecado original que no considera a los bebés que mueren sin bautismo dignos de ser enterrados en un cementerio cristiano; y quiere que cuando se le lleven bebés para el bautismo éstos sean exorcizados del demonio, que los tiene como esclavos.

102 EL PECADO ORIGINAL, EL LIBRE ALBEDRÍO, Y LA LEY DE DIOS

§8: PIGHIUS SOBRE LA PLENITUD ORIGINAL DE ADÁN

24. Por lo tanto, no digo esto para aprobar aquellos exorcismos ni desear que éstos continúen. Debemos orar a Dios sobre este asunto, pero no en una manera que parezca que deseamos purificar a una persona endemoniada a través de un milagro. Y ya que hoy en día no existe tal don en la Iglesia, no hay razón por la que no queramos imitarlo. Tampoco concedemos que los bebés que aún no son bautizados están poseídos por un demonio malvado. Inocencio, el obispo de Roma que vivió durante el tiempo de Agustín, concuerda con lo que estamos diciendo al condenar la postura de Pelagio sobre el pecado original.[1] No debemos menoscabar este pecado original, o estaremos menoscabando la bendición de Cristo. Y aquellos que no reconocen esta mancha, ni sienten culpa por ella, tampoco buscan remedio en Cristo.

    Ciertamente, Pighius en este asunto fue aún más lejos que los pelagianos. Ellos tan solo negaban la propagación del pecado a partir de Adán. Pero Pighius exclama que esta noción es impía y blasfema, y un reproche contra Dios. Nuevamente, éstos pensaban que era suficiente con decir que los bebés que mueren bautizados deben ser excluidos tanto del reino de los Cielos como de los castigos del Infierno. Pero aquél piensa que

---

[1] Agustín, *Contra Iulianum Pelagianum* 1.4.13 (Contra Juliano, 14).

serán felices con una cierta bendición natural, y felices de tal manera que bendecirán, alabarán y amarán a Dios con toda su mente, corazón y voluntad.

Pero ahora veamos cómo intenta él nublar su propia definición. En primer lugar, dice, estas sombras y corrupciones de la naturaleza son entendidas o como privaciones de los dones de Dios o como cosas positivas. Si decides que son privaciones, entiendo lo que dices, aunque tus maquinaciones no son sino nombres trágicos y términos vacíos. Pero si quieres que estas cosas sean positivas, ya que en los bebés recién nacidos no hay nada sino un alma y un cuerpo, que son limpios y tienen a Dios y a la naturaleza como su origen, ¿de qué origen vienen estas plagas de las que hablas?

Primero, respondemos que las privaciones que establecemos no son como las negaciones que quitan la totalidad de las cosas, como cuando decimos que un Centauro o Escila no existen; sino que son el tipo de privaciones que dejan a su sujeto mutilado, inútil y deformado, como sucede en el ojo despojado de la vista y en la mano temblorosa del paralítico. El pecado original reside en nosotros de la misma manera. Es más, los poderes y acciones de la mente permanecen, pero se ven destituidos de toda moralidad y, por tanto, son depravados y corrompidos.

Pero Pighius se equivoca constantemente porque piensa que la naturaleza de un ser humano posee una cierta plenitud natural a la cual se añadieron esos dones sobrenaturales otorgados al primer padre. De acuerdo con él, después de que el padre pecó, esos dones le fueron quitados y la humanidad cayó a su primer estado.[2] Pero esto es pura fantasía, puesto que la

---

[2] Pighius, en su deseo de negar el pecado original, afirma la bondad inherente de la humanidad o su propensión a la bondad, incluso al margen de las ayudas sobrenaturales del Creador. Lo que la humanidad

naturaleza de una persona fue instituida por Dios tal como debía ser. Por lo tanto, cuando los dones fueron quitados, se volvió corrompido y viciado. Y dado que la naturaleza del hombre se desvió de su estado creado, está en pecado. En segundo lugar, decimos que el pecado original no es solo esta privación, sino que también incluye cosas positivas, como una propensión al mal, la resistencia a la Palabra de Dios, y cosas así. En consecuencia, Bernardo dice que, en la unión del alma con el cuerpo, es como si el alma cayera sobre un montón de fragmentos afilados o piedras contusas. Y entre los escolásticos, Guillermo de París,[3] en su trabajo titulado *Suma sobre los vicios y las virtudes*, cita el siguiente símil: el alma es enviada al cuerpo como alguien que cae en el fango profundo y lleno de piedras, y así se hunde en él, se ensucia, y se hace daño. De esta manera, dice, por el pecado original nos hemos hundido en las sombras de la ignorancia, estamos corrompidos con deseos, y, en lo que a las fuerzas y las facultades de nuestra mente se refiere, estamos heridos.

---

perdió en la Caída, en su opinión, son beneficios sobrenaturales, extraordinarios, pero nada que se relacione con la tendencia del ser humano a la bondad. Así, si un niño muere, no hay razón para castigarlo.

[3] Guillermo de Auvernia, obispo de París (m. 1249). Vermigli se refiere a una parte de la *Summa de virtutibus et moribus* titulada *Sobre los vicios y los pecados* (*De vitiis et peccatis*). El pasaje en cuestión se encuentra en Guillermo de Auvernia, *Opera Omnia* (París: Jean Depuy, 1674), 1:273.

106 EL PECADO ORIGINAL, EL LIBRE ALBEDRÍO, Y LA LEY DE DIOS

§9: EL CONOCIMIENTO NATURAL

25. Respecto a lo que dice Pighius, que tanto el cuerpo como el alma son cosas buenas y tienen a Dios como su autor, estoy de acuerdo. Y cuando luego pregunta cómo son corrompidas, respondo con Pablo que sucedió por causa de un hombre que cayó, y que su propagación es facilitada por el proceso de procreación (abordaremos este punto más adelante). Su argumento de que el cuerpo y el alma no pueden de ninguna manera corromperse porque Dios es su autor no tiene base en ningún razonamiento sólido. Los adultos también tienen un cuerpo y un alma que son obra de Dios, y que son continuamente preservados por Su mano. Aunque éstos pueden ser profanados y corrompidos. Pero si él dice que su corrupción resulta de la voluntad humana y la libre elección, responderemos que la corrupción puede ocurrir por otras causas, a saber, la procreación y la simiente. Por lo tanto, Pighius basa su argumento en lo que no es la causa como si fuera la causa.[1] Él quiere creer que si las personas son contaminadas solo puede ser por medio de su voluntad y su libre elección, pero esto no es cierto. Cada objeción se alza a partir de su inhabilidad declarada para entender cómo la depravación

---

[1] Se refiere a que Pighius argumenta que la corrupción surge de la voluntad humana y, por tanto, los infantes no pueden tener corrupción, pero Vermigli niega la premisa misma. Para los argumentos de Pighius contra la posibilidad de que el pecado pase a través de la semilla física de cuerpo a cuerpo, véase especialmente *De peccato originis controversia*, fols. xi^v -xv^r.

fluye a la posteridad, cómo puede ocurrir que los bebés estén obligados por cualquier ley, y cómo la ley puede legislar algo que no podemos evitar.

Pero cuando las Escrituras hablan, testifican y enseñan estas cosas, no hace diferencia cuánto Pighius pueda o no entender. Creemos muchas cosas que no podemos verificar como hechos absolutos con nuestra razón o sentidos, pero esto no significa que alguien deba insistir en que creamos lo que parece bien a ellos, bajo el pretexto de que nuestra fe debe aceptarlo incluso si nuestra razón no puede, viendo que Dios puede obrar de maneras que nuestra razón no puede comprender. Mi respuesta es ésta: primero, que lo que nosotros creemos debe demostrarse a partir de las Escrituras; segundo, si no somos capaces de comprender, debemos confiar en nuestra fe, haciendo a un lado la razón.

Nuestra definición no pretende implicar que no haya nada bueno entre los paganos o en la naturaleza. Solo decimos que este pecado original causaría la destrucción de todas las cosas a menos que Dios ofreciera a los regenerados un remedio a través de Cristo. También en los que no son regenerados, Dios está a veces presente y los ilumina con virtudes excelentes y heroicas que restringen el pecado original, manteniendo de pie Estados y gobiernos en al menos algún orden cívico.

Sócrates no estuvo dispuesto a escapar de la prisión cuando pudo. Arístides, cuando era llevado al exilio, quiso para sus conciudadanos que nunca cayeran en un estado tal que él se les viniera a la mente. Foción, cuando estaba a punto de morir y le preguntaron si quería enviar un mensaje a su hijo, dijo: "Decidle que no haga venganza por el mal que me hicieron." La República Romana contaba con Curtii, Escipiones, Catos, hombres de bondad cívica y amantes de la justicia. Incluso entre la gente que estaba lejos de Dios, estas buenas cualidades eran amarras al pecado original y a una naturaleza depravada, a menos que queramos que todo sea agitación, que las buenas leyes se vengan abajo, y que la luz de la naturaleza, de cierto modo, se extinga.

§10: LA TRANSMISIÓN DEL PECADO ORIGINAL

26. Ya que hemos confirmado la existencia del pecado original por los testimonios de las Escrituras, hemos refutado la opinión de Pighius y hemos rechazado la opinión de aquellos que piensan que el pecado original es solo la obligación de culpa contraída por causa del pecado de Adán; y ya que hemos aplicado la definición de Agustín de que el pecado original es la concupiscencia de la carne, y la de Anselmo de que es la falta de rectitud original; y ya que hemos probado nuestra definición por medio de muchos testimonios, lo que queda ahora es perseguir nuestra tercera pregunta: ¿cómo el pecado original se propaga respecto a sus condiciones y propiedades?, ¿cómo es abolido?, ¿de qué manera está su remanente en la gente que ha nacido de nuevo?, ¿y cuál es el castigo por él?

Ahora bien, la gente sostiene opiniones diversas sobre cómo se propagó a la posteridad. La primera de ellas se refiere a la propagación de las almas, que mostraremos por el juicio de Agustín es menos complicada que el resto, aunque no todos la aceptan. La segunda opinión, que Agustín sostiene, dice que el pecado original pasó a través de la lujuria y el placer desmedidos de aquellos involucrados en la procreación. Esto significa que el paso del pecado original tiene dos problemas: primero, hace de la procreación algo necesariamente malo, si bien la procreación no necesariamente implica maldad; y los propios escolásticos concuerdan en que la persona que es engendrada sin la afección pecaminosa de los padres aún recibirá el pecado original, en cuyo caso ellos dicen que es suficiente con que estuviera en Adán como el principio seminal.[1] Otro absurdo es que el pecado original consiste solo en el afecto indecoroso de la lujuria, cuando en verdad comprende, como ya se ha dicho, la depravación de toda la naturaleza. Otros piensan que Dios crea el alma corrompida, porque será parte de una persona que es ejecutada y puesta bajo maldición. Pero esto también es rechazado, porque se encuentra en contradicción con la naturaleza de la creación para que sea llamada una contaminación.

Por último, la mayoría de las personas sostiene que el alma toma el pecado original de su unión con el cuerpo, el cual ya está infectado y corrompido por los padres. Y así, si se pregunta cuál es la sede del pecado original, o, como dicen comúnmente, cuál es su sujeto, respondemos que está alojado en la carne como raíz y principio; de esa fuente también posee al alma y se extiende así a través de toda la persona. Por tanto, la simiente es el instrumento por el cual este pecado es pasado de los padres a los hijos. Pighius objeta que los defectos no pueden pasarse a la descendencia a través de la semilla, excepto tal vez aquellas cosas que vemos adheridas al cuerpo de los padres, como en el caso de la lepra, la epilepsia, y otras enfermedades del cuerpo. Pero, dice, la naturaleza no permite que el pecado se aloje en la misma substancia de la semilla para que sea pasada a los hijos.[2]

Aquí respondemos, primero, que no es verdad que solo las enfermedades corporales de aquellos involucrados en la procreación pasen a la descendencia. Vemos que muchas condiciones mentales se propagan a los niños desde los padres,

---

[1] Ésta es la misma *razón seminal* expuesta en la sección 9.
[2] Pighius, *De peccato originis controversia*, fol. xiv.

tales como la inteligencia, la locura, la ambición, la afabilidad, el orgullo, y otras cosas de ese tipo. Sobre el otro punto, sí concordamos que una cualidad malvada o corrupción, que se pasa a través de la simiente, ya que está en la simiente, no es pecado. Pero esto no significa que solo porque se pasa a través de la simiente como por un instrumento no tenga en ella los medios del pecado. De la misma manera, las cualidades que hemos mencionado no consideran a la semilla misma como inteligente, gentil, o codiciosa, pero cuando han sido pasadas hacen que la descendencia sea tal.[3]

27. Al abordar el tema de si Dios puede ser designado como el autor del pecado original, es comúnmente afirmado que la deformidad y la injusticia que están en este pecado derivan de la naturaleza ya corrompida. En tanto esta naturaleza fue creada por Dios, no exhibe corrupción. Ésta es una manera de sostener que Dios es responsable de todo lo bueno que hay en la naturaleza. Pero el mal en la naturaleza no necesita de una causa eficiente, según su punto de vista, ya que no es más que un defecto. En efecto, una falta o deseo de algo no necesita de un creador; si fuera creado, entonces existiría en esa cosa.

Pero esto no es suficiente. Concordamos con que Dios es el autor del sujeto o la esencia que tiene el defecto. Pero no podemos estar de acuerdo con la aserción de que el defecto mismo no tiene una causa eficiente. Debe haber algo que remueva o prohíba la compleción que falta, y que quite la gracia y los dones con los que nuestra naturaleza fue dotada inicialmente. Por tanto, debemos asignar esta falta o defecto a Dios, quien no otorgó una plenitud libre de defecto. Él hace esto

---

[3] Vermigli admitirá que la corrupción transmitida a través de la semilla no hace pecadora a la semilla en sí, pero sí a toda la persona una vez transmitida a ella.

siempre de acuerdo con su juicio recto, aunque no siempre se nos manifieste. Las Escrituras hacen innegablemente claro que Dios castiga los pecados con pecado. Pero éstos no son infligidos por Dios de tal manera que sean pecados que fluyen de Él, puesto que lo que sea que Dios haga es incontrovertiblemente recto y justo. Los castigos mismos, en tanto son castigos, pertenecen a la naturaleza de la bondad; aun así, en tanto proceden de nosotros, son pecados.

Ahora bien, no afirmamos que Dios mismo, por Sí mismo, contamine el alma cuando la crea, sino que saca la suciedad del pecado del cuerpo pecaminoso, al cual está unida. Pero la sabiduría humana considera éste como un obstáculo complejo, puesto que las personas piensan que tal unión no debe de ninguna manera tener lugar. Por consiguiente, parece como si alguien pusiera algo precioso en una vasija impura. También parece injusto que el alma, que no ha hecho nada bueno ni malo, se una al cuerpo, del cual contrae su mancha original.

De hecho, ellos creen que, si esto sucede de esta manera, los seres humanos se deben abstener de la procreación, así como los leprosos son animados a abstenerse, de ser posible, para que no continúen infectando la naturaleza humana al reproducirse. Y, puesto que el fin para el cual el hombre fue hecho es la felicidad eterna, no parece correcto que el alma sea puesta en el cuerpo en donde se le niega ese fin para el cual fue creado. Así como no es correcto que el alma, que de ninguna manera ha pecado, sea castigada en el Infierno, así también parece equivocado que se una al cuerpo en el cual incurre no en castigo, como en el Infierno, sino en pecado y en el odio de Dios, lo que es mucho más grave; y, de hecho, incurre en ello de tal modo que no puede evitarlo por ningún medio.

28. Estas materias son tan difíciles y obscuras que el juicio humano las encuentra insatisfactorias. Es más, hay algunas

consolaciones de escritores eclesiásticos que suavizan y mitigan estas objeciones al punto de que llegan a ser satisfactorias para las mentes pías, pero no tanto como la razón humana demanda. Mencionan que el alma es unida a un cuerpo infectado e impuro por el bien del mundo entero, es decir, si no la raza humana, que es la cabeza, no estaría en él. Dios no descuida su deber; no obstaculiza el curso de la naturaleza, sino que ahora que el cuerpo está hecho, crea el alma de acuerdo con su orden predeterminado; y prefiere que el hombre exista, aunque nace en corrupción, a que no exista del todo.

Es cierto, Él no confiere todas las cosas que otorgó al principio, pero en su misericordia concede muchas cosas. Finalmente, propuso el remedio de Cristo nuestro mediador, por quien el pecado que hemos contraído es expiado. Este pecado, antes de la conversión, conduce a los elegidos a Cristo, de tal manera que, al sentir la fuerza de su propio pecado, toman de Él su cura. Luego, una vez que han sido injertados en Cristo, tienen este pecado residual con el cual luchar, para que al final puedan obtener victorias y triunfos. Pero, diréis, Dios pudo haber salvado a la raza humana por otro medio para no exterminarla, esto es, si hubiera creado a otro hombre puro y perfecto. Adán podría haberse quedado sin hijos, y toda la posteridad podría haber sido procreada de ese otro hombre sin corrupción. No hay duda de que Dios podría haberlo hecho así de haberlo querido. Pero esto significa que no hubiese levantado a los caídos, salvado a los perdidos, y redimido al que ha perecido por completo. Dios quiso mostrar esta forma de bondad para que, a pesar de la corrupción, Él pudiera salvar de la destrucción a quien Él quiera. Porque "no quebrará la caña cascada, ni apagará el pábilo que humeare" [Isaías 42:3].

Dios quiso engendrar a Cristo como el segundo Adán, para que, así como el primero destruyó a sus hijos, él los preservara. Ésta y otras cosas similares llevaron a Gregorio a exclamar: "¡Feliz ofensa, que es digna de tal redentor!" Yo no sería capaz de decir estas palabras con tanta facilidad, puesto que no veo nada en el asunto que no sea digno de lástima y lamento. El hecho de que tan grande salvación siguió se debe a la bondad de Dios y no a la ofensa de Adán, puesto que tan grande bondad fluyó solo accidentalmente como resultado de su ofensa.

29. Aunque estos argumentos no pueden satisfacer las objeciones al grado que demanda la razón humana, como lo hemos dicho, de todos modos, dan respuesta en alguna medida. La unión del alma con un cuerpo corrompido de ninguna manera trae consigo la destrucción de los elegidos. En Cristo, tanto el cuerpo como el alma son restaurados. Y así como el alma a través del cuerpo se contamina, así también a través de la fe en Cristo, que está en el alma, es reparada junto con el cuerpo. El orden natural de las cosas requiere que un alma inocente, que no ha hecho nada bueno ni malo, se una a un cuerpo pecaminoso; de otra manera, el cuerpo debe quedarse sin un espíritu que le dé vida, y el mundo privado de la especie humana. Sin embargo, si queremos encontrar culpa en Dios, no tendremos límites o fin. Infinitas almas se quejarán de que fueron creadas sin ser predestinadas, algo que no merecían. Muchas se quejarán de que nacieron de padres infieles impíos y bárbaros, o de que murieron a edad temprana, por lo que fueron incapaces de aprender algo acerca de Dios. Estos quejumbrosos podrían imaginar cientos de excusas más de este tipo.

En cuanto a la procreación, decimos que es laudable cuando sucede en el contexto de un matrimonio legítimo. Debemos considerar al ser humano que es generado —esto es, el efecto en sí, como dicen los escolásticos, y un ser humano verdadero por sí mismo— es una buena criatura de Dios; pero el vicio y la corrupción se le añaden como accidentes.[4] Y este mal tiene un remedio que no está disponible en el caso del leproso u otras enfermedades incurables. Así también, concedemos el que ese hombre fue hecho para el propósito de obtener felicidad eterna. Y cuando alguien objeta que él es retenido de esta meta final por el pecado del cuerpo, respondemos que él es invitado a Cristo por este mismo medio. Finalmente, confesamos que podría parecer indigno que un alma inocente sea puesta en el Infierno, ya que allí no tiene esperanza ni redención. Pero una vez puesto en el cuerpo, aunque corrompido, adquiere salvación y redención.

30. Debemos ahora entregar razones para probar de manera indisputable que el pecado original se propaga por la simiente y la reproducción. Por consiguiente, lo demostraremos a partir de las Sagradas Escrituras, puesto que muchos de manera vociferante rechazan esta posición y piensan que es todo imaginado. En primer lugar, Pablo dice que el pecado entró al mundo por un hombre [Rom. 5:12]. Por tanto, debemos mirar cómo todos los hombres fluyen de Adán y así participan de su pecado. Es más, no podemos encontrar otra vía que por la simiente y la reproducción. En segundo lugar, como dice el apóstol a los efesios que somos por naturaleza hijos de ira [Ef. 2:3], y como dicen los físicos que la naturaleza es el principio del movimiento, debemos recurrir a la simiente y la

---

[4] En el sistema de las categorías del ser de Aristóteles, todos los aspectos del ser, salvo la sustancia, son contingentes, lo que él llama *accidentes*, es decir, dependen de la sustancia y no pueden separarse de ella. En otras palabras, el vicio y la corrupción no pertenecen a la sustancia de lo que significa ser humano; un humano puede seguir siendo humano sin tener pecado. La sustancia de lo humano, o lo que significa ser humano, es buena, puesto que es lo que fue creado por un Dios bueno.

reproducción, porque la simiente y la reproducción son el principio del movimiento y nuestro origen. Pero David indica esto expresamente cuando dice: "He aquí, en maldad he sido formado, y en pecado me concibió mi madre" [Salmos 51:5]. Por estas palabras él enseña sin equivocación que el pecado es pasado a través de la reproducción. Job lo dice incluso con mayor claridad: "¿Quién hará limpio a lo inmundo? Nadie" [Job 14:4]. Este pasaje prueba que la semilla infectada de nuestros ancestros es inmunda, aunque Pighius esté en desacuerdo. Pero ahora consideremos lo opuesto, es decir, cómo se nos quita ese pecado. Pues bien, así como llegó a nosotros por un hombre, es removido por un hombre. Es más, así como el pecado se propaga por Adán a través de la simiente y la reproducción, así también en el otro caso, en la gran variedad de cosas que se relacionan a Cristo, hay algunas cosas que funcionan como semilla. Éstas son la elección (predestinación), la gracia, el Espíritu, la Palabra de Dios, y el bautismo. Dios usa estos últimos dos instrumentos para regenerar a sus hijos.

Pero si alguien pregunta si la Palabra externa o el signo visible del bautismo son completamente necesarios, respondemos que la Palabra interna, por la cual las personas se vuelven a Cristo y son restauradas es del todo requerida, si estamos hablando de adultos. Pero en niños pequeños no hay lugar ni para la Palabra interna ni para la externa. Y, de hecho, la Palabra externa es el instrumento usual por el cual Dios llama a los adultos a la salvación, aunque en ciertas personas usa solo la Palabra interna por medios extraordinarios.

Así, llamó a Abraham de su tierra, e instruyó a Adán sin intermediario, como se dice, sin ningún ministerio visible. No debemos de ninguna manera sostener con desdén el sacramento del bautismo, dado que aquellos que lo rechazan cuando pueden recibirlo no obtienen regeneración. Pero si la oportunidad no es ofrecida, no pondrá en peligro al hombre pío y que se ha convertido a Cristo el no ser bautizado. Y por esta razón, los Padres hicieron mención del bautismo de sangre y de espíritu.

Y Ambrosio dijo de la muerte del emperador Valentiniano que no le había faltado la gracia del bautismo puesto que ardía de deseos por él, aunque no fue bautizado.

31. Es más, si alguien preguntara sobre los niños pequeños de los cristianos que mueren sin este sacramento, respondería que debemos esperar bien para ellos. Esta esperanza descansa en la Palabra de Dios, es decir, el pacto hecho con Abraham, de donde provienen las promesas de Dios de que no solo sería su Dios, sino también el de su descendencia. Pero esta promesa no es tan amplia como para incluir a todos, por lo que yo no sería tan arriesgado como para prometer salvación segura a cada uno de los niños que muere. Hay algunos hijos de los santos que no están predestinados, como leemos en los casos de Esaú, Ismael, y muchos otros, cuya falta de salvación no se debe solo a la falta de bautismo.

No obstante, mientras vivimos aquí en la tierra, permanece en los regenerados el remanente de su pecado. En otras palabras, el pecado original no es completamente removido por la regeneración. La culpa es quitada, sí, y lo que queda no se le imputa a la muerte exterior. Pero todas las cosas deben ser juzgadas por lo que son, sin calificación. Por lo tanto, si alguien nos pregunta si el remanente en los regenerados es pecado, responderemos afirmativamente. Pero cuando leemos en algunos autores que no es pecado, se debe entender que están hablando sobre la culpa. Abordaremos esto en detalle más adelante.

Añadiré que en la muerte este tipo de pecado es finalmente arrancado y removido, puesto que en la bendita resurrección tendremos un cuerpo restaurado, uno adecuado para el gozo eterno. Mientras tanto, mientras estamos aquí, la corrupción innata de nuestro viejo hombre está constantemente siento arrancada para que en la muerte finalmente deje de existir.

Hasta el momento, hemos visto tres cosas: cómo el pecado original se propagó, a través de qué es removido, y qué debemos pensar acerca de su remanente.

§11: EL CASTIGO DE LOS NIÑOS NO BAUTIZADOS

32. Hablemos ahora acerca del castigo.[1] Algunos estudiosos creen que los bebés no bautizados no experimentan castigo físico. Los pelagianos piensan que solo serán expulsados del reino de los Cielos, aunque no dan mayores detalles. Pighius añade que aquellos que dejaron esta vida solo con pecado original experimentan un tipo de bendición natural; amarán a Dios con todo su corazón, mente y fuerzas, y proclamarán Su nombre y alabanzas. Aunque no se atreve a enseñar que estas cosas son ciertas, las aprueba como muy probables. Pero, en su *De fide ad Petrum*, así como en otros lugares, Agustín asevera que los niños no regenerados, si mueren, experimentarán los fuegos eternos.

Las Sagradas Escrituras parecen estar a favor de esta opinión, puesto que en el juicio final vemos solo dos posibles sentencias; no admite un tercer lugar entre la salvación y la condena. Los papistas, aunque creen que habrá un Purgatorio hasta el día del juicio, no ponen un lugar intermedio después de ese día. Y está escrito de manera patente que aquellos que no creen en Cristo no solo no tendrán vida eterna, sino que también caerán bajo la ira de Dios [Juan 3:36]. Mientras estemos lejos

---

[1] De los que mueren en pecado original, pero no cometen pecados actuales, como en el caso de los bebés.

de Cristo, somos llamados hijos de ira [Ef. 2:3], y tampoco hay duda de que Dios castiga a aquellos con quienes está enojado.

Por tanto, diremos con Agustín y las Escrituras que el no regenerado debe ser castigado; pero respecto al tipo de castigo y su modo, no podemos dar detalles, excepto que, ya que habrá varios castigos en el Infierno (pues las mismas Escrituras aseguran que algunos soportarán más tolerablemente que otros), es creíble que, ya que no añadieron pecados efectivos a su pecado original, serán castigos más ligeramente. Sin embargo, siempre exceptúo a los hijos de los santos, porque no dudamos en contarlos entre los creyentes, aunque en la realidad aún no creen por causa de su edad. No consideramos a los hijos de los infieles entre los creyentes, aunque por sí mismos no hayan rechazado la fe. A partir de esto, los hijos de los creyentes que han muerto sin ser bautizados, por causa del pacto de Dios dado a los padres, pueden salvarse, si están también predestinados. Exceptúo cualquier otro que esté predestinado según el consejo oculto de Dios.

§12: LA CULPA GENERACIONAL

33. Ahora que ya hemos establecido este fundamento, vayamos a los argumentos de los pelagianos, por los cuales ellos pensaban que podían probar que no hay pecado original. En primer lugar, argumentan que no es probable que Dios desee aún enjuiciar el pecado de Adán cuando ya lo hizo una vez de manera suficiente, especialmente puesto que el profeta Nahúm dice que Dios no tomará venganza dos veces [Nahúm 1:9]. Entiendo que algunos responden que Dios no hizo juicio sobre ese pecado dos veces, sino solo una, pues en un solo juicio es incluido el pecado de Adán y toda su progenie. Pero para explicar el asunto más claramente, digo que en cada uno de nosotros hay razones por las que somos castigamos cada vez que somos castigados. Por tanto, todos pagan la pena por su propio pecado y no por el de alguien más. Pero, si leemos que Dios castiga en nosotros el pecado de Adán, debemos entender que es porque nuestras iniquidades tienen su origen en él. Es como si alguien que sufre de una plaga infectara a otros y esos otros murieran; diríamos que cada persona murió de su propia enfermedad y no por la de alguien más. Pero si alguien dice que esos otros murieron de la plaga de aquel de quien contrajeron la enfermedad, esto debe tomarse en el sentido de que esta persona tuvo primero la enfermedad y luego la transmitió a ellos.

Por otro lado, las palabras del profeta Nahúm no se refieren a esto. De hecho, Jerónimo, al interpretar este pasaje, dice que estas palabras refutan a Marción, quien acusaba al Dios del

Antiguo Testamento de parecer vengativo y cruel porque ejecutó muy duros castigos. Jerónimo no le atribuye esto a la crueldad, sino a la bondad.

Dios castigó a las personas tan duramente en Sodoma, en el diluvio y en otras ocasiones, con la sola razón de que no perecieran eternamente. Y una vez que ejecutó venganza sobre ellos, nunca más los castigó. Pero el mismo Jerónimo, viendo quizá que estas cosas no se hallaban sobre suelo sólido, lo vuelve a plantear. Se podría tomar de esto que es algo bueno si los adúlteros son atrapados, porque de esa manera sucede que, aunque sufren la pena capital, evitan los sufrimientos eternos del Infierno. Por lo tanto, responde que el juicio de este mundo no es capaz de prevenir el juicio de Dios; y tampoco debemos pensar que los pecados que merecen una pena dura y eterna puedan ser removidos por un castigo ligero.

En estas palabras de Jerónimo debemos observar dos cosas: una, que en su época el adulterio era un crimen capital; segundo, que la primera interpretación no parece ser suficiente para él. Por tanto, él aduce otra explicación de los judíos, que Dios por medio de estas palabras quería indicar que los asirios, luego de esclavizar a las diez tribus, no ganarían poder también sobre el reino de Judá, como intentaron bajo el reinado de Ezequías. Dios, dice él, no permitirá que un nuevo peligro se levante. Él considera que es suficiente con destruir a las diez tribus; Él desea que el reino de Judá permanezca a salvo.

Aunque esta exposición de ninguna manera es impía, no parece estar de acuerdo con la intención del profeta. Él profetizó, en contra de Nínive, las amenazas de Dios y la destrucción futura. Y cuando tuvo la idea de acelerar el inminente juicio, dice que tan grande violencia de devastación los visitará a través de los Caldeos que no será necesario para el Señor infligir castigo sobre ellos nuevamente; a través del primer castigo ejercerá una pena suficiente. Así, el imperio de los asirios fue finalmente derrocado por los Caldeos. Y a menudo decimos de un hombre que es golpeado hasta la muerte que fue tan afectado por un golpe que no hubo necesidad de un segundo. Ésta es la intención del profeta y el real sentido de este pasaje.

Aún más, en tanto se refiere al asunto, no negamos que las aflicciones en los hombres piadosos tienen en vista lo que Pablo dice: "para que no seamos condenados con el mundo" [1 Cor. 11:32]. Son correcciones paternales por las que los hombres píos son llamados a penitencia. Sin embargo, no debemos tomar de ello una regla general, por la que una restricción sea impuesta sobre Dios para que cuando comience a castigar a los impíos en esta vida, no pueda también castigarlos en la siguiente si mueren lejos de la fe y el arrepentimiento. Si retornan a Dios, no sufren en la siguiente vida; sin embargo, esto no es porque en esta vida satisficieron a Dios por las penas pagadas, sino porque Cristo pagó por ellos el precio de su redención.

Por lo tanto, así como ciertas cosas buenas son dadas a los piadosos en esta vida, que son para ellos promesas y los comienzos de una vida que disfrutarán en otro tiempo, así también las aflicciones preliminares de esta vida son el comienzo de los castigos eternos en los impíos. Incluso Cristo parece insinuar esto cuando dice: "Temed a aquel que después de haber quitado la vida, tiene poder de echar en el infierno" [Lucas 12:5]. De estas palabras creo que es suficientemente claro que el pronunciamiento del profeta, que hemos expuesto de manera clara, en nada se relaciona con el asunto tratado.

34. Otro de los argumentos es sacado del profeta Ezequiel: "El hijo no llevará el pecado del padre" [Ez. 18:20]. Podemos responder a esto con una palabra, como dijimos un momento

126 EL PECADO ORIGINAL, EL LIBRE ALBEDRÍO, Y LA LEY DE DIOS

atrás: esto es, que los hijos no llevan la iniquidad de los padres, pero sí su iniquidad propia y personal, que se aferra a cada persona desde el nacimiento. Pero, ya que personas diferentes explican el pasaje de maneras diferentes, estableceremos lo que nosotros creemos que significa.

Los judíos con frecuencia transmitían un proverbio que dice más o menos así: "Los padres comieron las uvas agrias, y los dientes de los hijos tienen la dentera."[1] Ezequiel no solo tiene en mente este proverbio, sino también Jeremías 31 [v.29]. El significado de este refrán es éste: nuestros padres pecaron, pero nosotros pagamos el precio por ellos. Como dicen los rabinos, aquellos que estaban en el reino de las diez tribus parecían relacionar estas cosas con Jeroboán, hijo de Nabat, que primero hizo los becerros de oro. Aquellos que eran del reino de Judá relacionaban estas mismas cosas con Manasés, por cuya impiedad pensaba que caerían en cautividad, como los profetas anunciaban que sucedería.

Dios reprueba este proverbio y dice que no será así de aquí en adelante. "Los padres no morirán por los hijos, ni los hijos por los padres; cada uno morirá por su pecado." Muchos consideran esto como castigo civil, ya que en Deuteronomio 24 [v. 16] Dios ordenó que ni los padres deben morir por los hijos ni los hijos por los padres. Amasías, rey de Judá, también lo observó, como relata 2 Reyes 14. Mató a los asesinos de su padre, pero perdonó a sus hijos de acuerdo con el precepto de la ley. Sin embargo, los israelitas no siempre lo obedecieron. En el capítulo diecisiete de Josué leemos que, no solo Acán fue muerto por tomar algo que estaba prohibido, sino que también, junto con él, murieron sus hijos, hijas y ganado. Pero esto se

---

[1] Pighius también discute este dicho en *De peccato originis controversia*, fols. xxviii[r-v].

hizo según una orden singular de Dios y no debería perjudicar la ley dada en general.

35. Sin embargo, esta exposición concerniente a la ley civil no cuadra con las palabras del profeta. Los judíos no se quejaban del castigo impuesto sobre ellos por las cortes o infligido sobre ellos por su gobernante, sino por aquellas calamidades que Dios mismo lanzó sobre ellos, es decir, la devastación de sus propiedades, el derrocamiento del reino judaico y la captividad a Babilonia. Aquí apuntaban el dedo a los juicios del Señor y murmuraban que esto no era lo correcto.

Por tanto, algunos han interpretado que este pasaje es acerca de los castigos eternos, la pérdida de la gracia y la pérdida del Espíritu. Están de acuerdo en que estas cosas le ocurren a cada individuo como resultado de sus propios pecados, no por los pecados de otros. Sin embargo, al mismo tiempo, aseveran que los niños sufren castigos temporales por causa de sus padres, y el pueblo por causa de sus líderes. Dios, dicen, desea castigar a los padres en sus hijos, ya que los hijos son cierta parte de los padres.

Y dicen que no es absurdo si los hijos por sus aflicciones benefician a los padres, ya que de esta manera ellos mismos son llamados al arrepentimiento, y ya que ningún daño viene sobre ellos si es que mueren, dado que son mortales. Dios sabiamente dispensa los tiempos de los vivos y los muertos y, dicen, arranca a los niños de la vida para que no sean corrompidos por el mal o, si es que ya se encuentran sumergidos en pecado y están condenados, para que no sean castigados incluso más, poniendo así un fin a su mal vivir. Agustín parece inclinarse de alguna manera hacia esta opinión en su obra *Cuestiones sobre Josué*, preguntas 8 y 9.[2] Aquellos que aseveran que el remanente del pecado original luego de la regeneración no es pecado, están forzados a mantener esto, pues no pueden decir que en los niños pequeños sus propios pecados son castigados, dado que sostienen que no lo son. Pero nosotros, que decimos que éstos son por cierto pecados, enseñamos que no son imputados para muerte eterna, pero que en algunas ocasiones resulta en castigos, para que podamos entender que desagradan a Dios.

No obstante, ni siquiera la exposición de Agustín entronca bien con el sentido de Ezequiel. El profeta dice que no pasará que los hijos digan que están sufriendo castigos temporales, como el exilio y la cautividad, por causa de sus padres. El Señor dice, "el hijo no llevará la iniquidad del padre." Por lo tanto, de ninguna manera mitiga aquellas cosas el que algunos digan que esto es cierto en castigos espirituales y en condenación eterna.

Agustín hizo otra interpretación en el *Enquiridion a Lorenzo* 46, estableciendo que ésta es una profecía sobre los beneficios conferidos a través de Cristo. Porque, dado que hizo propiciación por medio de su muerte por el pecado original, el profeta dice que después de esto el hijo llevará, no el pecado del padre, sino el suyo propio. Agustín parece haber llegado a esta opinión porque cuando Jeremías en el capítulo 31 escribe casi lo mismo, inmediatamente allí sigue una promesa del Nuevo Testamento.

---

[2] Vermigli se refiere a una parte de las más amplias *Cuestiones sobre el Heptateuco* (*Questionum in Heptateuchum libri septem*), concretamente a la sección sobre Josué (libro 6) que lleva por título "Quaestiones in Iesu Nave" (Cuestiones sobre el nacimiento de Jesús). Allí habla de cómo los israelitas sufren por el robo de Acán, es decir, por los pecados de otro, pero al mismo tiempo el Señor conoce el corazón de cada individuo.

"He aquí," dice, "vienen días en los cuales haré nuevo pacto con la casa de Israel y con la casa de Judá." Pero ni siquiera esta interpretación parece estar de acuerdo con el significado del profeta que antes vimos. Y, nuevamente, aunque Cristo sufrió en un tiempo determinado, sin embargo, por el poder y la gracia de su muerte, también se salvaron los niños del Antiguo Testamento. Además, aquellos que están fuera de Cristo llevan su propia iniquidad, y no pagan el castigo por los pecados de otro, sino por los suyos propios.

A la luz de estas dificultades, sostenemos que la declaración del profeta es en general verdadera: todos los niños y los adultos, tanto en el Antiguo como en el Nuevo Testamento, llevan su propia iniquidad. Todos los que nacen tienen pecado y corrupción en ellos mismos, por los cuales merecen castigo. Por lo tanto, esta declaración confirma nuestra opinión; está lejos de ser una refutación contra nosotros. Aunque sí socava a Pighius, quien sostiene que los niños llevan los pecados de los padres, ya que de otra manera serían limpios y nacerían sin pecado.

Los judíos proclamaban que eran inocentes; es más, se quejaban de que los castigos que sufrían eran a causa del pecado de sus padres. Sus padres habían pecado, decían, no ellos. Pero Dios dice que de ahí en adelante no habría cabida para este proverbio. Él quería declarar a través del profeta la completa iluminación del Espíritu Santo que vendría en el Nuevo Testamento. Sus juicios no son tales que castigue a alguna persona inocente por el pecado de otro. Por tanto, no dice que no será así de ahí en adelante, como si alguna vez lo hubiese sido antes. Pero sí dice: no sucederá que recurrirán a un proverbio de este tipo, puesto que finalmente conocerán la verdad.

36. Pero la ley parece estar en contra de esta exposición, pues en ella Dios dice que visita la iniquidad de los padres contra los hijos hasta la tercera y cuarta generación [Ex. 20:5]. Estas dos ideas parecen estar en desacuerdo, la de que Dios visita la iniquidad de los padres sobre los hijos, y la otra de que los niños no llevan los pecados de sus padres. Para satisfacer esta objeción, expliquemos las palabras de la Ley. De este modo, comprenderemos que no hay tensión entre las afirmaciones en la Ley y los profetas.

Algunos refieren a la misericordia de Dios el sentimiento expresado en la Ley, y otros a Su severidad y justicia. Aquellos que piensan que la misericordia de Dios es elogiada en estas palabras dicen que Dios es tan bueno y generoso que no quiere destruir inmediatamente a las personas cuando pecan, y prefiere en cambio aguardar a su arrepentimiento. Por lo tanto, algunas veces cuando perdona al padre y al hijo, castiga al nieto; y en otras ocasiones difiere el castigo a la cuarta generación. Éste es el caso con el rey Jehú de Samaria [2 Reyes 15:12]. Aunque él pecó gravemente, Dios no le quitó el reino a su posteridad hasta después de la cuarta generación. Parece, entonces, que estas palabras proclaman la bondad de Dios. Él restringe así su ira y no la derrama de inmediato.

Pero otros piensan que la bondad de Dios es proclamada cuando se dice que Él bendecirá a aquellos que lo aman por mil generaciones. En contraste, para revelar su rigor y justicia, se añade que Él perseguirá los pecados no solo contra aquellos que han pecado, sino también contra sus hijos y nietos hasta la cuarta generación. Ellos piensan que hay ejemplos que lo demuestran. Amalec infligió numerosos problemas sobre los israelitas cuando vagaban por el desierto, y tras un largo intervalo los israelitas hicieron lo mismo a su posteridad, tanto que al final Dios ordenó a Saúl borrarlos de la faz de la tierra

[Ex. 17:8; 1 Sam. 15:2]. Otro ejemplo se encuentra en Giezi, el siervo de Elías, porque había recibido dinero en nombre de su maestro de Naamán el sirio, y él mismo fue afectado con lepra, y toda su posteridad después de él [2 Reyes 5:27].

Cada una de estas aserciones es piadosa y puede ser confirmada por medio de ejemplos, pero la última parece ajustarse mejor al texto. De qué manera Dios visita la iniquidad de los padres a los hijos hasta la tercera y cuarta generación, la Ley misma lo declara bastante bien con la afirmación añadida "de los que me aborrecen". A partir de esto, es evidente que solo los hijos que son como sus padres llevarán sus pecados. Y debe notarse que la frase "de los que me aborrecen" debe ser tomada de dos maneras: o en acción, como se dice, lo cual solo se ajusta a los adultos, o por la inclinación y corrupción ya concebida por la naturaleza, que tiene lugar en los niños.

37. Alguno podría objetar que si pensamos que Dios solo castiga a aquellos que imitan los pecados de sus mayores, ¿por qué era necesario añadir la frase "hasta la tercera y cuarta generación"? En cada generación Dios castiga a todos los pecadores independientemente de quiénes sean. Esta objeción causó que Agustín explicara que por la expresión retórica "hasta la tercera y cuarta generación" debemos entender "a toda la posteridad".

Un número finito se usa para expresar la infinidad. Si añades el número cuatro al tres, obtienes siete, que a menudo representa otro número, cualquiera que éste sea. Él apuntó a una expresión similar en el profeta Amós: "Por tres pecados, y por el cuarto, no revocaré su castigo" [Amós 1:3, 6, 9]. Y ésta es su impresión del pasaje: Si alguien comete transgresión una y otra vez, Dios puede perdonarlo. Pero si alguien acumula pecados sobre pecados sin medida, ahora Dios no puede perdonarlo.

132 EL PECADO ORIGINAL, EL LIBRE ALBEDRÍO, Y LA LEY DE DIOS

Estas "tres o cuatro ofensas" representan la continuación de los pecados. Además, de esta manera se puede decir que Dios castiga a la tercera y cuarta generación de aquellos que lo aborrecen, ya que, contra cosas como éstas, quien quiera que sea, Él ejecutará castigo.

Pero hay una posibilidad diferente, a saber, que Dios escoge la tercera y cuarta generación como el límite para atenuar con misericordia su ira, y en algún punto poner fin a sus castigos, y no continuarlos. No obstante, hay quienes piensan que la tercera y cuarta generación son especificadas a propósito, porque es hasta esta distancia que los descendientes son inducidos a seguir el mal ejemplo de sus progenitores. La idea es que ninguno de los mayores está aún con vida; generalmente hablando, han muerto luego de la cuarta generación.

A partir de estas cosas vemos que las palabras del profeta de ninguna manera contradicen la ley, sino más bien la interpretan. Por tanto, dice que los hijos no llevarán la iniquidad del padre porque la Ley dice que el pecado de los padres visita a los hijos si ellos también imitan los pecados de los padres.[3] Así, entienden ellos, cuando son castigados, pagan el precio de los pecados de los padres en ellos porque los pecados comenzaron con ellos y continuaron con sus hijos. Pero si los hijos no tuvieron padres o abuelos que pecaran, tal vez Dios mantendría su ira en este punto, y así como mostró paciente restricción con los progenitores, también tal vez mostrará lo mismo con ellos. Pero cuando los progenitores han pecado, y todos los descendientes no se refrenan de seguir su ejemplo, Dios no diferirá su castigo por mucho tiempo, a menos que haya

---

[3] Para la discusión de esta solución al problema de los pecados paternos en el siglo XII, véase Artur Michael Landgraf, "Die Vererbung der Sünden der Eltern auf die Kinder nach der Lehre des 12. Jahrhunderts", *Gregorianum* 21 (1940): 203-47.

abandonado su preocupación por los asuntos humanos y lleve a otros a pecar debido a su falta de interés. Al mismo tiempo, aquellos que son así castigados, no pueden ser llamados inocentes, ya que ellos mismos también odian a Dios. Tampoco hay una contradicción en que Cristo le diga a Juan respecto al hombre ciego de nacimiento que "ni él pecó ni sus padres pecaron". Ahora bien, este pasaje no quiere decir que el hombre ciego fue castigado sin merecerlo. Solo indica que la providencia de Dios dirigió su ceguera hacia otro fin que el que ese hombre fuera castigado. Él lo quiso así para que en aquella ocasión pudiera demostrar la divinidad de Cristo. De esta manera, Dios distribuye castigos para que no solo castigue por medio de ellos, sino también logre otros fines que Él mismo ha determinado. Y esto es lo que podemos decir sobre el pasaje del profeta. De estos argumentos puede entenderse que no está en conflicto ni con la Ley ni con ninguna definición que hayamos dado. Más bien, tal sentencia debe volverse contra nuestros adversarios, quieres aseveran que los niños están sujetos al pecado de otro.

§13: LOS PADRES PIADOSOS Y EL PECADO HEREDADO

38. El siguiente razonamiento era éste: ya que el alma y el cuerpo son obras de Dios, ya que los progenitores a menudo son santos y píos, y las Escrituras los encomian, y ya que las Escrituras alaban el acto de procreación y el matrimonio, ¿cómo, entre tantas fortalezas para la inocencia, se abrió camino el pecado?

Respondemos, con Pablo, que esto sucedió "por medio de un hombre." Su afirmación de que los progenitores eran limpios y santos es falsa. Porque, aunque fueron dotados con piedad y su pecado original fue perdonado, en lo que respecta al pecado, aún permanece en ellos una naturaleza corrupta y un estado impuro. Por tanto, ellos pasan este tipo de naturaleza que tienen en sí mismos a su posteridad, y lo hacen, como ha sido dicho, a través de la semilla y la generación.

Ahora bien, que el cuerpo no es capaz de actuar en el espíritu no se presenta como un obstáculo, como imaginaban. No decimos que el pecado se corrompe por el pecado o la acción física. Pero, viendo que el cuerpo está corrompido, resiste al alma, y el alma, al no estar ya fortalecida con su dotación original, está sujeta a la inclinación del cuerpo; ya no gobierna al cuerpo, como fue equipada para hacer, sino que es gobernada por él.

En adición, los procesos naturales nos enseñan que hay una cooperación entre el cuerpo y el alma, ya que el alma es afectada de forma variada por la temperatura del cuerpo. Aquellos que tienen un exceso de bilis amarilla o negra a menudo están enojados o tristes. Por lo tanto, viendo que esta argumentación comienza por principios falsos, no puede concluirse nada. Además, un pasaje es sacado de 1 Corintios: "vuestros hijos son santos" [1 Cor. 7:14].

Por lo tanto, el argumento sigue, no es probable que ellos hereden el pecado original, ya que la santidad no se ajusta al pecado. Algunos explican aquí que los hijos de los cristianos son santos en relación con la ley civil, queriendo decir que son hijos legítimos y no son bastardos. Pero esto no se sostiene, porque ante la ley el matrimonio de cristianos no es diferente al matrimonio de los infieles. Los hijos de matrimonios legítimos son en sí mismos considerados legítimos y herederos. Otros interpretan que *santidad* se refiere a la *educación en la piedad*, argumentando que si un cónyuge piadoso se separa de uno impío, tal vez los hijos se queda con un padre impío y así son alejados de Cristo. Pero si los cónyuges viven juntos, el padre piadoso siempre instaurará alguna medida de piedad en los hijos. Pero ni siquiera esto parece relacionarse mucho con lo que Pablo está enseñando, puesto que incluso los hijos nacidos del adulterio o la prostitución pueden recibir una educación piadosa. Vemos esto en el caso del hijo de Agustín Adeodato.

Po tanto, el apóstol parece indicar que algo de la santidad de los padres piadosos redunda en los hijos. Esto, sin embargo, no fluye de la carne, sino de la promesa dada en el pacto. Dios promete a Abraham que quiere ser, no solo su Dios, sino el Dios de su simiente [Gén. 17:7; 2 Cor. 6:18]. En consecuencia, en los profetas Dios llama suyos a los hijos de los judíos y se queja de que están sacrificando sus hijos e hijas a Moloc [Ez. 16:20-21].

Nosotros, confiando en esta esperanza de la promesa, ofrecemos a nuestros hijos ser bautizados en la Iglesia, porque pertenecen a Dios y a Cristo, para que la promesa, que acabamos de mencionar, sea confirmada por una señal exterior. 39. Pero dirás: "Puedes ser engañado. Tal vez tu hijo no pertenecerá al número de los elegidos." Respondo que la misma dificultad aplica a los adultos. Es posible que alguien aparente una profesión de fe,[1] o sea traído al redil solo por humana persuasión, o tenga fe solo por un tiempo, de manera que en realidad no pertenece a los elegidos. Pero un ministro no mira a esas cosas, sino solo a la confesión de la persona que será bautizada. Él entiende que la elección de Dios está oculta a él y por tanto no le concierne. Él no puede determinar nada acerca de lo particular, sino que se atañe a la promesa general.

Aunque muchos están excluidos de ella, no es su rol decidir quiénes son. Pablo habla así refiriéndose a los judíos: "Si las primicias son santas, también lo es la masa restante; y si la raíz es santa, también lo son las ramas" [Rom. 11:16]. Por estas palabras él muestra que el favor de Dios se inclinaba a los judíos por causa de la promesa y por sus antepasados; por esta razón, la salvación se les adeudaba. De esta manera, incluso cuando esta promesa es indefinida, y muchos están excluidos de ella, permanece inquebrantable. Algunos de ellos siempre son convertidos a Cristo y continuarán convirtiéndose hasta el final. Esta verdad es evidente en el caso de Isaac. Dios prometió que mostraría favor a su simiente, pero esto se cumplió solo en Jacob, no en Esaú. Aun así, esto no restringió a Esaú de ser circuncidado.

---

[1] Sobre esta cuestión en la tradición, véase Marcia Colish, *Faith, Fiction, and Force in Medieval Baptismal Debates* (Washington DC: Catholic University of America Press, 2014).

138 EL PECADO ORIGINAL, EL LIBRE ALBEDRÍO, Y LA LEY DE DIOS

De esta manera, confirmamos que los hijos de los cristianos que pertenecen al número de los elegidos son santos; sin embargo, están contaminados con el pecado original, porque por naturaleza son hijos de ira, lo mismo que los demás. Pero si Dios suspende su culpa y no se las imputa en contra de su salvación, la tienen por la gracia de Dios y Su pura misericordia, no por la pureza de su propia naturaleza. Por tanto, ya que nacieron de una masa corrompida y están entre los elegidos, podemos afirmar dos cosas: son santos, pero son por naturaleza hijos de ira. Así es como debemos resolver este asunto.

Pero ellos añaden que los niños pequeños no dicen, hacen ni piensan nada contra la Ley de Dios, y que, por tanto, no tienen pecado. La naturaleza invisible de su error es evidente por lo que acabamos de decir. Es como si dijeran: "No tienen pecado efectivo (actual); por lo tanto, no tienen pecado." Pero argumentar de la especie al género a través de la negación es el peor tipo de lógica.[2] Ellos se equivocan al no seguir la naturaleza universal del pecado que describí más arriba, que abarca todo lo que de alguna manera es contrario a la Ley de Dios.

---

[2] Esto pertenece a la terminología técnica de la dialéctica. Está diciendo que el pecado actual es una subcategoría o tipo particular (especie) de la categoría general (género) del pecado.

§14: LA CULPA AÑADIDA

40. Ellos objetan diciendo que es incorrecto decir que el pecado original se propaga por medio de la simiente y de la carne, porque estas cosas son por naturaleza sin sentidos y animalescas, y por tanto no tienen la capacidad para pecar. Pero yo he dicho ya que el pecado no está en ellos excepto por su origen, como en la raíz. La naturaleza del pecado, sin embargo, se completa una vez que el alma se une a él.

Explicamos también cómo contraatacar los argumentos de los pelagianos cuando contienden que lo que Pablo dice en este pasaje debería ser entendido en términos de imitación. Esto se encuentra en desacuerdo con las declaraciones de Pablo en otros lugares. Él dice: "por la desobediencia de un hombre los muchos fueron constituidos pecadores" [Rom. 5:19]. Y lo que es incluso más firme, él enseña: "No obstante, reinó la muerte desde Adán hasta Moisés" [Rom. 5:14]. Había también otros argumentos que Agustín usa en contra de los pelagianos que no necesitamos repetir aquí.

Por otro lado, añaden que la aflicción y la muerte humanas en sí son naturales. Afirman que tenemos en nosotros mismos estos principios de la naturaleza de la cual fluyen. Respondemos a eso que la naturaleza humana no contenía estos principios cuando fue primero formada, sino que representan una profanación y corrupción posteriores, tal como lo vemos ahora. Los filósofos toman los efectos visibles y los convierten en estos principios existentes.[1] Pero los cristianos los entienden a través de la Palabra de Dios. Por tanto, ya que las Escrituras enseñan que la muerte entró por medio del pecado y que los seres humanos, según fueron creados, hubiesen vivido para siempre [Rom. 5:12], dejemos a Pighius y a sus seguidores reconocer qué tan piadosa y verdadera sea su aseveración de que la muerte es un principio natural para un ser humano.

Ellos, además, dicen que lo que no se puede evitar no debería ser contado como pecado. Esto es patentemente falso, dado que ninguno de nosotros puede cumplir con los requerimientos de la Ley o evitar todos los lapsos contra ella según está establecida. Al sopesar los pecados no deberíamos inquirir si algo es hecho por casualidad o por necesidad, sino solo si viola o sigue la ley de Dios. Por tanto, sus argumentos contra nosotros sobre la necesidad no se siguen. Finalmente, objetan que, si el pecado deriva de los primeros padres y fluye hacia la posteridad, no podría haber explicación de por qué los pecados de otros padres no deberían pasarse a la posteridad. Pero si concedemos esto, ellos creen que se sigue lógicamente la absurdidad de que aquellos de nosotros que nacemos últimos en la línea estaremos en una posición terrible, porque habremos heredado no solo los pecados de los primeros padres, sino también los de nuestros ancestros.

41. Los estudiosos piensan que es imposible que los pecados de los padres próximos se pasen a sus hijos. Parecen llegar a esta conclusión por dos razones. La primera es que los padres próximos solo comparten con sus hijos una naturaleza y aquellas cosas que acompañan a la naturaleza, como es natural. Sin embargo, no comparten propiedades y accidentes

---

[1] Quiere decir que los filósofos, al observar que los seres humanos sufren y mueren, razonan desde el efecto hasta principio, para afirmar que estos principios son inherentes a la naturaleza humana.

especiales, a menos que pertenezcan al cuerpo, porque a menudo las enfermedades ancestrales, como la lepra o la gota, se pasan a los hijos.

Pero las cualidades mentales no se derivan de otro, ni se relacionan con la procreación. Un gramático no produce a un gramático, ni un músico a un músico. Por tanto, ya que los pecados pertenecen a la mente, dicen que éstos no pueden derivar de sus padres. Una segunda razón es que los primeros padres tenían rectitud original. Esto no solo se encontraba en la mente, sino también en el cuerpo y los miembros. Por tanto, por generación, eran capaces de transferir la falta de esta rectitud a sus hijos, ya que se adhirió al cuerpo y la carne. Pero los pecados actuales que siguieron luego, ya que pertenecen a la mente, no son capaces de propagarse a los hijos.

No obstante, Agustín, en *Enquiridion a Lorenzo* 46, dice que es probable que los pecados de los padres más próximos se compartan a sus hijos. Para probarlo, comparó dos pasajes de las Escrituras, que ya hemos tratado. Considerando que Dios dice que castigará los pecados de los padres en los hijos hasta la tercera y cuarta generación [Ex. 20:5], mientras que en otro pasaje dice que el hijo no llevará el pecado del padre [Ez. 18:20], argumenta esto: Si el hijo no lleva la iniquidad del padre, sino la suya propia, e incluso así Dios castiga en el hijo el pecado del padre, debe ser que el hijo tiene dentro de sí ese pecado.

De otra manera, estos pasajes se contradirían. Por lo tanto, el pecado es tal en su propia naturaleza que no solo destruye la mente de una persona, sino también el cuerpo, y corrompe la carne y sus miembros. Por eso, Pablo dice a los corintios que nuestros cuerpos son templos del Espíritu Santo, y declara grandes amenazas para la persona que destruya el templo de

Dios [1 Cor. 6:19]. Si, entonces, Dios castiga los pecados de los padres en sus hijos, y el hijo no lleva la iniquidad de otro sino la suya propia, se sigue que los bebés de los impíos, cuando son afligidos, tienen algo de la corrupción de sus padres en ellos mismos, de tal manera que los padres son castigados en ellos. Eso sí, no podemos cuestionar la justicia de Dios. Si Dios por su más pura justicia puede entregar a quienes pecan a una baja inclinación y castigar los pecados con pecado, ¿por qué no querría también justamente que la corrupción del pecado no solo destruya la mente, sino que también, con su impureza, contribuya a la del cuerpo? De aquí que los hijos, que han sido engendrados de pecadores, saquen de sus padres la misma naturaleza que se encuentra en ellos. Y por esta doctrina las personas son amonestadas a vivir vidas santas, a menos que quieran contaminar sus propias mentes y cuerpos, y asimismo infectar también a sus propios hijos.

42. Si estamos en lo correcto sobre esto, algunos preguntarán por la diferencia entre pecado original y pecado derivado de los padres próximos. Respondemos que la propagación del pecado original es perpetua, como lo enseñan las Sagradas Escrituras, pero la continuación de otros pecados no lo es necesariamente. En ocasiones, ningún pecado se transmite a los hijos desde los padres próximos, con la excepción del pecado original.

Parece que Dios ha determinado una medida para que el pecado no continúe sin control, y ha decidido atenuar esta propagación del mal. Ezequías, un príncipe nobilísimo, tuvo como su padre al muy malvado rey Acaz; aquél, en cambio, concedió a Amón, un hijo muy malvado, quien a su vez concibió a Manasés, que fue todavía peor [2 Reyes 16:20; 20:21; 21:18]. Incluso si los comienzos del pecado se

LOCI COMMUNES (II.1-3) 143

transfieren a los hijos, en ocasiones Dios establece sobre ellos tal gracia, favor y fuerza que pueden superar estas cosas.

Pero hay una manera en la que éstos no difieren del pecado original: la gracia es conferida a los piadosos para que puedan tener victoria sobre él también. Además, cuando Dios les da buenos hijos a padres malvados, declara el poder de su bondad, por la cual comprueba la vileza e infección de los padres para que no la pasen a los hijos. En cambio, cuando él quiere que buenos padres tengan hijos malvados, muestra su preocupación de que la bondad de los hijos no sea atribuida a los méritos de los padres. Ellos no son capaces de transferirle gracia a sus hijos por medio de la procreación física, considerando que la gracia es un asunto del todo espiritual sin ninguna conexión con la carne.

Por lo tanto, puesto que la bondad y la piedad son puramente dones de Dios, Dios no promete en verdad que bendecirá a la posteridad de las personas piadosas por mil generaciones. Sin embargo, no debemos entender esto como si se estableciera algún mérito en los ancestros. Además, Dios es provocado a prometer esto solo por misericordia, no por los méritos de la gente. Ahora bien, para demostrar su libertad, en ocasiones permite que suceda de otra manera, enseñando de esta manera que los padres piadosos no son tan piadosos, sino que aún tienen en ellos algo de depravación y corrupción, que ellos ven que se engendra en sus propios hijos. A partir de esto podemos reconocer lo caída que está nuestra naturaleza que persigue a los piadosos incluso hasta su muerte.

Para establecer aún más esta doctrina, algunos aducen de los Salmos la imprecación de la Iglesia en contra de los malvados: "Sean sus hijos huérfanos, su mujer viuda. Anden sus hijos vagabundos, y mendiguen" [Salmos 109:9-10]. Si los hijos de los malvados no tienen culpa, entonces esta oración es injusta. Por lo tanto, somos llevados a entender de estas palabras que ellos comparten la maldad de sus padres. Porque, considerando que son niños pequeños, no puede suceder por ningún otro medio sino por propagación. Sé que hay algunos que quieren que estas palabras de David sean proféticas sobre el futuro, por las cuales el Espíritu Santo dice de antemano que estos males caerán sobre ellos. Es innegable que sus palabras tienen la forma e inclinación de una oración, pero una oración debe ser justa, puesto que de otra manera no sería una oración.

43. En relación con su declaración de que esta doctrina conduce a la consecuencia absurda de que los últimos en nacer serán más miserables que todos los demás, puesto que deben llevar los pecados de Adán y los de todos sus antecesores, hay dos respuestas. En primer lugar, no todas las cosas que nos parecen absurdas son igual de absurdas para Dios. Sin la intención de desviarnos mucho del asunto, Cristo advierte a los judíos de que toda la sangre de los hombres piadosos desde Abel a Zacarías, hijo de Berequías, sería sobre su culpa. ¿Y quién no ve que la condición de los hijos de Israel que fueron llevados a cautividad era más miserable que la de las muchas generaciones de sus ancestros que estaban manchados con los mismos pecados?

En segundo lugar, estamos de acuerdo con que sería absurdo si el pecado de los ancestros pasara continuamente sobre los hijos. Pero, viendo que enseñamos que esto no siempre pasa, sino que la providencia de Dios fija un fin y una medida a este mal, y que al respecto él expresamente habló solo de la tercera y cuarta generación, no hay razón por la cual debería parecer absurdo a ninguno. Los argumentos de los escolásticos en contra de esta propagación del pecado son muy débiles.

Primero, enseñan que las propiedades de la mente no se comunican de los padres a los hijos, lo que la experiencia muestra como falso. A menudo, vemos que niños iracundos nacen de padres iracundos, y deprimidos de padres deprimidos. Tampoco esto se relaciona con que se diga que un gramático no nace de un gramático, ni un músico de un músico. Éstas son habilidades que se obtienen con el aprendizaje de reglas y por medio de un entrenamiento, no son inclinaciones que sean innatas en las personas. Y, aun así, de la experiencia vemos que sucede a veces que el arte en el cual un padre sobresalió vuelve a emerger en los hijos que exhiben una propensión a él, sea éste la agricultura, la milicia, o el conocimiento de las artes liberales.

Segundo, estamos aquí tratando sobre todo aquellas inclinaciones que son los puntos de partida y los primeros principios de las acciones. En otro argumento, dicen que el pecado en los padres solo corrompe la mente. Esto no es cierto, viendo que, como enseñamos antes, su cuerpo está también manchado. Por tanto, no es de sorprenderse si los padres transfieren tales cuerpos a sus hijos.

Por esta razón, en lo que respecta a este asunto, concuerdo alegremente con Agustín en que el concepto de propagación del pecado a través de los padres próximos es probable y consistente con las Escrituras. Martín Bucero, un hombre muy entendido y no menos piadoso, aprobó esta opinión de que los pecados personales e individuales se propagan de los padres a los hijos.[2]

---

[2] Martin Bucer, *Principios Fundamentales de Martin Bucer*, trad. y ed. D.F. Wright (Appleford: Sutton Courtenay, 1972), 135-36. D.F. Wright (Appleford: Sutton Courtenay, 1972), 135-36.

No obstante, se debe señalar que esto es contingente, no necesario. Dios en ocasiones suspende los pecados de los padres, y por su bondad no permite que la naturaleza humana sea completamente destruida. Solo Él sabe, sin embargo, cuándo permitirá que este pecado sea pasado o sea frenado. Para nosotros es suficiente con considerar estos dos hechos: primero, que el pecado se propaga de los padres a los hijos; segundo, que es frenado a veces por la bondad de Dios. Esto, sin embargo, no puede decirse del pecado original, porque todos nacemos infectados con él. Esto puede entenderse de Romanos 5, según estas palabras "por la desobediencia..." Veamos un pasaje similar: Génesis 8:21.

DIGRESIÓN SOBRE ROMANOS 5

§15: EL PECADO DEFINIDO

He decidido añadir una sección del capítulo 5 de la carta de Pablo a los Romanos, sobre las palabras "así como por un hombre..."[1]

44. Para entender aquí claramente las palabras del apóstol, debemos examinar tres de sus proposiciones: primero, a qué se refiere con pecado; segundo, quién es este hombre por el cual el pecado entra en el mundo; tercero, cómo se propaga el pecado.

En primer lugar, el apóstol usa el término *pecado* en un sentido amplio y general para indicar todo lo que se opone a la ley y la voluntad de Dios. Por este pecado los seres humanos se desviaron de su composición natural y del arquetipo con el cual fueron moldeados. Dios los hizo desde el principio de tal manera que su imagen pudiera brillar en ellos.

Sin embargo, lo opuesto es cierto cuando luchamos en contra de la ley divina. Y ésta es la única y más verdadera razón por la cual a los seres humanos no se les permite satisfacerse en cualquier placer que ellos escojan. Si una persona hace tal, se acerca a los animales brutos, no a la semejanza del Dios Creador. Es más, Dios quiso que los seres humanos sojuzgaran la tierra, y así sean más parecidos a Él. De hecho, el pecado entendido en este sentido amplio no solo abarca el pecado

---

[1] La sección final está tomada directamente de Vermigli, *In Epistolam S. Pauli Apostoli ad Romanos*, 251-59; 501-08.

original, esto es, nuestra naturaleza depravada y los poderes corrompidos del pecado y la mente, sino también todos esos males que le siguieron. Éstos incluyen las inclinaciones prohibidas de la mente, las deliberaciones pecaminosas, las búsquedas malvadas, y los hábitos corruptos. Por tanto, por el término simple *pecado*, el apóstol incluye tanto la raíz misma como todos sus frutos. No debemos escuchar a aquellos que balbucean que éstos no son pecado. Dado que el Espíritu Santo los menciona así, no veo razón para que no debamos también hablar de esta manera y consentir a esta doctrina.

En segundo lugar, la misma etimología del término indica suficientemente que esos impulsos mentales iniciales y nuestra naturaleza corrupta son pecado. El término griego ἁμαρτία viene del verbo ἁμαρτάνειν, una palabra que significa "errar al blanco", sea como sea que esto suceda. Y ya que es el principio rector de nuestra naturaleza y de todas nuestras acciones el que seamos conformados a Dios por completo en todas las cosas, ciertamente cuando nos inclinamos a estas cosas que Dios prohíbe, y nos apresuramos de inmediato hacia ellas al primer impulso, es indisputable que debemos decir que pecamos, esto es, que vagamos lejos de nuestro blanco y nuestro fin determinados.

La palabra hebrea tiene un sentido similar. La palabra para pecado en hebreo es *Chataa*, del verbo *Chata*, que encontrareis en Jueces 20 [v. 16] de la misma manera que dije debe ser entendida la palabra griega ἁμαρτάνειν, esto es, alejarse del blanco. El pasaje en Jueces habla sobre los setecientos hijos de Benjamín que se habían entrenado en tirar piedras con la honda de tal manera que podían pegarle a un cabello.

En adición a esto, la experiencia misma enseña cuán graves son estos pecados incluso en los regenerados. Estamos tan entorpecidos por ellos que no podemos cumplir la Ley. Sin embargo, estamos obligados a observarla a la perfección [Ex. 12:17]. Se nos ordena que no codiciemos, un precepto con el cual todos concordamos, pero vemos cuánto luchamos contra nosotros mismos por nuestra proclividad al pecado y a los impulsos primarios por corromper nuestro comportamiento. Si los Padres a veces parecen escribir que la Ley puede cumplirse por aquellos que han sido regenerados en Cristo, están hablando sobre los comienzos de la obediencia y el cumplimiento de tal tipo que tiene muchas imperfecciones junto a él.

También declaran que es perfecto y que cumple la Ley de Dios quien reconoce sus propios defectos, de tal manera que digan diariamente en ellos mismos "perdona nuestras deudas," y reconoce junto a Pablo que tiene aún mucho que avanzar. Los mismos Padres también confiesan que no se encuentra nadie, ni el más santo, que haya amado absolutamente todas las virtudes. Como dice Jerónimo, aquel que excede a otros en una virtud a menudo es deficiente en otras. Y cita a Cicerón, quien dice que es fácil hallar a una persona que exceda en la ley o en elocuencia. Pero no se ha escuchado de alguien que sea excelente en ambas. En consecuencia, para hacer que todas las bendiciones de Dios conferidas a nosotros a través de Cristo sean aún más eminentemente destacables, el apóstol usa el término *pecado* para significar más que solo pecado original. El término abarca todos los tipos de vicios que fluyen del pecado original.

152   EL PECADO ORIGINAL, EL LIBRE ALBEDRÍO, Y LA LEY DE DIOS

§16: CÓMO ENTRA EL PECADO EN EL MUNDO

45. Ahora debemos ver por qué *hombre* Pablo dice que el pecado de este tipo entró en el mundo. Fue el primer Adán, el que fue, como se dice, un tipo de conjunto o masa en el cual toda la raza humana estaba contenida. Una vez que este conjunto fue contaminado, las personas no pueden nacer sin estar corrompidas y depravadas. E incluso cuando Eva cometió transgresión antes que el hombre, el comienzo del pecado se le atribuye a Adán, ya que trazamos el linaje a través de los hombres, no de las mujeres. Sin embargo, Ambrosio entendió que la frase significa *por una persona*, y que se refiere a Eva. Pero, ya que el adjetivo *un* es de género masculino y solo puede referir a un hombre, no es posible, a no ser que sea con gran dificultad y fuerza, que esta frase se refiera a una mujer.

Otros piensan que la palabra genérica *persona* se refiere a ambos Adán y Eva, por lo que esta forma de hablar no difiere mucho de la que aparece en el segundo capítulo de Génesis: "Y creó Dios al hombre a su imagen, a imagen de Dios lo creó; varón y hembra los creó" [Gn. 1:27]. No les molesta que se diga *al hombre*, pues la Escritura testifica que Adán y Eva era una sola carne [2:24]. La primera interpretación es más simple y sencilla, y es, por tanto, la que yo elijo.

Sin embargo, debemos recordar que Pablo le escribe a Timoteo que, aunque ambos de nuestros primeros padres pecaron, no hubo en los dos el mismo tipo de transgresión [1 Tim. 2:14]. Señala que Adán no fue engañado. Podemos entender esto de su respuesta a Dios cuando los estaba reprobando. Porque, cuando se le preguntó a la mujer por qué lo hizo, ella acusó a la serpiente, diciendo: "La serpiente me engañó" [Gn. 3:13]. Pero cuando se le preguntó lo mismo a Adán, él no dijo que fue engañado, sino que dice: "La mujer que me diste por compañera me dio del árbol, y yo comí" [Gn. 3:12]. Uno no debería asumir que esto significa que el hombre no recayó en ningún error cuando cometió la transgresión. Como se enseña claramente en la *Ética*, en todo tipo de pecado algún error ocurre.[1] El punto que Pablo hace es éste: el hombre no fue seducido por este engaño tan grosero, sino que la mujer. Pablo usa esto para sustentar su orden de que la mujer debe guardar silencio en la Iglesia, ya que ella tiene una disposición adecuada para ser engañada. Lo confirmó con el ejemplo de los primeros padres. Aquella que empujó al hombre a pecar no parece capaz de instruirlo adecuadamente. Y aquella que fue capaz de ser seducida por el diablo y engañada por la serpiente no es apta para conservar el grado de maestro en la Iglesia.

Sin embargo, el libro de Eclesiastés dice que el pecado comenzó con la mujer [Ecl. 25:33]. No podemos refutar esto si consideramos cómo se despliega la historia en Génesis. Pero Pablo, como ya hemos dicho, se atañe a la costumbre usual de la Escritura cuando les atribuye la propagación a los hombres, no a las mujeres. En el presente pasaje de Romanos su objetivo no era indicar quién pecó primero, Adán o Eva, sino mostrar la raíz a partir de la cual el pecado se expandió en el mundo. Y así también se resuelve esto que puede ser objetado por el libro de

---

[1] Aristóteles, *Ética a Nicómaco* 3.1.

Sabiduría, que por la envidia del diablo entró el pecado en el mundo [2:24]. Juan también escribió que el diablo pecó desde el comienzo [1 Juan 3:8]. En el pasaje de Pablo el asunto no es la imitación del pecado de otro o la persuasión a pecar. De otra manera, es cierto que el primer ejemplo de pecado vino del diablo. Él también fue el que persuadió y el autor de las transgresiones. Pero el objetivo del apóstol en el pasaje de Romanos es enseñar la fuente de la cual el pecado original fue traspasado por la propagación de la raza humana. El apóstol quiere poder demostrar, por la antítesis entre Cristo y el primer Adán, que el Señor no nos restauró ni nos hizo rectos solo poniendo ante nosotros un ejemplo al cual imitar, o al mostrarse a Sí mismo como una fiel guía moral, sino al cambiarnos por completo y restaurarnos a través del Espíritu y la gracia. Por esta razón, Agustín parece haber expresado correctamente el problema que trajo por Adán cuando dice que destruyó a la raza humana. Él usa esta palabra para indicar que nos infectó a todos nosotros con una especie de contagio.

46. Contra esta opinión, los pelagianos usualmente argumentan lo siguiente: Aquello que no existe no puede hacer daño. Es más, el pecado original, si es que lo hay, es limpiado por la fe en Cristo y por el bautismo, y ya no existe. Por lo tanto, no puede dañar a los niños que están bautizados.[2]

Pero su premisa de que el pecado original es limpiado de los creyentes y de los bautizados no es completamente cierta, viendo que en el caso de cualquier pecado debemos considerar dos cosas: la acción o afección depravada, que es como el material, y la ofensa u obligación de castigo, que ellos llaman

---

[2] Es decir, los padres no pueden propagar lo que se les ha quitado.

culpa. Pero el pecado original difiere de esos pecados que son llamados *actuales*, porque en ellos el material no persiste ni perdura. Cuando alguien comete adulterio o habla una blasfemia, aquellas acciones, una vez que se han completado, inmediatamente dejan de ser, y tampoco existen después. Solo la ofensa contra Dios y la culpa frente a Él permanecen.

Por tanto, ya que por la fe y el arrepentimiento, la obligación de castigo y la ofensa contra Dios es remitida, concedemos con facilidad que todo el pecado es limpiado. Pero en el caso del pecado original hay otra disposición, porque su material no se extingue. Cada uno de nosotros tenemos en nosotros mismos un sentido de que una naturaleza corrupta permanece, ya que seguimos apresurándonos al pecado. Aún más, somos incompetentes cuando se trata de las cosas divinas, tanto en la mente como en el cuerpo, aunque éstos son pecados que no se les imputan a los fieles. Nuestra culpa y ofensa en contra de Dios son perdonadas en el bautismo por fe en Cristo, pero el material del pecado permanece.

Aunque en la gente piadosa es débil y quebrado, aún no alcanzaremos la limpieza perfecta hasta que muramos. Y ya que los regenerados procrean, y esto no por lo cual son renovados, sino por la naturaleza y la carne, resulta que sus hijos nacen sujetos al pecado original. Una naturaleza pecaminosa y corrupta derramada sobre ellos, así como en los padres, mientras que por el otro lado el perdón o imputación, que se recibe por fe, no puede extenderse a ellos.

Para explicar esto, Agustín usa un símil de dos caras: los granos de cereal, que se siembran despojados de sus hojas, paja y espigas, vuelven a nacer con todas esas cosas. Esto sucede porque la depuración tiene lugar no por naturaleza, sino por el ingenio y la industria humanos. Y ya que brota el nuevo tallo, no del ingenio ni de la industria iniciales, sino de la naturaleza, debe pasar que las cosas que llegan a ser se siguen no del modo de industria humana, sino de la naturaleza misma. El segundo símil concierne al hombre circuncidado, que, no obstante, procrea un hijo con prepucio. La circuncisión no estaba en el padre por naturaleza, sino que fue aplicada por fuerza desde el exterior.

Ya que los hijos no son procreados por esa fuerza externa sino por la fuerza interna de la naturaleza, ellos siguen el orden de la naturaleza cuando llegan a ser. Producimos hijos tal como nosotros mismos somos. Por esto, viendo que tenemos en nosotros un contagio original, ellos no pueden no tenerlo también. Es más, no somos capaces de comunicar la remisión y perdón de ese pecado a nuestros hijos, sino que debemos esperar esto solo de Dios. Vemos lo mismo en el caso de las ciencias y las virtudes: aunque éstas se encuentran en los padres, no se pasan a la descendencia.

A partir de estos ejemplos podemos ver con suficiencia en dónde son engañados los pelagianos. Tampoco nadie puede lanzar correctamente aspersiones sobre nosotros en este sentido, como si menospreciáramos la fe o el bautismo. Porque concedemos con todo el corazón que el bautismo sella en nosotros la remisión de la culpa y la ofensa, la gracia, el Espíritu, el ser injertados en Cristo, y la vida recta y eterna. Sin embargo, no se sigue que por éste nuestra corrupción natural o la llama del pecado se extinga. Al respecto, Pablo dice correctamente: "Porque en esperanza fuimos salvos" [Rom. 8:24]. Es asombroso cómo los pelagianos niegan que haya pecado original en los niños pequeños, puesto que cada día vemos que ellos mueren. La Escritura claramente enseña que "la paga del pecado es muerte" [Rom. 6:23].

Por lo tanto, debemos quitar necesariamente la posibilidad de muerte de quien sea el que remueva el pecado. La Escritura testifica que estas cosas se encuentran en una relación de causa y efecto. La única excepción es Cristo, quien, aunque no conoció pecado, murió en nuestro lugar. Pero la muerte en Él no se mantuvo. Él voluntariamente la soportó por nuestra salvación. Pero afirmar que algunos mueren sin pecado equivale a unir cosas que son repugnantes y contrarias. Además de este pasaje, hay muchos otros que pueden probar que los bebés tienen pecado. David dice: "He aquí, en maldad he sido formado, y en pecado me concibió mi madre" [Salmos 51:5]. Y Pablo en Efesios nos llama "por naturaleza hijos de ira" [2:3]. Y en Génesis está escrito que "el intento del corazón del hombre es malo desde su juventud" [Gn. 8: 21]. Otros pasajes, además de los ya citados, sustentan esta doctrina.

§17: CÓMO SE PROPAGA EL PECADO

47. He explicado a qué se refiere el apóstol con pecado, y he identificado a partir de qué hombre entró al mundo; queda aún por ver cómo éste se propagó. El asunto es obscuro y muy difícil, por lo que he decidido ocupar menos tiempo en él. Puesto que la Palabra de Dios enseña de manera clara que el pecado original existe y es transmitido a la posteridad, debemos ajustarnos a la verdad, aunque no entendamos el modo por el cual se propaga. Sin embargo, no debemos irritarnos demasiado en disputar sobre el modo en que ocurre, puesto que es difícil de comprender y no nos causa ningún problema si es que no lo sabemos. Pero tampoco causará daño ensayar estos modos que he observado entre los escritores eclesiásticos.

Encuentro entre ellos dos opiniones. La primera opinión es que recibimos nuestras almas de nuestros padres junto con nuestros cuerpos, por lo que, así como Dios moldea el cuerpo a través de la simiente humana, Él crea de la misma el alma. Agustín se refiere a esta opinión en *Genesis ad literam* 10, y en muchos otros lugares, y en ningún momento expresa su desaprobación por ella, por lo que recuerdo. Más bien, él dice que por medio de esta opinión se puede desatar el nudo concerniente al pecado original. Tertuliano y muchos escritores antiguos favorecieron esta opinión. Juzgo sus argumentos como probables, mas no necesarios.

Lo que ellos aducen de Génesis 46 [v. 26] acerca de las sesenta y seis almas producidas de los lomos de Jacob puede explicarse adecuadamente como una sinécdoque, por lo cual, por alma, que es la parte superior de una persona, se quiere decir cuerpo, el que nadie duda se produce de la semilla de los padres. Por alma podemos también entender las partes más bajas del alma, como son las partes vegetativas y sensitivas, las que nadie duda son procreadas a partir de la semilla. Aún más, Cristo testifica en el Evangelio que en algunas ocasiones la Escritura usa 'alma' en este sentido, como cuando dice: "Porque ¿qué aprovechará al hombre, si ganare todo el mundo, y perdiere su alma?" [Mateo 16:26].

El segundo sentido, como Agustín escribe en el libro diez sobre el Génesis, es éste: En la creación de la mujer no leemos que Dios sople en ella un alma viviente. De esto ellos entienden que ella no solo tomó de Adán su cuerpo, sino también su alma. Agustín considera que éste es un razonamiento débil. Uno puede replicar que ya se había dicho que Dios sopló en Adán, por lo que no había necesidad de repetirlo. Si un nuevo modo de procreación se ha introducido, la Escritura no la hubiese pasado por alto en silencio. Y puesto que la Escritura no menciona un nuevo modo, debemos usar aquello que ya se ha expresado antes, especialmente porque vemos que Adán dijo sobre su propia esposa: "Esto es ahora hueso de mis huesos y carne de mi carne" [Gn. 2:23]. No añadió que ella era "alma de mi alma", lo que hubiese sido una adición especialmente atractiva y hubiese servido de buena manera para expresar la unión del matrimonio.

Pero Agustín admite que esto no resuelve la cuestión. Si establecemos que las almas son creadas cada día, y que son creadas de tal manera que no hay una *estructura seminal* pre-existente (como Agustín mismo lo denomina) en los cuerpos, entonces parecerá que Dios no ha cesado por completo su labor en el séptimo día, ya que continúa diariamente creando almas de la nada.[1] Pero quizá podamos responder a este argumento que es suficiente con que en el cuerpo que es pasado de los padres se hallen las cualidades y condiciones que hacen posible recibir un alma racional, y que esto sería la estructura seminal.

48. Como sea que tomemos estos argumentos y respuestas, podemos decir con seguridad que Agustín se inclina a pensar que al menos el alma de Cristo no provino de la bendita virgen a través de la propagación. Él dice que otros antes de él sostuvieron la misma opinión y sostuvieron que podía probarse por la declaración de Hebreos: "Si, pues, la perfección fuera por el sacerdocio levítico (porque bajo él recibió el pueblo la ley), ¿qué necesidad habría aún de que se levantase otro sacerdote, según el orden de Melquisedec, y que no fuese llamado según el orden de Aarón?" [Heb. 7:11]. Es más, el sacerdocio de Melquisedec fue más grande que el de Aarón porque Leví dio diezmos a Melquisedec. El que fue hecho para pagar diezmos a Melquisedec fue de los lomos de Abraham. Pero Cristo también sería de los lomos de Abraham no menos que Leví, si hubiese recibido su alma y cuerpo de éste. Y así, al respecto, debieron tener una dignidad equivalente el uno del otro, dado que pagaron diezmos a Melquisedec.

En este punto, aquellos que favorecen estas ideas podrían responder que hay algunas otras diferencias entre Cristo y Leví, puesto que, aunque ambos eran de los lomos de Abraham, de cuerpo y alma, no derivan su naturaleza de él de la misma

---

[1] Por *estructura seminal* Agustín se refiere a las semillas necesarias para la existencia de todo. Según este argumento, Dios las creó durante la creación original, y de ellas derivan todas las cosas que llegan a existir, liberando a Dios de la necesidad de crear cosas nuevas de la nada.

manera. Cristo nació de la virgen María por intervención del Espíritu Santo, pero Leví fue engendrado y nació de la manera común por la que las personas se propagan.

Por lo tanto, Agustín rechaza este pasaje como prueba y aduce otra prueba del libro de Sabiduría [8:19], en donde, como él lo entiende, debemos imaginar que es Cristo el que habla: "Me cupo en suerte un alma buena."[2] Él piensa que esta frase no se puede sostener si el alma de Cristo se derivó por medio de la propagación por la ley de la naturaleza a través de los ancestros, a menos que estemos dispuestos a afirmar que la naturaleza actúa por azar. Y él piensa que este término *en suerte* se aplica al alma de Cristo para que podamos entender que aquellos ornamentos, con los cuales su alma es abastecida abundantemente, no fueron otorgados por ningún mérito pre-existente, sino por la pura misericordia de Dios; y que éste fue el ornamento último de Cristo, estar unido a la misma hipóstasis y persona con el Verbo de Dios. Pero ya que no tomó este testimonio de alguno de los libros canónicos, éste tiene muy poca fuerza.

Por último, deja en el aire la cuestión de la transmisión de las almas, como si cualquiera de las partes fuera probable. Y aquellos que se oponen a esto citan el salmo 33 [v. 15]: "Él formó el corazón de todos ellos." Dice que éste es también un pasaje de prueba débil, puesto que aquellos que aseveran que las almas son transmitidas así, están de acuerdo con que Dios es el creador, aunque consideran que actúa a través de los medios de propagación. Leemos en el libro de Génesis que las aves no fueron creadas de la nada, sino que brotaron de las aguas por orden de Dios. Y cada uno de nosotros se dice que volverá al

---

[2] Agustín, De peccatorum meritis et remissione 1.38 (Sobre los méritos, NPNF, 5:29).

polvo de la tierra de la cual provino, aunque no derivemos directamente de la tierra, sino de los cuerpos de nuestros padres.

49. No se puede refutar ni revocar esta opinión por las Escrituras, aunque sé que es la opinión recibida de la Iglesia que las almas son infundidas en la creación, y al ser infundidas son creadas. Tampoco he relatado estas cosas porque quiera en lo absoluto alterar esta doctrina, sino solo para que pueda entenderse qué modo de propagación del pecado original parecía el más sencillo para los escritores eclesiásticos. Ciertamente, los escolásticos, cuando refutan esta opinión, solo utilizan razonamientos naturales. Dicen que el alma, racional por naturaleza, no puede dividirse, viendo que es completamente espiritual e individual, aunque si se deriva de los padres sería divisible. Y ya que, desde su perspectiva, es inteligible y demasiado digna para ser derivada de lo que la materia ofrece, argumentan que debe llegar a ser por creación, no generación.

Agustín menciona otra manera por la que el pecado pudo propagarse, en su libro *El matrimonio y la concupiscencia*, y en muchos otros lugares, en los que debate a los pelagianos acerca de este tipo de pecado.[3] El pecado fluye a la descendencia, dice, a través del placer que los padres tienen en la relación sexual. Pero esta forma de propagación se sustenta en un fundamento sospechoso, y que, a mi juicio, no es cierto.

El placer que se experimenta en la procreación no es en sí mismo malvado, a menos que contenga un deseo pecaminoso. Si la acción misma tuviera en sí el pecado necesariamente, entonces el Espíritu Santo no exhortaría a nadie a éste. Pero lo hace, cuando anima al matrimonio, y cuando a través de Pablo

---

[3] Agustín, De nuptiis et concupiscentia 1.27 (El matrimonio y la concupiscencia, NPNF, 5:274-75).

aconseja a los cónyuges a intercambiar los sentimientos mutuos de amor el uno por el otro. Pero si estamos de acuerdo y aceptamos que las relaciones sexuales contienen un grado de pecado, se seguiría que solo este tipo de deseo fluye a la descendencia. Pero la mancha del pecado original se encuentra no solo en nuestros deseos sexuales, sino en los deseos de otro tipo, como el de riqueza, prestigio y venganza, así como en la corrupción completa de nuestra naturaleza.

La tercera explicación de la propagación del pecado es que Dios crea el alma con una falta de este tipo, o defecto, puesto que será el alma de una persona que ya ha sido condenada y se encuentra bajo maldición. Dios crea el tipo de alma, dicen, que se requiere para tal persona, así como vemos que para el cuerpo de un perro entrega un espíritu animado canino, y un espíritu animado de asno para un asno. Pero esta opinión parece la más dura, decir que Dios contamina un alma con pecado que aún no se relaciona con Adán, en especial ya que no pueden decir que este tipo de pecado es el castigo por el pecado de otro que lo precedió. Por lo tanto, esta fantasía es usualmente rechazada, a menos que hagamos a Dios directamente el autor del pecado.

Una cuarta explicación es apoyada por una mayoría y parece con seguridad ser cierta. Dice que el alma no es creada con pecado, sino que lo contrae inmediatamente cuando entra en contacto con el cuerpo que desciende de Adán. Porque, viendo que le falta la gracia y la fuerza con la cual el alma del primer humano fue dotada, y ha obtenido un cuerpo sujeto a maldición, y tiene instrumentos inadecuados e inapropiados para las labores espirituales, entonces, aunque debería gobernar sobre el cuerpo, es molestada y cargada por él, y atraída a los deseos que son propios del cuerpo. Se ve obstaculizado por ambos lados, tanto por la impureza del cuerpo como por su propia debilidad, privado, como está, de aquellos poderes por los cuales podría superar la naturaleza. De estas dos fuentes fluye la corrupción y la depravación de toda la naturaleza.

He dicho tanto como pienso que es suficiente para este presente propósito, cómo el apóstol entiende la palabra *pecado*, a través de quién se dice que fluyó a la raza humana, y qué teólogos han enseñado tradicionalmente acerca de su modo de transmisión.

50. Pero Agustín argumenta con fuerza en contra de los errores de los pelagianos en su libro *Sobre los méritos*, en donde muestra que el cuerpo del primer hombre no estaba sujeto por necesidad a la muerte, aunque era mortal, porque si pecaba debía morir.[4] Esto no significa que él piense que es correcto decir: "Éste es mortal: por tanto, de seguro morirá." Podría conceder que nuestra carne pueda ser herida, e incluso así es posible que no reciba una herida; asimismo, el cuerpo de los seres humanos es, uno podría decir, capaz de enfermedad, aunque vemos que algunas veces la gente muere antes de enfermarse.

Por lo tanto, él dice que el estado del cuerpo de Adán era tal que, aunque podía morir, esto es cierto solo si el pecado intervenía, de otra manera él podría haber sido preservado por Dios, así como las ropas y calzados de los hebreos en el desierto, por el poder de Dios, no se desgastaron ni arruinaron por cuarenta años, como leemos en Deuteronomio 19. Y él piensa que, refiriendo a su condición, Enoc y Elías ahora están en ese estado en el que estaba el cuerpo de Adán, puesto que no sufrieron la muerte. Y piensa que o son sostenidos sin comida o disfrutan el alimento preparado para ellos por Dios.

---

[4] Agustín, *De peccatorum meritis et remissione* 2.35 (*Sobre los méritos*, NPNF, 5:58).

Es más, el primer hombre tenía comida por la cual era alimentado y comía otros frutos para no desfallecer. Pero comía del árbol de la vida como un remedio contra el envejecimiento. Este árbol le proveía de una re-provisión de lo gastado que no poseía menos beneficio y plenitud de lo que se perdía. Es más, vemos que no sucede lo mismo en nosotros, por lo que luchamos contra la edad y finalmente la muerte toma control sobre nosotros.

En Adán, por tanto, había una condición de mortalidad, pero una que iba a ser absorbida por la bondad de Dios cuando —en el tiempo preciso— él fuera trasladado a la felicidad última.[5] Comenzando de esta premisa, Agustín determinó que no somos capaces de comprender la grandeza de la bendición de Cristo, ya que Él restauró para nosotros más de lo que Adán nos quitó. Por medio de Cristo, no solo nos fue restaurada la vida y fue repelida la muerte, sino que la mortalidad también fue removida en la resurrección.

No podremos morir, como Pablo enseña cuando escribe que este ser mortal se vestirá de inmortalidad [1 Cor. 15:54]. Parece estar enseñando esta misma idea a los romanos, cuando dice: "Pero si Cristo está en vosotros, el cuerpo en verdad está muerto a causa del pecado" [8:10]. Aquí él no dice que nuestro cuerpo por el pecado es moral, sino que está muerto, esto es, bajo el control de la muerte. Y luego añade: "El que levantó de los muertos a Cristo Jesús vivificará también vuestros cuerpos mortales por su Espíritu que mora en vosotros" [v. 11]. Dice esto respecto a la resurrección, cuando nuestros cuerpos, que él llama mortales, no muertos, deban volver a la vida, de tal manera que se entienda que, no solo la muerte es removida de ellos, sino que también ya no serán mortales. Sobre lo que los

---

[5] Es decir, si no hubiera pecado. Véase Agustín, *De peccatorum meritis et remissione* 1.2 (*Sobre los méritos*, NPNF, 5:15).

pelagianos piensan, que la muerte debe tomarse de manera alegórica por la caída de las almas, no puede permitirse, ya que en Romanos 5 está escrito: "El pecado entró en el mundo por un hombre, y por el pecado la muerte" [v. 11].

Pero si la muerte introducida por Adán era solo la de las almas, ¿por qué Pablo expresó su punto con esta doble cara, no solo diciendo *pecado*, sino también añadiendo *muerte*? Además, el testimonio del Génesis de manera clara los refuta, en tanto el castigo del hombre es descrito así: "Con el sudor de tu rostro comerás el pan hasta que vuelvas a la tierra, porque de ella fuiste tomado; pues polvo eres, y al polvo volverás" [Gn. 3:19]. Sea que lo quieran o no, están forzados a concluir que esto tiene que ver con la muerte del cuerpo, a menos que se atrevan a decir que nuestras almas son moldeadas de la tierra y también son disueltas en la tierra. Y su punto de contención, a saber, que tenemos un cuerpo fusionado por la naturaleza a partir de los opuestos, es de poca importancia, ya que su preservación depende, no de la naturaleza, sino de Dios, como lo muestra la Escritura que sucedió en el caso de las ropas y calzados de los hebreos [Deu. 19:5].

51. Lo que quiere decir cuando usa la palabra *muerte* puede entenderse mejor a partir de su antítesis, la *vida*. Esta vida es de dos tipos: una, por la cual somos movidos a las buenas cosas espirituales, divinas y celestiales, solo sucede si estamos unidos con Dios. A menos que seamos guiados por el espíritu, no somos capaces de aspirar a esas cosas que superan nuestra naturaleza. El otro tipo es una vida por la cual somos movidos a seguir aquellas cosas buenas que tienen que ver con la preservación de nuestra naturaleza y la mantención de nuestro estado corporal.

168 EL PECADO ORIGINAL, EL LIBRE ALBEDRÍO, Y LA LEY DE DIOS

Cada una de estas dos vidas fue quitada por la muerte, que ha sido impuesta por causa del pecado. La muerte, es evidente, no es nada más que la privación de la vida. Tan pronto como el hombre pecó, se alejó de Dios. El hombre perdió su gracia y fue despojado de Su favor, de tal manera que no era capaz de aspirar al gozo eterno. El pecado también removió la vida corporal, puesto que inmediatamente después de que el pecado entró, los comienzos de la muerte y sus cómplices invadieron al hombre, entre los que se encuentran el hambre, la sed, la enfermedad, los desajustes físicos y la falla orgánica, y la lenta decadencia diaria. Todo esto lleva a una persona a la muerte.

Y Crisóstomo, ocupándose extensivamente de este asunto en sus reflexiones sobre Génesis, dice que el hombre y la mujer estaban muertos inmediatamente luego de pecar.[6] El Señor pronunció la sentencia de muerte contra ellos al instante. Y justo como aquellos que han recibido una sentencia capital por un tiempo siguen vivos en prisión, aunque son contados por muertos, así también los primeros padres, aunque por la bondad de Dios continuaron viviendo por un tiempo, en la realidad estaban muertos inmediatamente luego de que sus sentencias fueron pronunciadas. Ambrosio dice que fueron repentinamente vencidos por la muerte porque en definitiva no tuvieron día, hora, o momento en el cual no estuvieran sujetos a ella.[7] Tampoco hay mortal alguno que pueda prometerse a sí mismo que vivirá una hora más.

A partir de estas cosas, es evidente que ambas muertes son traídas por el pecado. Por esta razón, debemos estar en guardia para no concordar con aquellos que a menudo dicen que la muerte es natural al hombre, como si fuera algún descanso que

---

[6] Crisóstomo, *Homilia in Genesim* 17.42 (Homilías sobre el Génesis 1-17, 245).

[7] Tal vez una referencia a *De paradiso* 43 (*Sobre el paraíso*, 321).

interrumpe la actividad de la vida. Las opiniones de este tipo deben ser dejadas a las razas que no han sido salvas; todos los píos creen que en la muerte experimentamos la ira de Dios. Por lo tanto, por su propia naturaleza la muerte inflige dolor y temor. Cristo mismo dice esto mismo orando en el huerto, como también muchas otras personas santas.

Pero si algunos encuentran que es dulce y deseable morir, y ser liberado de la vida, tienen otras razones que no están relacionadas con la naturaleza de la muerte. Y Pablo dice a los corintios que la muerte es el aguijón del pecado [1 Cor. 15:56]. Porque, la muerte no podía de otra manera tener poder sobre nosotros a menos que nos consuma a través del pecado. Por lo tanto, aquellos que proclaman que el pecado original es solo alguna debilidad que no puede traer condenación a una persona no entienden la naturaleza del pecado ni esta enseñanza de los apóstoles que tenemos frente a nosotros.

Además, si la muerte fluye del pecado, todos los pecados por su propia naturaleza deben llamarse mortales. El hecho de que Dios no nos impute algunos pecados no se deriva de la ligereza de los pecados, sino de su misericordia. No puede haber pecado suficientemente ligero para no merecer la destrucción, a menos que la misericordia misma de Dios se interponga. Con todo, no podemos estar de acuerdo con los estoicos cuando dicen que todos los pecados son iguales, ya que sabemos que Pablo describe algunos de nuestros pecados como que son tan graves que excluyen a las personas del Reino de los Cielos. Sobre la esterilidad, el hambre, la sed, los diluvios, la plaga, y las causas de tales calamidades, véanse 1 Reyes 8:37 y Génesis 26:7.

§18: LAS CRIATURAS Y LA CAÍDA

52. Pero todas las criaturas aguardan nuestra revelación, puesto que en el intertanto cada criatura está sujeta a vanidad. Este pasaje de Pablo es difícil, pero pienso que su sentido está suficientemente claro, a saber, que cada criatura vive en un doloroso estado y se va agotando por el peso de las aflicciones hasta nuestra redención total. Por causa de nosotros, la tierra está sujeta a una maldición, produciendo cardos y espinos, y nuestro sustento requiere un ciclo de sangre y decadencia. Es obligación soportar daño y devastación por causa de nuestros pecados.

El aire está lleno de enfermedad, vacilando entre extremos de calor y frío, algunas veces oscurecido con nubes y lluvias. Las criaturas vivientes de todos los tipos están propagadas y mueren por nuestro beneficio. Los cuerpos celestes son constantemente estimulados; mueren, emergen, sufren eclipses. La luna crece y mengua. En la muerte de Cristo, la luz del sol fue bloqueada; y cuando venga de nuevo a juzgar, como dicen los evangelistas, los poderes de los cielos se verán consternados.

Más aún, toda la creación está obligada a servir a los impíos y se sujeta a sus abusos. Oseas enseña esto en el segundo capítulo, al decir que los israelitas le atribuían las bendiciones de este mundo, en las cuales abundaban, no al Dios verdadero, como era correcto hacer, sino a Baal. Ellos le daban gracias y lo invocaban solo a él. Por lo tanto, Dios dijo en su ira: "Yo volveré y tomaré mi trigo a su tiempo, y mi vino a su sazón, y quitaré mi lana y mi lino que había dado para cubrir su desnudez" [Oseas 2:9]. Con estas palabras el profeta muestra que cuando las cosas creadas son quitadas de los impíos, éstas son liberadas y ya no están obligadas a estar bajo servidumbre a ellos.

Agustín en el libro 83 de *Cuestiones*, cuestión 67, interpreta el pasaje de Pablo de manera diferente. Por la frase *toda la creación* él entiende seres humanos, un sentido que también encontramos en el Evangelio. Cristo dice esto: "Predicad el evangelio a toda criatura" (Marcos 16:15). De esta manera, desde su punto de vista la aplicación de la frase a los seres humanos es por cierto adecuada puesto que la humanidad es un tipo de microcosmos del todo. Sin embargo, él admite que el pasaje podría interpretarse de otras maneras. Pero advierte contra la idea absurda de que el sol, la luna y las estrellas, y los ángeles celestiales, en realidad giman, como algunos no tienen vergüenza de imaginar. Está de acuerdo con que los santos ángeles nos sirven por orden de Dios, pero ya que son benditos y ven el rostro del Padre, no puede ser que giman y se duelan por nuestra causa, a menos que por alguna posibilidad se encuentren en un peor estado que el de Lázaro en el seno de Abraham.

Debemos añadir a esto el hecho de que Pablo dice que toda criatura está sujeta a vanidad, y no solo gime y se duele, sino que también debe ser liberada de la servidumbre corrupta. Nada de esto puede aplicarse a la naturaleza de los ángeles. Pero, dice Agustín, no debemos aseverar nada apresuradamente. Es suficiente con que nos cuidemos de las opiniones absurdas e insensatas de los herejes, quienes han proferido muchas cosas falsas sobre el lamento y gemido de las criaturas. Él está aludiendo, entre otros, a los maniqueos.

53. Al hablar sobre la opinión de Agustín de que por la frase *toda la creación* debemos entender *hombres*, noto que toda la humanidad debería dividirse en dos partes: algunos hombres son píos, otros impíos. Luego debemos preguntar cuál de éstos aguarda con deseo ferviente la revelación o manifestación de los hijos de Dios. Creo que esto no aplica a los impíos, pues ellos no consideran de ninguna importancia lo que vaya a pasar en el tiempo futuro. Por lo tanto, solo quedan los píos, y como tales, incontrovertiblemente debemos llamarlos hijos de Dios. Se sigue, entonces, que solo ellos son hijos de Dios que aguardan la revelación de los hijos de Dios. Así, será lo mismo aquellos que desean y aquellos que son deseados.

Aún más, parece que esto no escapó a Agustín, porque dice que los hijos de Dios, viendo que ahora están cargados por muchos problemas, desean un mejor estado que esperan sea revelado en algún punto. Es verdad, a menudo sucede que aquellos que están en una situación complicada y difícil desean con fuerza alcanzar eventualmente una suerte más pacífica. Pero si consideramos aquellas cosas que Pablo añade luego, "y no solo ella, sino que también nosotros mismos, que tenemos las primicias del Espíritu…", veremos que los piadosos son puestos en una posición distinta, y que aquellos dotados con el espíritu de Dios son separados del grupo de las demás criaturas. Esto es lo que la frase *no solo* implica.

Sin embargo, sé que hay algunos que, por aquellos que se dice que son las primicias del Espíritu no entienden a todos los cristianos universalmente, sino solo a aquellos que en ese punto del tiempo abundaban con gran provisión del Espíritu, como eran los apóstoles, esto es, Pablo mismo, y unos pocos otros dotados con el espíritu apostólico. Es como si se dijera: "La revelación de la gloria de los hijos de Dios es esperada no solo por todos los píos, sino también por nosotros dotados con el abundante espíritu de Cristo," con lo cual se refuerza y amplifica el argumento según el juicio de los mejores hombres y más sabios. Pero el apóstol no parece hacer esa distinción en el presente pasaje. Previamente, proclamó de manera universal que nosotros los que somos de Cristo tenemos Su Espíritu habitando en nosotros. Tampoco quiere establecer una distinción entre los cristianos comunes y los apóstoles al mencionar las primicias del Espíritu. En cambio, llama las primicias del Espíritu *este Espíritu que ahora tenemos*, pues en la vida futura tendremos sus frutos completos y una cosecha abundante. Y Ambrosio, al interpretar este pasaje, añade inmediatamente: "Luego de hablar sobre las criaturas como un todo, él ahora habla sobre los hombres mismos."

Además, los argumentos por los cuales Agustín fue guiado a abandonar la interpretación común del pasaje, no son suficientemente pesados y sólidos para atribuirles mucho. Cuando Pablo menciona a las cosas inanimadas deseando nuestra salvación, por lo que gimen y son cargadas, se refiere a ello como una personificación. Pensar de otra manera es replicar la necedad de los herejes y creer cosas absurdas acerca del sol, la luna y las estrellas. En este punto, estamos en duda sobre dos figuras: Agustín entendió toda la creación en el sentido de la humanidad; pero pensamos que es solo una personificación. La controversia aquí estriba en qué figura debemos aplicar. Creo que debemos tomar aquella que esté más en acuerdo con las palabras del apóstol y haga el argumento más sólido y fuerte. Dado que nuestra interpretación hace ambas cosas, creo que debe aplicarse.

Primero, el apóstol añadió, como hemos señalado, "no solo ella, sino que también nosotros mismos, que tenemos las primicias del Espíritu..." Estas palabras indican de manera suficiente que se refiere previamente a las otras criaturas, y no a las personas. En segundo lugar, esta explicación sirve bien para aumentar nuestra redención, la cual aguardamos, si es que entendemos que ésta es esperada por todo tipo de criaturas.

54. Esta exposición del trabajo de Pablo se enfrenta a un obstáculo cuando tocamos el asunto de los ángeles. Me parecería que estarían en un estado miserable si por causa nuestra gimieran o sintieran el aguijón del dolor. Debemos pensar que ellos son benditos y santos.

Sin embargo, su felicidad no es tal que se encuentran despojados por completo de cualquier tipo de emoción. Pedro, en su primera epístola, en el primer capítulo, dice que ellos "anhelan mirar las cosas que ahora os son anunciadas por los que os han predicado el evangelio" [v. 12]. Rechazamos la traducción "por quienes anhelan mirar", y preferimos "las cuales anhelan mirar". En otras palabras, están sujetados a un deseo de ver aquellas promesas cumplidas. En Zacarías leemos que ellos, como una tropa de caballos alazanes entre los mirtos, pidieron con gran emoción que la santa ciudad fuese reconstruida [Zac. 1:12]. Paso por alto el hecho de que leemos en los Evangelios que se dice de ellos que experimentan gran alegría cuando ven que pecadores se vuelven al arrepentimiento [Lucas 15:10].

Por esta razón, estamos compelidos a argumentar justo lo contrario, es decir, que ellos sienten gran preocupación por la rebelión y tozudez de los impíos. Nadie duda de que las almas de los santos que ya han muertos han sido envestidas de la mayor felicidad. Es más, en el Apocalipsis ellos claman y ruegan a Dios para que vengue la sangre que ha sido derramada, y con gran sentimiento piden que sus vestiduras, que ahora están corruptas, les sean restauradas en algún momento [6:10]. De esta manera, debemos atribuirles felicidad tanto a los ángeles como a las benditas almas, la cual no excluye este tipo de emociones que las Escrituras indican que poseen. Esto debería parecer menos sorprendente dado que leemos en las Escrituras que Dios mismo, la fuente y origen de toda felicidad, siente arrepentimiento, cambia de opinión, y experimenta muchas otras emociones que no parecieran apropiadas a su naturaleza divina. No es nuestra intención explicar cómo debemos entender estas cosas, ni tampoco necesitamos hacerlo aquí. Será suficiente con decir brevemente que los ángeles pueden experimentar tales emociones, como lo menciona Pablo en este pasaje. Pero incluso si no podemos entender cómo éstas no impiden la felicidad, no hay razón para negar que pueda suceder. Esto solo se nos aclarará cuando alcancemos la misma felicidad. Mientras, pongamos nuestra confianza en las Sagradas Escrituras, las cuales dan testimonio de que los santos ángeles son agobiados por emociones de este tipo.

55. Pero ¿cómo entendemos que estén sujetos a vanidad? La respuesta es sencilla: no conforme a la substancia de su naturaleza, como dicen, sino en tanto se relaciona con aquellas obras que Dios decretó que cumplieran. Ellos presiden estados, reinos y provincias, como Daniel escribe tan elocuentemente [10:13]. Sí, están presentes para cada individuo. Porque, como dijo Cristo: "sus ángeles en los cielos ven siempre el rostro de mi Padre que está en los cielos" [Mateo 18:10]. Y los discípulos, en Hechos de los apóstoles, cuando alguien golpeó a la puerta: "¡Es su ángel!" [Hch. 12:15]. Algunos interpretan esto como que éste es el mensajero de Pedro. Y en Génesis 48 [v. 16]: "el Ángel que me liberta de todo mal." Esto prueba que los ángeles, por orden de Dios, sirven incluso privadamente a los individuos.

Sin embargo, si deseamos preguntar con qué fin los ángeles gobiernan reyes, provincias, ciudades e individuos, y a qué se refieren con tan gran cuidado y diligencia, encontraremos nada más que el que ellos están ocupados asegurándose de que todos los hombres obedezcan a Dios su rey, y de que lo reconozcan y lo adoren, reverenciándolo como su único Dios. Ya que los ángeles fallan en esto y muchos hombres se entregan a superstición e idolatría, abandonando la verdadera adoración a Dios, y se profanan a sí mismos con muchos actos vergonzosos, podemos decir que los esfuerzos de los ángeles fallan en su propio propósito, al menos en su propósito secundario, y así ellos se sujetan, de alguna manera, a vanidad. Esto dejará de ser así cuando sean dados de baja de su labor de vigilancia.

Pero ahora se debe notar cómo los ángeles son liberados de la esclavitud a la corrupción en ese tiempo. Podemos responder a esto a partir de su naturaleza o, como dicen, de su substancia. Su naturaleza, o substancia, como algunos la llaman, es incorruptible e inmortal, y, sin embargo, se involucran constantemente con las cosas mortales y caídas. Ellos constantemente reparan y sostienen estas cosas, o, de acuerdo con el precepto divino, se aseguran de que sean quitadas y destruidas. En segundo lugar, el regalo de Cristo pertenece también a los ángeles, como Pablo enseña en sus cartas a los efesios y a los colosenses.

En Efesios 1 [v. 10] dice: "de reunir todas las cosas en Cristo, en la dispensación del cumplimiento de los tiempos, así las que están en los cielos, como las que están en la tierra." Y en Colosenses 1 [v. 20]: "Y por medio de él reconciliar consigo todas las cosas, así las que están en la tierra como las que están en los cielos, haciendo la paz mediante la sangre de su cruz."

Crisóstomo, interpretando esto, dice que sin Cristo los ángeles serían hostiles a nosotros, en tanto estas dos naturalezas, la de ángeles y la de seres humanos, estaban separadas y alienadas una de la otra, porque los espíritus celestiales no podían sino odiar a los enemigos de su Dios. Pero, ya que Cristo mismo se interpuso, ahora los seres humanos han sido traídos de vuelta al redil para que tengan la misma cabeza que los ángeles, y han sido hechos miembros del mismo cuerpo con Él. Por tanto, se dice correctamente de Cristo que es a través de quien se hace efectiva nuestra reunión[8].

Además, es posible que los ángeles reciban otros beneficios por medio de la muerte de Cristo, los cuales las Escrituras no nos hayan revelado y que no tengamos manera de conocer. Por tanto, decimos que con gran importancia y vehemencia Pablo les atribuye emociones y sentido a todas las criaturas, como si se sintieran afligidos de que sean tan expuestos a los abusos de la gente impía. El caos de cosas en el estado presente es obvio. Los píos sufren y en todos lados son tratados de mala manera. Mientras, los impíos viven en afluencia y se salen con la suya. En este estado de agitación, los santos deben estar aguardando valiente y pacientemente la revocación de esta situación.

Epicúreos y ateos, cuando ven que todas las cosas sucumben hacia tal confusión, de inmediato razonan que Dios no está preocupado con los mortales, viendo que no es movido ni a favor ni en contra, y no hace ni bien ni mal a nadie. Los santos, en contraste, se confirman a sí mismos que el futuro será distinto, ya que Dios conduce y gobierna todas las cosas por su providencia. Ellos creen también que el mundo debe ser corregido y mejorado, según como fue creado para la gloria de

---

[8] Literalmente, nuestra recapitulación, es decir, la reunión de hombres y ángeles bajo una sola cabeza.

Dios, y debe ser transformado a esa forma por la cual Dios sea más y más glorificado. Y de aquí surge una gran consolación, que cuando vemos a todas las criaturas de Dios sujetas a tantas dificultades, nosotros, por su ejemplo también recibimos fortaleza para perseverar. Dado que el mundo entero está cargado por tantas calamidades, es adecuado que nosotros también toleremos serenamente las aflicciones que nos sobrevienen.

56. Además, podemos enumerar cuatro razones por las cuales pensamos que las criaturas se afligen y sufren.

La primera es que están fatigadas por el interminable trabajo que requiere satisfacer nuestras necesidades diarias. Por tanto, con frecuencia pagan el precio junto a nosotros por nuestro pecar grave y repetitivo, un hecho evidente en el caso del diluvio, en Sodoma, y en las plagas de Egipto. En adición a esto, existe un tipo de simpatía entre todas las criaturas y la humanidad, por la cual en la adversidad gimen y sufren con todos los seres humanos. Finalmente, experimentan gran dolor al ser forzadas a servir a los seres humanos, que son impuros y malvados. Oseas el profeta vio esto, como mostramos más arriba, cuando habló de parte de Dios: "Por tanto, yo volveré y tomaré mi trigo a su tiempo, y mi vino a su sazón, y quitaré mi lana y mi lino que había dado para cubrir su desnudez" [Oseas 2:8].

Ambrosio hace este mismo caso en varios lugares. En la *Carta a Horontianus*,[9] al tratar con este pasaje de Pablo, muestra por inducción que "cada criatura gime y aguarda la revelación de los hijos de Dios." Él comienza con el alma, la cual dice que no puede evitar ser afligida y angustiarse, ya que

---

[9] Toda esta sección se refiere a Ambrosio, *Epístola* 34.

se ve a sí misma revestida del cuerpo como si se encontrara en una especie de pantano. Esto es así, no porque lo quiera de esta manera, sino por el que la sometió a esto. Fue el plan de Dios unir el alma con el cuerpo para que de la asociación obtuviera frutos algún día.

Pablo dice en 2 Corintios que "es necesario que todos nosotros comparezcamos ante el tribunal de Cristo, para que cada uno reciba según lo que haya hecho mientras estaba en el cuerpo, sea bueno o sea malo" [5:10]. También dice en la misma epístola: "Porque asimismo los que estamos en este tabernáculo gemimos con angustia; porque no quisiéramos ser desnudados, sino revestidos, para que lo mortal sea absorbido por la vida" [5:4].

Y Ambrosio cita lo siguiente de los Salmos: "El hombre es semejante a la vanidad" [144:4], y también que "ciertamente es completa vanidad todo hombre que vive" [39:5]. A éstos, pienso que también podemos añadir lo siguiente: Debemos tener en mente que esta carga del cuerpo y estos problemas, de los que David se queja cuando piensa sobre esta situación, no derivan de la creación de Dios, sino que se arrastran por causa del pecado. De otra manera, el cuerpo fue dado para la mente, no para la tumba, como algunos piensan, como el más adecuado instrumento para alcanzar las obras más notables y excepcionales.

Ambrosio continúa, razonando, por medio de la inducción, que el sol, la luna, y otras estrellas se fatigan por su propio curso, y que las criaturas más bajas son cargadas por nuestra culpa.[10] Él luego dice que sucede así, no con resentimiento, ya que entienden que el mismo hijo de Dios asumió la forma de un siervo por nosotros y por su muerte nos aseguró la vida y la

---

[10] Ambrosio, *Epístola* 34.7.

salvación. En segundo lugar, dice, se consuelan con el conocimiento de que algún día serán liberados y se pondrá fin a su aflicción.

Si debo juzgar estas declaraciones, en primer lugar, dudo mucho que el sol, la luna, y otras estrellas trabajen y se sientan cargadas como resultado de sus revoluciones. Es más, pienso que Ambrosio está hablando figurativamente cuando dice que todas las criaturas llevan sus cargas con una mente tranquila porque saben que Cristo el hijo de Dios llevó la vergüenza y la muerte de la cruz por nuestra salvación. Él está igualmente hablando de manera figurada cuando dice que se consuelan a sí mismos con el conocimiento de que sus propias laboras llegarán a un final en algún punto y que ellos mismos llegarán a ser reparados.

Finalmente, él hace la afirmación de que los ángeles no disfrutan castigando a la gente malvada, porque están tocados con misericordia y prefieren adornarlos con beneficios que afligirlos con castigos.[11] Esto es reforzado, dice, cuando Cristo en Lucas dice que los ángeles se regocijan en gran manera cuando una persona se arrepiente de pecado [Lucas 15:10].

También, al exponer este pasaje, Ambrosio dice que la angustia de las criaturas perdurará hasta que el número de los salvados esté completo. E interpreta *estar sujetado a vanidad* como referencia a su naturaleza mortal y transitoria. Por lo tanto, él considera que la vanidad en este pasaje se refiere a la mortalidad por la cual toda la creación trabaja, y así está obligada a luchar contra ella constantemente, como Salomón justamente dijo: "vanidad de vanidades, todo es vanidad" [Ecl. 1:2].

---

[11] Ambrosio, *Epístola* 34.10.

57. Los comentarios que se atribuyen a Jerónimo parecen no diferir mucho de la opinión de Agustín, excepto en que entiende por *toda la creación* a la totalidad de aquellos que existen ahora y desde Adán. Los comentarios sostienen que toda esta multitud de santos, junto con el primer hombre, aguardan con preocupación la revelación de los hijos de Dios, de tal manera que ellos junto a nosotros, como enseña Hebreos, sean perfeccionados [Heb. 11:40]. Orígenes menciona ciertas cosas concernientes a la mente, que es la parte más alta de nuestra alma.[12] Dice que gime y ansiosamente se duele de que esté obligada a humillarse a sí misma a servir los muchos y variados requerimientos del cuerpo.

Pero Crisóstomo claramente sostiene nuestro punto de vista, aseverando que Pablo está haciendo una personificación de la creación. Este tropo es muy común en las Escrituras. Los profetas y los salmos ordenan que las aguas y los bosques batan las manos [Salmos 47:1]. En ocasiones, muestran a las montañas danzando y a los montes saltando de alegría. Esto no es porque les atribuyan movimiento y sensación a objetos inanimados, sino para significar que la cosa buena que elogian es tan grande que debe pertenecer también a las criaturas que no tienen sensación y sentimientos. Otras veces, los profetas muestran a los bosques, los viñedos, la tierra, y otros elementos clamando y gritando, así como los techos de las casas y los templos vociferando, con el objetivo de enfatizar con mayor vehemencia el mal que describen [Isaías 24:4]. No debería ser una sorpresa si Pablo imita estas frases de los profetas, viendo que el mismo Espíritu de Dios estaba en cada uno de ellos.

58. No es difícil demostrar cómo nuestras desgracias redundan también en las criaturas. Puesto que, cuando la

---

[12] Esto viene de su *Comentario a Romanos* 7.4.9, pp. 69-71.

humanidad fue puesta bajo juicio para maldición, la tierra fue también condenada como maldita, de tal manera que fue forzada a producir espinas y cardos [Gn. 3:17]. Y cómo ha sido dejada estéril y escuálida por causa del pecado, tanto la Escritura como la experiencia nos lo enseñan, si es que prestamos atención. Isaías dice en el capítulo 24 [v.23]: "La luna se avergonzará, y el sol se confundirá." Y, en referencia a la destrucción de Babilonia, el mismo profeta escribe: Por lo cual las estrellas de los cielos y sus luceros no darán su luz; y el sol se oscurecerá al nacer" [13:10].

Respecto de los cielos, David proclama: "Desde el principio tú fundaste la tierra, y los cielos son obra de tus manos" [Salmos 102:25]. Moisés dice en la Ley: "Y los cielos que están sobre tu cabeza serán de bronce, y la tierra que está debajo de ti, de hierro" [Dt. 28:23]. Sabemos que esto fue hecho en el tiempo de Elías, cuando el cielo se cerró por período de tres años y medio, y no llovió [2 Reyes 17:1; Lam. 5:17]. Éste es el sentido tras la enigmática profecía de Oseas [2:21-22]: "En aquel tiempo responderé, dice Jehová, yo responderé a los cielos, y ellos responderán a la tierra. Y la tierra responderá al trigo, al vino y al aceite, y ellos responderán a Jezreel."

Finalmente, en qué sentido cada criatura sirve a los santos, la Escritura lo indica en todas partes. El mar abrió un camino para los israelitas; de la roca salió agua; el cielo proveyó la nube y el maná; el sol se detuvo para Josué y retrocedió para Ezequías [Ex. 14:21; 16:13; 17:6; Jos. 10:13; Isaías 38:8]. Podemos ver estas cosas encapsuladas en la vida de Cristo, en la que son repetidas de manera maravillosa y milagrosa. En su nacimiento, los cielos se regocijan y brillan en la noche; los ángeles desde lo alto lo adoran y cantan; la estrella guía a los magos. En su muerte, el sol se oscureció y se cubrió de oscuridad, las piedras se rompieron, el velo se partió, y las tumbas se abrieron. En su resurrección, hubo un terremoto y los ángeles estuvieron presentes. Cuando ascendió a los cielos, las nubes lo cubrieron. Y cuando retorne en el futuro, el mundo entero será sacudido y los poderes del cielo serán removidos [Lucas 2:9; Mateo 2:2; 27:51; 15:33; 28:2; Hechos 1:9; Mateo 24:29]. Nuevamente, luego del juicio habrá una gran renovación, lo que mueve a Isaías en el capítulo trece [v.16] a decir que la luna brillará como el sol, y el sol mismo tendrá una luz siete veces mayor que la que ahora tiene.

¿Pero existe algún daño hecho a la creación, considerando que está tan cargada con los pecados de la humanidad sin tener ninguna culpa propia? Crisóstomo responde que no existe daño, porque, dice, si hubiesen sido hechas por mí, ninguna injusticia puede ocurrir si sufren por causa de mí. En segundo lugar, añade que no debemos transferir la noción de equidad e injusticia a las cosas inanimadas que no tienen razón. Por último, si están en aflicción por causa de nosotros, cuando alcancemos nuestro estado de bendición, serán restauradas junto con nosotros.[13]

Crisóstomo también, en su homilía número veintidós sobre el Génesis, explica claramente que no es injusto o absurdo si la creación es sometida a enfrentar algunas calamidades por causa de los seres humanos. Si alguien incurre la ira de un rey, dice, no solo recibe él mismo el castigo, sino también su familia entera experimenta la carga. La humanidad por el pecado se sujetó a la maldición y la ira de Dios.

Por tanto, no es sorpresivo si toda la creación, que pertenece a la familia de la humanidad, gime y sufre con ella. Es más, aduce de las Escrituras que toda la creación estuvo

---

[13] Crisóstomo, *Homilia in Genesim* 22.17 (Homilías sobre el Génesis 18-45, 81).

sumergida en el diluvio [Gn. 7:31]; en Sodoma todo fue consumido por el fuego que envolvió a los malvados [Gn. 19:25]; en Egipto, por causa de la obstinación de Faraón, todas las criaturas fueron destruidas [Ex. 14:28]. Y en el libro *Exhortación a Teodoro caído*,[14] Crisóstomo muestra que después del día del juicio todas las cosas serán renovadas, porque la gloria del Señor será manifiesta, llenando y ocupando todas las cosas. La escuela griega también reconoce la personificación en este pasaje, como hacemos nosotros, y así aseveran que la creación será liberada de la esclavitud de corrupción, porque por nuestra culpa fue sujetada a corrupción.

Más aún, muestran que la adopción de los hijos de Dios será revelada, porque ahora los hijos de Dios moran entre los hijos del Diablo y no pueden distinguirse con facilidad de ellos. Sin embargo, nuestra gloria será revelada en su tiempo. No solo será aparente, sino que será entregada; lo tenemos en el presente, pero no está aún completa y perfecta. Pero en ese tiempo, será completamente comunicada a nosotros, y lo que sea que falte ahora, lo tendremos en nuestra posesión.

---

[14] Vermigli tiene en mente *De reparatione lapsi vel Paraeneses ad Theodorum lapsum* 13 (Una exhortación a Teodoro caído, NPNF, 9:142).

LOCI COMMUNES – II.2-3: SOBRE EL LIBRE ALBEDRÍO Y LA LEY DE DIOS

INTRODUCCIÓN POR JOSEPH A. TIPTON

EL PRESENTE volumen comprende los capítulos dos y tres del segundo libro de los *Principios Fundamentales* de Pedro Mártir Vermigli.[1] Estos capítulos ofrecen una amplia selección del pensamiento del reformador italiano sobre asuntos pertenecientes a los tópicos del libre albedrío y la ley. No obstante, sería injusto con el reformador intentar evaluar su pensamiento acerca de estos temas sobre la base de lo que está contenido en estos dos capítulos solamente. Debido a que se trata de extractos compilados por Robert Masson[2] para la primera edición de los *Principios Fundamentales* (impresa en Londres en 1576) y tomada de varios comentarios bíblicos que Vermigli escribió a lo largo de su vida, están orientados a pasajes bíblicos específicos y a cuestiones que esos pasajes

---

[1] La discusión de Vermigli sobre el libre albedrío y la ley sigue a su tratamiento del pecado original en el primer capítulo. Se puede entender por qué los editores de Vermigli decidieron esta secuencia, ya que la idea de la esclavitud de la voluntad del hombre es el resultado lógico de su caída y posterior esclavitud al pecado.

[2] Robert Masson, o Robert le Maçon, Sieur de la Fontaine, era entonces el ministro hugonote de la congregación francesa en Londres. Su participación en la compilación de los *Loci* de Vermigli habla de la influencia de este último entre los protestantes ingleses y franceses. Para la historia de la impresión de los *Loci*, véase Joseph C. McClelland, "A Literary History of the *Loci Communes*", en *A Companion to Peter Martyr Vermigli*, ed., Torrance Kirby, Emilio Campi. Torrance Kirby, Emilio Campi y Frank A. James III (Leiden: Brill, 2009), 489.

plantearon para Vermigli, y en muchos puntos traicionan esta orientación exegética. La exégesis es notoriamente diferente de un trato formal. Dicho esto, aún emerge claramente de estos capítulos un conjunto coherente de ideas distintivas en Vermigli y su generación de reformadores que merece especial atención, especialmente con respecto al libre albedrío.

En primer lugar, el método de Vermigli merece atención. Por siglos antes de Vermigli, el cristianismo occidental se aproximó a tales tópicos, como el libre albedrío y la ley, por medio del aparato analítico desarrollado por los teólogos escolásticos de la Plena Edad Media. Esta aproximación involucró la aplicación de una lógica rigurosa dentro de un ajustado marco de preguntas y respuestas en un esfuerzo por reconciliar aparentes contradicciones, especialmente aquellas entre la Biblia y lo que quedó de los escritos de Aristóteles, que se transmitieron en Europa por medio de traducciones árabes. Ésta era una aproximación filosófico-teológica, que hacía uso de una rama especial del latín desarrollado para expresar la jerga precisa que las disputaciones escolásticas requerían.

Vermigli, por otra parte, vivió y trabajó desde el otro lado del humanismo italiano. Este movimiento, con notables excepciones,[3] descartó la aproximación escolástica en favor de una basada en los cánones retóricos de Cicerón y Quintiliano. El resultado no solo fue un latín más clásico, sino también el uso de una extensión más amplia de fuentes, yendo más allá del corpus aristotélico; una lectura filológica más profunda de pasajes bíblicos con la vista en el contexto y el objetivo retórico del escritor (una técnica referida como "análisis lógico" por

---

[3] Por ejemplo, Giovanni Pico della Mirandola y Piero Pomponazzi se movían en círculos humanistas, pero seguían empleando el método escolástico con buenos resultados.

Irena Backus);[4] y una preferencia por el comentario sobre el tratado teológico, todo expresado en un tono conversacional, aunque decididamente retórico.[5] Aquí Vermigli comparte con sus compatriotas humanistas un estilo discursivo que se mueve fácilmente de tópico a tópico y cuestión a cuestión. Sobre el asunto de las fuentes, muchos han observado que los humanistas no culparon a los escolásticos por su servil obsesión con *una* autoridad antigua, sino que más bien por su servil obsesión con *una sola* autoridad antigua. Los humanistas tenían esto en común con los escolásticos: el desarrollo de sus ideas incluía típicamente el análisis de lo que las autoridades antiguas decían, antes que abrir nuevas vías.

Los humanistas preferían variar en un espectro más amplio de autores antiguos en vez de quedarse con solo uno o dos. Este método humanista se podía manifestar de varias formas. En las manos de pensadores como Lorenzo Valla, se probó como una herramienta incisiva para examinar cuestiones complejas, evaluar ideas pasadas y arribar a respuestas sorprendentemente nobles que a menudo ponían en problemas a una tradición entera. A menudo, sin embargo, equivalía a un poco más que ensayos con un rango amplio de citas tomadas de la antigüedad, que servían como textos que probaban la posición que uno tuviera. Vermigli discute el libre albedrío y la ley en medio de esta corriente humanista. Él examina una larga lista de

---

[4] Irena Backus, "Biblical Hermeneutics and Exegesis", en *OER* 1:152-58. También, Irena Backus, "Piscator Misconstrued? Some Remarks on Robert Rollock's Logical Analysis of Hebrews IX", en "Text, Translation and Exegesis of Hebrews IX: Papers Presented at a Seminar Held at the IHR, Geneva on 14-15 June 1982", número especial, *Journal of Medieval and Renaissance Studies* (primavera de 1984): 113-19.
[5] Véase, por ejemplo, el uso que hace Vermigli de *hypophora* y *peritropē* en *Sobre el libre albedrío,* sección 9, y de *prosopopoeia* en *Sobre el libre albedrío,* sección 21 (y las notas al pie de esas secciones).

escritores patrísticos y lo que dijeron sobre algún tema dado, y, al final, expresa su acuerdo con alguno. Esta aproximación es efectiva en varios niveles. En ocasiones implica lidiar con un solo texto y evaluar su importancia, o incluso su autenticidad, entre líneas filológicas, como cuando Vermigli discute una homilía que supuestamente pertenecía a Crisóstomo, pero cuya autenticidad pone en duda por ser tanto contradictoria como inconsistente con otras obras que se acuerda sí pertenecen a Crisóstomo (*Sobre el libre albedrío*, sección 14). Por otro lado, en ocasiones implica no más que citar autoridades de segunda mano a través de Pedro Lombardo o el *Decretum Gratiani* (cf. capítulo 3, sección 9) y sopesar lo que un Padre dijo respecto de otro.

De esta manera, cuando se trata de ubicar la *forma* del discurso que Vermigli toma, debe ser puesto dentro de una amplia tradición humanista exegética. No obstante, cuando se trata de ubicar la tradición dentro de la cual su *pensamiento* debería encontrarse, la situación se vuelve un poco más complicada. Aunque pensar en Occidente sobre el libre albedrío es un tema de enormes dimensiones, un paradigma útil se nos ofreció por el historiador alemán de la filosofía Heinz Heimsoeth en el primer cuarto del siglo XX.[6] Heimsoeth categorizó las principales tradiciones filosóficas de occidente según su respuesta al problema de la toma individual de decisiones. O se privilegia el intelecto o se establece la voluntad como el órgano primario de la deliberación humana, y así también de la acción. Heimsoeth de manera muy natural

---

[6] *Die Sechs Grossen Themen des Abendländishen Metaphysik und der Ausgang des Mittelalters* (Berlín: G. Stilke, 1922), 279-343, traducido al inglés como *Heinz Heimsoeth, The Six Great Themes of Western Metaphysics and the End of the Middle Ages,* trad. Ramon Betanzos (Detroit: Wayne State University Press, 1994), 224-68. Cualquier cita de esta obra se hará en la traducción inglesa más reciente.

posiciona a los griegos directamente en la tradición intelectual. En general, ellos consideraban toda toma de decisión humana como racional. Dada la información requerida, la mente elige un curso de acción basado en tal información, y la voluntad sigue obedientemente; es más, "acata automáticamente el resultado."[7] Tan subordinado y pasivo era el rol que se le asignaba a la voluntad que en muchas de sus discusiones a menudo equivale a un poco más que deseo, o una determinada especie de deseo, antes que una función discreta de la psicología humana.[8] Esta actitud general se manifiesta específicamente en el principio de Sócrates de que "nadie yerra voluntariamente" (sobre la base de que todos queremos el bien; si alguien elige un curso de acción que lleva a lo que es nocivo, la causa debe haber sido la ignorancia, ya que nadie invitaría voluntariamente al mal sobre sí mismo), así como en la explicación aristotélica de *akrasia* (el fenómeno de decidir hacer algo en contra del mejor juicio de uno mismo) como falla de aplicar correctamente la premisa menor en un silogismo práctico. Por ejemplo, si la premisa mayor es "las cosas dulces deben evitarse", y la premisa menor es "esta cosa particular es dulce", la conclusión es que "esta cosa particular debe evitarse". Si alguien admite la veracidad de la premisa mayor, pero de todas maneras engulle una barra de caramelo, él, según Aristóteles, ha experimentado un problema intelectivo concerniente a la premisa menor.[9] De esta manera, la tradición griega sobre este tópico estaba fuertemente

---

[7] Heimsoeth, *The Six Great Themes of Western Metaphysics*, 225.
[8] Heimsoeth, *The Six Great Themes of Western Metaphysics*, 243.
[9] Cf. Risto Saarinen, *The Weakness of the Will in Medieval Thought: From Augustine to Buridan* (Leiden: Brill, 1994), 9-10.

inclinada hacia la primacía del intelecto sobre una conceptualización mucho más descendida de la voluntad.

Heimsoeth luego explora el cristianismo primitivo, y específicamente el Nuevo Testamento, en vista de la toma de decisión, y considera que se trata de una inversión respecto de la tradición griega. Allí el fenómeno de actuar en contra del mejor juicio de uno mismo, de saber qué es lo bueno que se debe hacer, pero al mismo tiempo resistirse a hacerlo (cf. Romanos 7), indica que el pensamiento cristiano primitivo elevó la voluntad y el rol que juega en la psicología humana no solo al estatus de una función discreta, sino que incluso le otorgó una primacía respecto del intelecto. Saber qué es lo bueno ofrece muy poco beneficio; lo que importa es que uno lo *quiera*, y solo la intervención activa de Dios para reorientar la voluntad individual puede causar que alguien lo quiera. En una nota asociada, Heimsoeth considera que el hecho de que el Nuevo Testamento privilegie el amor por sobre el conocimiento, *agape* sobre *gnosis*, forma una pieza con el nuevo énfasis en la voluntad, ya que ahora la meta final de la vida no es la contemplación inútil, sino la comunión activa con otros y con Dios.[10]

Luego de analizar cómo los pensadores en la era post-apostólica retomaron la tradición griega y priorizaron el lado intelectivo de la deliberación, en donde el lugar de privilegio lo tiene Orígenes, se queda por largo rato con Agustín, cuyo pensamiento sobre la voluntad trajo cambios fundamentales no solo para la teología, sino también para todo el pensamiento occidental posterior. En resumen, Agustín restituyó para el cristianismo la antropología del Nuevo Testamento. Estableciendo que *omnes nihil aliud quam voluntates sunt*

---

[10] Heimsoeth, *The Six Great Themes of Western Metaphysics*, 227-28.

(todas las personas no son sino voluntades), invirtió por completo la relación de la voluntad y el conocimiento.

Allí donde la tradición griega establecía que la acción era el resultado de que la mente alcanzara un veredicto sobre un conjunto determinado de información, y luego le pasara a la voluntad cuáles sean los pasos apropiados a seguir, Agustín estableció que la voluntad era el principal impulsor de prácticamente todas las acciones humanas, incluso hasta el punto de determinar qué es lo que la mente conoce. "Una persona no ama lo que ha llegado a conocer correctamente, sino que más bien", interpreta Heimsoeth de Agustín, "intenta conocer aquello a lo que está internamente inclinado."[11] Esto significa que la voluntad es extremadamente influyente, si es que no determinante, de lo que sea que la mente conoce, en tanto juega un rol decisivo en seleccionar y direccionar lo que la mente aprehende.[12] Por tanto, la voluntad no es solo una función discreta, sino más bien una independiente sobre el cual no opera ni el intelecto ni ningún otro órgano; es un poder espontáneo operando sobre el intelecto.

De esta manera, en cierto sentido, la voluntad para Agustín es absolutamente libre, el primer motor de todas las afecciones, intelecciones y acciones del individuo. Pero es esta misma libertad absoluta la que, paradójicamente, explica la esclavitud de la voluntad. Debido al pecado original, la voluntad ha sido re-orientada lejos de Dios, un movimiento que implica que el

---

[11] Heimsoeth, *The Six Great Themes of Western Metaphysics*, 232.

[12] Heimsoeth, *The Six Great Themes of Western Metaphysics*, 232: Siendo éste el caso, observa Heimsoeth, el conocimiento requiere menos comprensión y más atención (Aufmerksamkeit) para centrar la mente en los datos a partir de los cuales ha de tener lugar el aprendizaje. Evidentemente, Heimsoeth no ve que el aserto de Buridan plantee ninguna paradoja real para Agustín.

individuo está completamente alienado de Dios, puesto que la vuelta a Dios requeriría que la voluntad dejara de ser la voluntad. Es evidente que los poderes noéticos del individuo no pueden ayudar, ya que son impotentes frente a la voluntad; es más, están subordinados a ella (y así autentifica el fenómeno de la *akrasia* y la experiencia descrita por Pablo en Romanos 7 mucho más que otras ideas previas al respecto). Tan completa es esta alienación de Dios que es irreversible *en lo que respecta a los poderes propios del individuo*. Por tanto, la única posibilidad de reorientación del individuo de vuelta a Dios es la gracia de Dios, por eso el gran énfasis en la gracia que se encuentra en Agustín, lo que le hizo ganar el nombre de *doctor gratiae*. Pero debe notarse que esta robusta doctrina de la gracia y la elección está íntimamente ligada al constructo de Agustín de la relación entre el intelecto y la voluntad, en la que la voluntad tiene la clara ventaja.

Para Heimsoeth, el pensamiento occidental eventualmente se volvió a un constructo intelectivo de toma de decisión con el sistema escolástico de Tomás de Aquino. Mientras que los pensadores como Enrique de Gante, los Victorinos, Duns Escoto y Guillermo de Ockham representan un desarrollo importante en la interpretación voluntarista de la deliberación humana y divina, fue el tomismo aristotélico el que se impuso.[13] Ahora, para volver a Vermigli y su trato de la voluntad, su aproximación es quizá caracterizada mejor como ecléctica, una mezcla del constructo intelectualista de Aristóteles con el voluntarismo agustiniano. Él comienza su discusión de la voluntad de buena forma con una definición:

---

[13] Heimsoeth, *The Six Great Themes of Western Metaphysics*, 238-44.

LOCI COMMUNES (II.1-3) 197

De acuerdo con esto, la voluntad es libre cuando adopta, como quiere hacer, aquellas decisiones que son aprobadas por la parte cognitiva de la mente. Así, la naturaleza del libre albedrío, aunque se hace más evidente en la volición, tiene sus raíces en la razón, y aquellos que deseen usar esta facultad correctamente deben sobre todo velar porque no ocurra ningún error en su razonamiento.

El error usualmente ocurre de dos maneras: o fallamos en ver lo que es justo e injusto en el desarrollo de nuestras acciones; o, si lo vemos, erramos en nuestro examen de las razones que se nos presentan para cada lado, porque el deseo en nosotros casi siempre favorece el argumento más débil. Ésta es la razón de que la posición más fuerte y mejor es a menudo desestimada o rechazada. Vemos que esto ocurre a veces en los debates: Aquellos que desean defender el lado más débil tienden a adornarlo con todo tipo de florituras y adornos retóricos para que la audiencia sea atraída por el lustre y el encanto, y no sopese la fortaleza y la solidez del razonamiento (*Sobre el libre albedrío*, sección 1).

Aquí en el comienzo es evidente que Vermigli considera al intelecto como primario sobre la voluntad. El uso correcto de la voluntad involucra de antemano el pensamiento correcto. La voluntad es el receptor pasivo de las directrices enviadas a ella desde el *nous*. Esta relación se refleja en el modo como describe el error. El error, dice, es o una falla en la percepción intelectual o un descarrilamiento de la mente por causa del deseo. Este "deseo" (*cupiditas*) aparece en este pasaje como diferenciado de la voluntad (*voluntas*), no una función de ella, sino que un *tertium quid* que intercepta la información que viene de la mente, la distorsiona y usa argumentos engañosos y adornos retóricos para causar que la voluntad abrace el argumento menos lógico. Pero no es que la voluntad escoja ir en contra de la mente; es simplemente engañada. Piensa que lo que está escogiendo proviene de la mente. Todo esto es aún un proceso cognitivo.[14] Así como el error es el resultado de un proceso noético fallido, también la conversión es concebida como el resultado exitoso de un momento intelectivo. Agustiniano en su negación de que la salvación pueda alcanzarse por alguien o por algo que no sea Dios, Vermigli caracteriza la conversión como un punto en el cual la mente oscurecida es iluminada:

> Porque, así como algunas verdades son tan obvias que la mente no puede sino asentir a ellas, de la misma manera, cuando la presencia de Dios es revelada y hecha evidente, tan grande es su bondad que los santos son incapaces de apartarse de ella. De esta manera, aunque pecamos necesariamente antes de nacer de nuevo en Cristo, los derechos de nuestra voluntad no son sin embargo traspasados, ya que sea lo que sea que hagamos, lo hacemos voluntariamente y atraídos por alguna motivación (sección 6).

Para Vermigli, la conversión no ocurre cuando la voluntad es finalmente liberada de su rebelión y se vuelve hacia Dios en amor y voluntad genuinas, sino que más bien cuando una revelación de la presencia de Dios es, uno siente, casi puesta forzosamente sobre la mente ignorante, en cuyo punto el pecador percibe la bondad de Dios como nunca antes. Simultáneamente, la voluntad permanece como receptor pasivo tanto como lo concibió Aristóteles, porque una vez que la nueva información de la bondad de Dios es meramente presentada a la

---

[14] Cf. la sección 24, donde Vermigli repite su argumento con otras palabras: "La fuerza de los afectos y toda la concentración de la mente se enfocan en las razones que argumentan a favor de los placeres y el deseo."

mente del pecador él no puede sino gravitar hacia ella; o, para usar el lenguaje de Vermigli, él es "incapaz de renunciar a ella." De esta manera, Vermigli deja claro al comienzo de su discusión que el marco general dentro del cual examina la voluntad le debe mucho a la tradición intelectual griega. En la estructura, el *nous* controla la voluntad, tanto que para que la voluntad sea correctamente dirigida hacia esta o aquella dirección, la oscuridad de la mente necesita ser disipada, y la voluntad luego sigue automáticamente. Esta posición no está muy lejos de las ideas clave en el pensamiento de Sócrates de que "nadie yerra voluntariamente." Sin embargo, conforme su trato de la voluntad progresa, Vermigli aparentemente se mueve hacia una formulación agustiniana de toma de decisión. Esto se vuelve claro cuando en la sección dos, en donde Vermigli establece los parámetros dentro de los cuales la voluntad es activa. Hay dos conjuntos de parámetros. El primero es la esfera de la vida humana dentro del cual opera la voluntad. Éstos son tres: la necesidad biológica, la vida civil y las obras que agradan a Dios (sección 2). De éstas él otorga un grado de libertad a la primera y la segunda, pero niega cualquier libertad de la voluntad en lo que respecta a la tercera (sección 4).

El segundo conjunto de parámetros se relaciona con las cuatro fases históricas: El hombre fue creado originalmente con libre albedrío y era capaz de pecar si lo elegía (y lo hizo) (sección 2). Como resultado de esto, fue arrojado a un estado en el cual no podía sino pecar. Luego, como receptor de la gracia de Dios, él vacila entre pecar y no pecar. Finalmente, al morir y ser llevado a la presencia de Dios será enteramente libre de la capacidad de pecado (secciones 2 y 6). Estos parámetros serán familiares para casi cualquiera como los que fueron establecidos por Agustín en su *Enchiridion*.[15] Junto a estos parámetros, que constituyen el telón de fondo en el cual Vermigli discute la cuestión del libre albedrío, encontramos otras influencias agustinianas. Una de ellas ya ha sido aludida: Así como Agustín, Vermigli niega que el hombre tenga algún libre albedrío en lo que respecta a las cosas que pertenecen a la satisfacción de Dios y requiere que se efectúe una re-orientación completa desde fuera de sí mismo para agradar a Dios (sección 4). Pero una vez que se está regenerado por la gracia de Dios a través del poder vivificante del Espíritu Santo, el hombre puede ahora disfrutar de una voluntad más libre y puede potencialmente realizar acciones que agradan a Dios (sección 24). Finalmente, haciendo eco del pensamiento de Agustín acerca de las obras nobles de los paganos como "vicios resplandecientes" (*splendida vitia*), Vermigli asevera que todas las obras, sin importar cuán aparentemente virtuosas sean, si se hacen fuera de Cristo, son en verdad pecados (secciones 14 y 15).[16]

De esta manera, uno encuentra una mezcla ecléctica de intelectualismo aristotélico y voluntarismo agustiniano en el trato de Vermigli de la voluntad.[17] Esto es muy sorprendente, considerando que estos dos pensadores combinados constituyen

---

[15] Agustín, *Enchiridion* 118 (*NPNF* 1/3:275).
[16] Agustín, *De civitate Dei* 1.12-20 (Ciudad de Dios, NPNF 1/2:29-34).
[17] Esta apreciación concuerda con la de Luca Bashera, que también encuentra un "eclecticismo fundamental" en su análisis de la relación de Vermigli con Aristóteles y la escolástica. Este eclecticismo era "ante todo una consecuencia de su convicción [de Vermigli] de que la revelación bíblica representaba el único criterio de verdad". Véase Luca Baschera, "Aristotle and Scholasticism", en *A Companion to Peter Martyr Vermigli*, ed., Torrance Kirby et al. Torrance Kirby y otros, 159.

tal vez la mayor influencia sobre los reformadores, así como sucedió con los humanistas también.[18]

Sin embargo, es quizá debido a la corriente aristotélica en el pensamiento de Vermigli que en ocasiones parece estar dispuesto a otorgarle al hombre regenerado un rol mayor en su santificación que el que Agustín parece otorgar. Debido a que, desde una posición intelectualista, la conversión significa *primariamente* la rectificación de una mente distorsionada, y, además, puesto que la voluntad tan obedientemente atiende al llamado de la mente, una vez que una persona ha sido convertida y ha recibido "la luz de la fe" (*lux fidei*, sección 24), no hay tanto más que, o un estado hiperemocional que temporalmente desarma el razonamiento adecuado o pura terquedad de deseo de impedir que uno se conduzca adecuadamente. Según esto, respecto de la capacidad de la voluntad regenerada, Vermigli concluye:

De esta manera, nuestras mentes son, como dicen ellos, pasivas respecto a la primera transformación, o impresión, del Espíritu Santo, pero luego de ser convencidos y transformados, somos restaurados a un ser capaz de cooperar

---

[18] En su eclecticismo, Vermigli se asemeja a Calvino, que también sigue un paradigma intelectualista a la hora de explicar la toma de decisiones (véanse *Institución* 2.2 y Paul Helm, John Calvin's Ideas [Nueva York: Oxford University Press, 2004], 135), aunque reconoce el fenómeno de *la akrasia* o *intemperantia,* que, según él, es un rechazo de la voluntad a acatar las decisiones de la mente y "no se apaga ni se supera por la conciencia de pecado, sino que, por el contrario, se reafirma obstinadamente en la decisión de maldad que tomó" (*Institución* 2.2.23, traducción del presente autor). Uno desearía que este pasaje explorara también cuáles podrían ser las implicaciones para una posición intelectualista, dada la admisión de que *la acrasia* es una posibilidad real (cf. Risto Saarinen, *The Weakness of the Will in Medieval Thought: From Augustine to Buridan* [Leiden: Brill, 1994], 9-10).

(*cooperari*) con la gracia y con el Espíritu Santo (sección 23).[19]

Uno desearía que hubiese profundizado más en estos pasajes hasta el grado de explicar a qué se refiere con eso de que cooperamos, pero tal elucidación se encontraba quizá más allá del ámbito de sus comentarios de los pasajes de donde vino. En unidad con esta cooperación se encuentra una visión poco sólida de la manera en que uno debe reconocer la autoría de Dios en todas las buenas obras que realiza. El énfasis en la autoría divina recae en el comienzo, en la conversión:

> Sin embargo, aquellos que han nacido de nuevo nunca deben olvidar que no han adquirido esta libertad por sus propios méritos, sino que por la bondad de Dios. Él los hizo de nuevo y en lugar de un corazón de piedra puso uno de carne dentro de ellos. Tienen a su Padre Celestial, y no a sí mismos, para agradecer por haber sido traídos a Cristo. A menos que hubieran sido interiormente convencidos, en sus mentes, por medio del gran poder de Dios el Padre, habrían huido de Cristo, así como los demás (sección 23).

En marcado contraste con tales declaraciones está el punto de vista que causó tanto dolor a Agustín por parte de sus adversarios pelagianos: "Concede lo que mandas, y luego manda lo que quieras",[20] o la declaración de Pablo de que la gracia de Dios era más que responsable por las obras que él mismo había realizado (1Cor. 15:10). Además del libre albedrío

---

[19] Hay afirmaciones similares, por ejemplo: "Sin embargo, la mezquindad de nuestra libertad no nos impide cooperar con Dios y con el Espíritu Santo, haciéndonos, por así decirlo, instrumentos idóneos" (sección 24).

[20] Agustín, *Confesiones* 10.29 (*NPNF* 1/1:153).

concebido de manera estrecha, Vermigli discute varios otros asuntos que eran parte de numerosos debates entre protestantes y católico-romanos durante el siglo XVI. Uno es la narrativa acerca de Cornelio, el centurión, en Hechos 10. Cómo debe ser interpretado este episodio es particularmente importante para la negación del libre albedrío que hace Vermigli, puesto que parte integrante de aquella posición es la negación de que uno pueda alcanzar buenas obras antes de nacer de nuevo y ser creyente en Cristo (sección 10).

La respuesta de Vermigli a este desafío es sostener que la fe no es un estado claro y definido, sino más bien una experiencia dinámica que experimenta un desarrollo, refinamiento y definición a través del tiempo (sección 12). Antes de la llegada de Pedro, Cornelio creía en Dios y esperaba el Mesías prometido, los dos prerrequisitos más importantes para calificar como un creyente. Lo único que le faltaba era el conocimiento de la identidad del Mesías, y esto es lo que le trajo Pedro (sección 11). En un asunto relacionado, Vermigli debe también lidiar con la afirmación de que había paganos justos que realizaban obras justas. Como ya se mencionó, Vermigli niega rotundamente que estas obras sean realmente justas. Aquí, como sucede a menudo, Vermigli apela a la *Ciudad de Dios* de Agustín y sostiene que, aunque estas obras redundaron en resultados beneficiosos para sus ciudades y sociedades, la motivación no fue nunca altruista, y ciertamente no estaba dirigida a Dios, sino que más bien estaba animada por un amor a la honra (sección 15).[21] Para Vermigli, cualquier obra que esté dirigida por lo que los griegos llamaban φιλαυτία (amor propio) no está de ninguna manera dirigida a Dios y solo puede ser mala

---

[21] Agustín, De civitate Dei 1.12-20 (Ciudad de Dios, NPNF 1/2:29-34).

(sección 19). Él enumera cinco características que se requieren de una obra para que sea llamada verdaderamente buena. La primera es que el hacedor debe estar animado por el Espíritu de Dios; la segunda, que debe estar presente la fe; la tercera es que debe hacerse para la gloria de Dios, no para la gloria propia ni para algo más; la cuarta es que la gracia y la misericordia deben estar presentes todo el tiempo por medio de la presencia de Cristo; la quinta es que Dios debe ser reconocido como la causa final (sección 19). Siendo estas características una imposibilidad tanto para los paganos antiguos como para los incrédulos contemporáneos, la conclusión inevitable es que sus obras no eran, teológicamente hablando, buenas.

En consecuencia, a no ser que Dios se presente para condenar a las almas al castigo eterno sin ninguna causa, Vermigli debe señalar que no es tanto el pecado lo que condena a una persona, sino más bien la pecaminosidad. Esto es, Vermigli debe argumentar que la concupiscencia innata del hombre es un pecado. Para hacerlo, despliega un interesante argumento. Tomando la declaración de Pablo de que la paga del pecado es la muerte (Romanos 6:23), señala que las personas solo mueren debido a que son pecadoras. Ya que la muerte es el resultado y el producto del pecado, el hecho de que las personas mueran es prueba de su pecaminosidad. El caso de los niños es ahora esclarecedor. Ellos no tienen pecados actuales, es decir, pecados de volición, ya que no han vivido lo suficiente para acumularlos; pero tampoco, en el caso de los niños que han sido bautizados, sufren de la culpa del pecado original.[22] Y, sin embargo, mueren. Por lo tanto, o sucede que Dios es injusto, o ellos mueren por causa de su propensión innata al pecado como un pecado en sí (sección 26). Lo mismo se sostiene para la

---

[22] Este argumento tiene ciertamente implicaciones para la doctrina del bautismo de Vermigli. Véase la sección 26.

propensión inicial al pecado. Aunque aún no se han llevado a cabo en la acción, y quizá nunca se haga, son pecados (sección 27).

El lenguaje de los *Principios Fundamentales* puede en ocasiones causar confusión por su naturaleza como un conjunto de extractos. Hasta el momento, Vermigli ha sostenido la posición de que el hombre no tiene libre albedrío, especialmente en asuntos relativos a Dios y la salvación. Sin embargo, la sección sobre el libre albedrío concluye con un extracto del comentario de Vermigli a 1 Corintios en donde argumenta que el hombre sí tiene libre albedrío. Pero la diferencia en el lenguaje se explica por los dos diferentes objetivos que él tenía en cada una de las obras. En la primera él explica por qué no tenemos la capacidad para elegir las cosas de Dios y contribuir a nuestra justificación. Ahora, en la segunda. él está explicando cómo es que nuestra incapacidad de querer las cosas de Dios no implica que nuestra voluntad esté coaccionada. La distinción importante es que, aunque pecamos *necesariamente*, no lo hacemos estando bajo coerción. No podemos elegir las cosas de Dios precisamente porque deseamos lo opuesto (sección 35; cf. sección 5).

Vermigli hace la distinción en el contexto de su discusión de por qué la presciencia y providencia de Dios es compatible con nuestro libre albedrío. El mal que elegimos lo elegimos libremente, explica Vermigli, y Dios prevé de antemano no solo nuestras acciones, sino también nuestras voluntades (sección 35). Como lo declara categóricamente: "El ser humano nunca logra nada sino lo que Dios conoce de antemano y quiere que se logre" (sección 35). Resulta interesante que Vermigli elija para esta discusión al gran orador romano y héroe de los humanistas, Marco Tulio Cicerón. Respondiendo a una posición que se encuentra en parte en *Sobre la naturaleza de los dioses,* y en parte en *Sobre la adivinación,*[23] Vermigli lo castiga por preferir limitar, o incluso eliminar, la presciencia de Dios en lugar de sacrificar la operación libre de la voluntad humana. La postura crítica hacia Cicerón no debería, sin embargo, tomarse como un rechazo por parte de Vermigli al programa o los ideales del humanismo de sus compatriotas italianos. En primer lugar, Vermigli tenía un buen precedente, como él mismo lo reconoce, en la actitud crítica de Agustín hacia los romanos. Además, había una larga tradición dentro del humanismo italiano de criticar a Cicerón, siendo el caso más famoso la carta de Petrarca a Cicerón en la cual expresa una gran decepción de que Cicerón haya sido convencido por la gloria y la fama a renunciar a su vida de quieta contemplación filosófica y se haya envuelto en la turbulenta (y últimamente fatal) política de la guerra civil.[24] Es más, el hecho de que Vermigli elija discutir esta cuestión en conversación con Cicerón y no con algún otro autor más filosófico y escolástico es probablemente un signo de una abundante actitud humanista en Vermigli, así como de un interés humanista de parte de sus lectores, antes que cualquier rechazo a aquel programa. Tampoco es que el rechazo de Vermigli al libre albedrío en la salvación del hombre sugiera ningún alejamiento real del humanismo, en tanto varios humanistas, Lorenzo Valla siendo el más notable, habían ya expresado serias reservas sobre la idea

---

[23] Véase la sección 34, nota 8 de la traducción para una desambiguación aproximada de las dos obras.
[24] Petrarca *Fam.* 14.3, traducción de Mario Emilio Cosenza, *Petrarch's Letters to Classical Authors* (Chicago: University of Chicago Press, 1910), 1-3.

del libre albedrío y su compatibilidad con la doctrina de la gracia.[25] Luego de que Vermigli trata la compatibilidad de la presciencia de Dios con el libre albedrío del hombre, sigue el capítulo sobre la Ley, extraído de varios de sus comentarios. Aquí Vermigli intenta discutir la Ley y define lo que ésta es, interesantemente, sobre la base de la definición tradicional aristotélica, esto es, de acuerdo con las cuatro causas. De esta manera, la causa formal de la Ley es el espíritu, mientras que su causa final, o fin, es la salvación. Dios mismo es la causa eficiente, mientras que su causa material no es sino la voluntad y carácter de Dios mismo, puesto que lo que Dios nos demanda ser o hacer es lo que Él mismo ya es y hace. A la luz de la influencia que Aristóteles continuó teniendo entre los humanistas y reformadores (a pesar de sus críticas al Estagirita), así como del uso que Vermigli hace de Aristóteles en la discusión de la voluntad humana según se articuló más arriba, esta incorporación de la teoría aristotélica en su trato de la Ley no es sorprendente. Por otro lado, la teoría de las cuatro causas era la manera estándar de definir bien una cosa en el período moderno temprano. Pero además esto sugiere que Vermigli tenía suposiciones y compromisos realistas en su pensamiento, más allá del nominalismo que a menudo se ha visto en otros reformadores.[26] Es también un buen ejemplo de momentos en los que la exégesis de Vermigli puede volverse casi devocional.

---

[25] Véase, por ejemplo, Lorenzo Valla, *Sobre el libre albedrío* (*De libero arbitrio*), trad. Charles Trinkaus, en Ernst Cassirer y otros, *The Renaissance Philosophy of Man* (Chicago: University of Chicago Press, 1948).

[26] De hecho, John Patrick Donnelly (*Calvinism and Scholasticism in Vermigli's Doctrine of Man and Grace* [Leiden: Brill, 1976], 202-207) ha argumentado que el tomismo de Vermigli ejerció una gran influencia

Desempacando la idea de que la causa material es equivalente a la voluntad y el carácter de Dios, Vermigli usa el ejemplo del amor y explica que Dios "desea que seamos participantes de sí mismo" (*Sobre la Ley*, sección 1). Le recuerda así al lector que el amor de Dios debe ser la motivación más básica del cristiano y que, como Pablo lo expresaba, sin amor nada somos (1 Cor. 13:2). Vermigli luego continúa explicando cómo los maniqueos están en error cuando dicen que la Ley es mala. La Ley era el instrumento a través del cual entró la muerte, pero eso fue por nuestro pecado, no por la Ley *per se*. La Ley tan solo señala el pecado y el error, no lo crea. Además, la Ley nos parece odiosa porque nos aparta del pecado que queremos cometer, y nos constriñe cuando preferiríamos hacer lo que nos plazca. Termina la sección describiendo cómo Dios puede cambiarnos para que en nuestra mente (*mens*), al menos, amemos la Ley (sección 2). Luego continúa condenando a los pelagianos (sección 3). El hombre, dice, de sí mismo no puede cumplir la Ley. Si pudiera, no habría necesidad de la muerte de Cristo. Luego discute brevemente los usos de la Ley, y da una consideración muy tradicional de los tres usos de la Ley (convicción, orden civil, guía en la santificación).

A primera vista podría parecer que Vermigli se está involucrando con la falacia del hombre de paja, ya que tanto los maniqueos como los pelagianos eran antiguos herejes cuyas falsas ideas Agustín había hecho mucho por ponerles fin. Reflexionando, sin embargo, tal refutación de las doctrinas maniqueas y pelagianas era relevante y actual. El mantra de la *via moderna*, "Dios no niega su gracia a aquellos que hacen lo que está en ellos" (*facientibus quod in se est Deus non denegat gratiam suam*), popularizado por Gabriel Biel, y siguiendo la

---

sobre otros reformadores, particularmente Zanchi y Beza, y fue un factor clave en el auge de la escolástica protestante.

línea de la *Imitación de Cristo* de Tomás de Kempis, se sentía a menudo muy cercano a los supuestos pelagianos para comodidad de los reformadores (a pesar de la popularidad, especialmente en la Zúrich de la Reforma, de su trabajo posterior),[27] mientras que varios grupos dentro de lo que tradicionalmente se nombra como "La Reforma Radical" — grupos a los que a menudo se refiere como libertinos, antinomianistas y, burlescamente, catabaptistas, por los reformadores principales— se pensaban que iban muy lejos en su actitud crítica de la Ley y sus convenientes beneficios, tanto como para suscitar un cargo de maniqueísmo en más de una ocasión. De esta manera, aunque Vermigli en ningún lugar en estos dos capítulos declara explícitamente que estos grupos están en su mira, no es sorpresa que estos pasajes en particular fueran seleccionados por su editor para incluirlos en los *Principios Fundamentales*.

Finalmente, el capítulo termina con una selección de guía tomada de múltiples comentarios de Vermigli y diseñada para mostrar cómo se debe aplicar la Ley en casos en los que la Palabra de Dios parece dar dos órdenes que son mutuamente excluyentes. Sus dos reglas empíricas son que cuando esto sucede, uno debería obedecer al último mandato o al más

---

[27] Sobre la *vía moderna* y Gabriel Biel, véase Alister McGrath, *Historical Theology: An Introduction to the History of Christian Thought*, 2nd ed. (Chichester: Wiley-Blackwell, 2013), 118-20. Según McGrath, los pensadores de esta escuela eludían la acusación de pelagianismo afirmando que las obras del hombre *per se* carecían de valor, pero que Dios, mediante una *aceptación* misericordiosa, se dignaba considerarlas valiosas, como monedas de plomo bañadas en oro. Para las ideas de la *vía moderna* en Tomás de Kempis, véanse sus *Imitatio Christi* I.7 y IV.7, donde hacer lo que está a nuestro alcance (*facere quod in se est*) desempeña un papel crucial. En cuanto a la popularidad de la *Imitación de Cristo* en la Zúrich de la Reforma, puede señalarse la traducción alemana que de ella hizo Leo Jud (*Nachvolgung Christi* [Zurich: Augustin Friess, 1539]).

importante. Luego procede a explicar la aplicación de estas reglas con ejemplos concretos (sección 6 y 7). Debe notarse que el Capítulo 3 es corto (aproximadamente un cuarto de la extensión del capítulo sobre libre albedrío), y es así porque sirve como una introducción a los siguientes capítulos de los *Principios Fundamentales* en donde Vermigli discute cada ítem del Decálogo de manera individual y en gran extensión.

Sobre la Traducción y las Fuentes

El texto base usado para la traducción fue la primera edición titulada *Petri Martyris Vermilii Florentini praestantissimi nostra aetate theologi Loci Communes*, impresa en Londres en 1576 por John Kyngston, y preparada por Robert Masson,[28] quien compuso la carta prologal. Esta obra fue traducida al inglés siete años después en 1583 por Anthony Marten e impresa por H. Denham y H. Middleton bajo el título *The Common places of the most famous and renowned Divine Doctor Peter Martyr*. Es una traducción muy cerrada y literal de la edición latina de 1576, por lo que su valor en resolver problemas textuales, de los cuales no hay pocos, es mínimo (aunque la traducción de Marten sí corrige algunos errores, sobre todo aquellos que involucran los números de las secciones).

Al resolver el conjunto de problemas textuales que surgen en el transcurso de la traducción, he recurrido a las primeras ediciones de los comentarios de los cuales esta porción de los *Principios Fundamentales* fue tomada. Su información bibliográfica puede encontrarse en la primera nota al pie de cada sección que ha sido sacada de ellos. Cualquier referencia

---

[28] Para más información sobre Masson, véase la nota 2.

siguiente, especialmente en lo pertinente a las variantes textuales, usa la abreviatura del libro de la Biblia en cuestión y la fecha de publicación (usando lugar de publicación junto a la fecha, dado que muchos de estos comentarios fueron publicados numerosas veces en la misma imprenta, puede dar lugar a confusión). Así, la abreviatura que se refiere a su comentario sobre Romanos es *Romanos 1558*. También consulté ediciones siguientes de los mismos *Principios Fundamentales*, aunque no todas.[29] Las que sí consulté, en adición por supuesto a la de Londres de 1576, fue la edición de Zúrich de 1580 y la edición de Heidelberg de 1603. Estas tres ediciones, junto con las primeras ediciones de los comentarios que suplieron esta porción de la obra en primer lugar, fueron suficientes para desenredar las pocas discrepancias que surgieron durante la traducción.

La referencia de abreviatura a una edición de los *Loci* será el lugar de publicación seguido del año. De esta manera, una referencia a la edición de Heidelberg de 1603 será *Heidelberg 1603*. Esta manera de proceder también arrojó luz sobre la práctica de varios editores. El editor de Londres prefirió reducir los errores encontrados en los comentarios originales (mientras introducía algunos propios también), mientras que editores posteriores prefirieron corregir ambos tipos de errores, ya sea al referir a los comentarios originales o usando su propia ingenuidad o sentido común (cualquiera sea la causa).

---

[29] Para más información sobre las catorce ediciones de los *Loci* que aparecieron entre 1576 y 1656, véase Joseph C. McClelland, "A Literary History of the *Loci Communes*", en *A Companion to Peter Martyr Vermigli*, ed. Torrance Kirby et al. Torrance Kirby et al., 479-94; véase también John Patrick Donnelly, SJ, Robert Kingdon, y Marvin Anderson, *A Bibliography of the Works of Peter Martyr Vermigli* (Ann Arbor, MI: Edwards Brothers, 1990), 98-126.

El objetivo de la siguiente traducción fue mejorar la de Marten no solo al ofrecer simplemente una versión más actual, sino también una que se proponga ser menos latinizada y más idiomáticamente inglesa en su estilo. También presenta una interpretación diferente de varios pasajes en los que el presente traductor cree que Marten simplemente erró y leyó equivocadamente el latín (algo que los traductores son propensos a hacer). Finalmente, se propone proveer un formato más amigable para el usuario. El texto latino original no tiene divisiones de párrafos y usa numerales romanos para agrupar secciones extensas dentro de las cuales se discuten varios tópicos. En consecuencia, lo que el lector ve es un texto más o menos continuo con pocos cortes y solo resúmenes marginales (tomados directamente de los comentarios originales) para ayudar a navegar. Por lo tanto, he añadido números y títulos de capítulos mientras que preservo las secciones de números originales, pero incluí éstos en corchetes para que el lector pudiera saber que se originan con la traducción, no con Vermigli. Muchas personas me proveyeron de ayuda indispensable en la preparación del presente volumen. Estoy especialmente agradecido con el Doctor Kirk Summers de la Universidad de Alabama, quien me invitó a participar en este proyecto y quien me ayudó de innumerables maneras desde el principio hasta el final; al Doctor Timothy Edwards del College New Saint Andrews por su consumada pericia en el hebreo, que me permitió desentrañar la manera en que Vermigli usaba la Biblia hebra y los comentarios rabínicos; y a Laura Grace Alexander de la Geneva School, quien fue de gran ayuda en las citas de muchos nombres y obras que Vermigli refiere en el curso de su exégesis. Finalmente, un agradecimiento especial a mi esposa que soportó con paciencia mi frecuente ausencia para trabajar en esta traducción.

CAPÍTULO 2: SOBRE EL LIBRE ALBEDRÍO

LOCI COMMUNES (II.1-3)

§1: EL LIBRE ALBEDRÍO

1. CONVENDRÁ ahora discutir brevemente la libertad de nuestra voluntad. Por el momento, debemos considerar qué grado de libertad nos ha dejado la depravación innata como resultado del pecado original, especialmente ya que se nos dice que atribuyamos por completo a la gracia de Dios cualquier buena obra que realicemos.

Aunque el término *libre albedrío* no aparece en la Escritura, la idea misma no debe ser considerada como fabricada o inventada. Los griegos la llaman αὐτεξούσιον, que significa *en el propio poder o bajo el propio control de uno mismo*. Los hablantes latinos expresan la misma idea cuando dicen *arbitrii libertas*, esto es, libre albedrío. *Libre* significa aquello que no sigue la voluntad de otro, sino la suya propia, mientras que *albedrío* [o voluntad] se piensa que consiste en que seguimos, según nos parece, las decisiones a las que llegamos por medio de la razón. De acuerdo con esto, la voluntad es libre cuando adopta, como quiere hacer,[1] aquellas decisiones que son aprobadas por la parte cognitiva de la mente.

Así, la naturaleza del libre albedrío, aunque se hace más evidente en la volición, tiene sus raíces en la razón, y aquellos que deseen usar esta facultad correctamente deben sobre todo velar porque no ocurra ningún error en su razonamiento. El

---

[1] Al decir *libre* y *como quiere*, Vermigli está haciendo uso de un argumento etimológico, ya que en latín lo primero es *libera* y lo segundo es *prout libuerit*.

error usualmente ocurre de dos maneras: o fallamos en ver lo que es justo e injusto en el desarrollo de nuestras acciones; o, si lo vemos, erramos en nuestro examen de las razones que se nos presentan para cada lado, porque el deseo en nosotros casi siempre favorece el argumento más débil. Es por esto que la posición más fuerte y mejor es a menudo desestimada o rechazada, como vemos que ocurre a veces en los debates: Aquellos que desean defender el lado más débil tienden a adornarlo con todo tipo de florituras y adornos retóricos para que la audiencia sea atraída por el lustre y el encanto, y no sopese la fortaleza y la solidez del razonamiento.

Es más, uno debería reconocer que la deliberación[2] no aborda cualquier asunto, sino solo aquellos asuntos que se llaman *performativos* (πρακτικαί), esto es, las acciones que son llevadas a cabo por nosotros. No todo lo que perseguimos o rechazamos requiere deliberación. Algunas cosas son tan clara e indudablemente buenas que es suficiente con que sean propuestas para que inmediatamente se elijan o se rechacen, tales como la felicidad, la infelicidad, la vida, la muerte, y cualquiera de esta clase. Otras cosas son menos claras, o, más bien, se encuentran en un terreno medio.

Es acerca de éstas que la gente tiende a deliberar. Todos admiten sin vacilación que Dios debe ser adorado, pero *cómo* debe ser adorado y en qué ceremonias, es un tema de la más grande controversia. Todos saben que es conveniente para las personas que se reúnan en ciudades y cultiven una comunidad con el otro, pero por qué leyes deben ser gobernados y qué forma de gobierno deben usar, son preguntas que a menudo dan lugar a gran incertidumbre. Es sobre ésta y otras preguntas similares que se aplica el libre albedrío.

---

[2] Es decir, la deliberación como ejercicio y actividad de la voluntad humana.

2. Defino el libre albedrío de la siguiente manera: Es la facultad por la cual aceptamos o rechazamos, según queramos, aquellas decisiones que han sido tomadas por la razón. Ahora bien, no puede establecerse en una simple respuesta si los hombres tienen o no tal facultad, o cómo opera en ellos. Es primero necesario determinar el estado o condición del hombre, y al menos cuatro estados diferentes se encuentran en el hombre: Un estado, y muy diferente, era el de Adán cuando fue creado en el principio. Hubo otro después de la caída, el cual es el estado actual de su progenie entera.

Por otro lado, aquellos que han nacido en Cristo disfrutan de un mucho mejor estado que aquellos que viven sin Cristo. Pero disfrutaremos el más feliz y libre de los estados cuando nos despojemos de nuestros cuerpos mortales. Por tanto, responderemos a la pregunta antes propuesta dentro del contexto de estas cuatro condiciones.

218 EL PECADO ORIGINAL, EL LIBRE ALBEDRÍO, Y LA LEY DE DIOS

§2: LOS ESTADOS DE LA VOLUNTAD

DEBEMOS creer que desde el primer momento de su creación Adán era libre. Pero antes de desarrollar esta idea, debemos hacer una distinción entre tres tipos de acciones que tienen lugar en nosotros. De estas acciones, algunas son naturales, como estar enfermo, estar sano, nutrirse, digerir la comida, y otras cosas similares. En estas acciones, aunque el primer hombre disfrutó una existencia mucho más bendecida de la que nosotros disfrutamos en el presente, él estaba sujeto a un tipo de necesidad, puesto que tenía que comer, nutrirse y consumir comida, aunque estuviera exento de todas las adversidades que pueden causar la muerte. Hay otras acciones que, desde una perspectiva civil o moral, no son ni justas ni injustas. El tercer tipo son aquellas acciones que son agradables y gratas para Dios.

En lo que concierne a estos tres tipos, el hombre fue desde un inicio creado libre, ya que fue hecho a la imagen de Dios, para quien nada es más adecuado que la verdadera y genuina libertad. Además, está escrito acerca de él: "lo coronaste de gloria y de honra" [Salmos 8:5], y "el hombre que está en honra y no entiende" [Salmos 49:21]. Ahora bien, ¿qué honor puede haber cuando no hay libertad? Finalmente, Dios puso lo que había creado bajo el control del hombre. Si hubiese sido creado como un esclavo de sus pasiones y deseos, ciertamente no hubiese nunca podido ejercer verdadero dominio sobre ellos

220 EL PECADO ORIGINAL, EL LIBRE ALBEDRÍO, Y LA
LEY DE DIOS

según la correcta razón. Sin embargo, dado que la Escritura nos deja en la oscuridad en relación con qué estado era ése, nada puede determinarse con certeza. Agustín dice en su *La corrección y la gracia*:

Tal es la primera gracia que se dio al primer Adán; pero la aventaja en eficacia la del segundó Adán. Por la primera puede el hombre mantenerse en la justicia, si quiere; la segunda es más poderosa, porque nos hace amar la justicia y amarla tanto y con tal denuedo, que el espíritu vence con su voluntad los deseos contrarios del apetito carnal.[3]

En esta clasificación, Agustín va tan lejos como para poner la gracia que ahora poseemos a través de Cristo por sobre la gracia que Adán tenía en el paraíso, ya que ahora, por la gracia de Cristo, nosotros no solo perseveramos, al estar dispuestos para ello, sino que, como dice Pablo, gracias a la gracia, poseemos tanto la voluntad como su cumplimiento, ya que el corazón de los creyentes es cambiado y ellos son transformados de aquellos que no quieren a aquellos que sí quieren; por contraste, en el primer hombre, la capacidad de voluntad dependía solo de su voluntad y no se produjo en él por gracia de Dios.

Al explicar por qué Dios envistió de libre albedrío a Adán cuando fue primero creado, Agustín dice, en el libro dos de *Del libre albedrío*, que Dios ordenó demostrar su bondad y justicia hacia él. Él quiso mostrar su bondad hacia él si actuaba correctamente, lo que por supuesto no pudo haber logrado si no tuviese libre albedrío; si, por el contrario, actuaba de una manera vergonzosa y mala, Dios quiso ejecutar la severidad de su juicio hacia él. Según resultó, en su libertad falló

---

[3] Agustín, *De correptione et gratia* 31 (La corrección y la gracia, NPNF 1/5:484).

miserablemente.[4] Así como Cristo nos dice cómo un hombre que venía de Jerusalén a Jericó se topó con ladrones y fue terriblemente golpeado por ellos, así también Adán fue abandonado en un estado de desesperación y casi-muerte, no solo al perder sus vestidos y adornos de distinción, sino también al recibir muchas heridas.

3. En consecuencia, afirmamos que, en lo que se refiere al segundo estado, ya que estamos alienados de Cristo, conservamos una libertad muy pequeña, puesto que estamos sujetos a las necesidades de la naturaleza y, sea que lo queramos o no, somos afligidos por enfermedades, en lo que a las acciones civiles y morales concierne, ya que éstas caen dentro del conocimiento natural y no exceden los poderes de nuestra voluntad, aunque en el caso de estas acciones, también, la gente experimenta un sufrimiento considerable porque sus malos deseos trabajan en contra de la rectitud moral. Las seducciones y los deleites golpean constantemente nuestros sentidos. A ellos se suman los persuasores malvados, y también Satanás, que constantemente incita y empuja. Envidiando él las ventajas de la humanidad y consciente de que la civilización se mantiene unida por acciones morales, está ansioso por derribarlas por todos los medios posibles.

Aun así, las muchas buenas leyes promulgadas por Licurgo, Solón, Numa y otros, demuestran que los poderes del hombre son bastante eficaces en esta esfera civil, al menos en lo que respecta a su juicio. De manera similar, Pablo dice a los romanos: "¿Y piensas esto, oh hombre, tú que juzgas a los que tal hacen, y haces lo mismo, que tú escaparás del juicio de

---

[4] Vermigli parece parafrasear a Agustín, *De libero arbitrio* 2.204-205.

222 EL PECADO ORIGINAL, EL LIBRE ALBEDRÍO, Y LA LEY DE DIOS

Dios?" [Rom. 2:3]. Es más, hay dos consideraciones en este ámbito que no deben ser pasadas por alto.

La primera es que Dios hace uso completo de la voluntad de los hombres para los propósitos que Él mismo ordena. La segunda, que se sigue de la primera, es que los resultados que se quieren conseguir por aquellos involucrados en los asuntos civiles no se llegan a realizar, puesto que a menudo llegan a darse resultados completamente diferentes de lo que ellos podrían haber imaginado. Esto causaba con frecuencia gran angustia en los paganos. Pompeo, Catón y Cicerón pensaban que habían diseñado cursos de acción impresionantes, pero cuando no alcanzaron nada, no quedó nada de sus diseños más que desesperación. Frustrados en sus planes, culpaban por entero la falla a la fortuna y el azar.

Pero Jeremías declara que el asunto de las acciones y el resultado de los planes se encuentra en las manos de Dios, cuando dice: "Conozco, oh Jehová, que el hombre no es señor de su camino, ni del hombre que camina es el ordenar sus pasos" [10:23]. Los judíos interpretan este pasaje en relación con Nabucodonosor. Ellos dicen que salió a hacer guerra contra los amonitas, no contra los judíos, como se relata en Ezequiel 21 [v. 20-21].

Sin embargo, cuando llegó hasta donde los dos caminos se encontraban, comenzó a deliberar, consultando entrañas, serafines y suertes por el resplandor de una espada,[5] y habiendo

---

[5] En la lectura "suertes por el resplandor de la espada" en Ezequiel 21:21 (v. 26 en la Biblia hebrea), se obtiene una idea del uso que Vermigli hace del hebreo y de la tradición rabínica en el estudio de la Biblia. Para la קלקל masorética בחצים, la Vulgata dice "mezclar flechas" (commiscens sagittas), mientras que la LXX dice, evidentemente, "lanzar un bastón" (τοῦ ἀναβράσαι ῥάβδον). En las traducciones inglesas se traduce habitualmente como "flechas temblorosas". El hecho de que Vermigli lo interprete como echar "suertes por el resplandor de una espada" (sortes ex fulgore gladii) delata su uso del rabino judío provenzal del siglo XIII

obtenido guía de esta manera, menospreció a los amonitas, invadió Judea y sitió Jerusalén.

Estas dos ideas, que Dios es el autor de los planes y que da el resultado que Él quiere a las acciones, no escapan a los piadosos. De esta manera, ellos no toman ninguna decisión tocante a ellos mismos sin añadir la disposición "si Dios quiere", algo que Santiago enseña que debe hacerse. De manera similar, en su carta a los romanos, Pablo menciona sus deseos de tener un viaje favorable hacia ellos, aunque de acuerdo con la voluntad de Dios [Rom. 1:10]. Por esta razón, si el asunto resulta contrario a lo que esperaban, tienen consolación, sabiendo que Dios, su Padre excelente, hace mejor provisión para Su reino y para el propio bien de ellos del que ellos mismos podrían haber hecho. Siempre tienen en sus bocas lo que cantaba David: "Si Jehová no edificare la casa, en vano trabajan los que la edifican" [Salmos 127:1]. Por tanto, se preocupan de adaptar sus planes a la Palabra de Dios. Comprometen el resultado a Dios, y así viven imperturbables desde cualquier punto de vista.

4. Sin embargo, ya que los hombres están alejados de Dios, no tienen libertad cuando se trata de acciones que no complacen ni están aprobadas por Él. Aquí Agustín dice en su *Enchiridion* que el hombre se destruyó tanto a sí mismo como su libre albedrío, al mal usarlo, porque el pecado ganó la contienda y

---

David Kimhi, que menciona esta práctica adivinatoria en su comentario sobre Ezequiel. Véase David b. Joseph Kimhi, "Comentario sobre Ezequiel", en ספר יחזקאל: מקראות גדולות הכתר [Mikra'ot Gedolot 'Haketer': A Revised and Scientific of 'Mikra'ot Gedolot,' Based on the Aleppo Codex and Early Medieval MSS: Ezekiel], ed. Menachem Cohen. Menachem Cohen (Ramat-Gan: Universidad Bar Ilan, 2000), 137-38. Para más información sobre la actividad de Vermigli en los estudios hebraicos, véase Max Engammare, "Humanism, Hebraism, and Scriptural Hermeneutics", en *A Companion to Peter Martyr Vermigli*, ed. Torrance Kirby et al. Torrance Kirby y otros, 161-74.

224 EL PECADO ORIGINAL, EL LIBRE ALBEDRÍO, Y LA LEY DE DIOS

redujo al hombre a servidumbre.[6] Sé que hay algunos que interpretan la declaración de Agustín como diciendo que Adán perdió su libre albedrío en lo que respecta a la gracia y la gloria, pero no en lo que concierne a su naturaleza. Para aclarar, no voy a hacer grandes esfuerzos por negar que la razón y la voluntad —que son partes de nuestra naturaleza— han dejado al hombre luego de la caída; pero ellos mismos no pueden negar que la naturaleza misma está lisiada y herida. Esto, incluso el maestro de las *Sentencias* lo asevera en el libro dos, distinción 25.[7] Él dice que ahora, luego de la caída, el hombre está en la posición de que puede pecar y, aún más, no puede no pecar. Y aunque Agustín y los otros no hubiesen hecho esta afirmación, un argumento convincente podría demostrarlo: Las acciones piadosas resultan de dos fuentes, el conocimiento y el apetito. Respecto al conocimiento, Pablo dice que "el hombre natural no percibe las cosas que son del Espíritu de Dios, porque para él son locura, y no las puede entender" [1 Cor. 2:14]. Ahora bien, si no percibimos[8] lo que debemos hacer y lo que agrada a Dios, ¿cómo podremos llevarlo a la acción?

Es más, es evidente en Génesis 6 cómo nuestro apetito y conocimiento están relacionados entre ellos (i.e., las cosas del espíritu de Dios). Dios dice: "No contenderá mi espíritu con el hombre para siempre" [Gen. 6:3]; y un poco después: "Y vio Jehová que la maldad de los hombres era mucha en la tierra, y que todo designio de los pensamientos del corazón de ellos era de continuo solamente el mal" [Gen. 6:5]; y en el capítulo 8: "El intento del corazón del hombre es malo desde su juventud"

---

[6] Agustín, *Enchiridion* 30 (Enchiridion, NPNF 1/3:247).
[7] Pedro Lombardo, *Sentencias* 2.25.
[8] El lenguaje de Vermigli refuerza su argumento. Al decir "si no percibimos", utiliza la palabra *cognoscimus*, que recuerda el "conocimiento", *cognitio*, mencionado anteriormente.

[Gen. 8:21]. Es Dios mismo quien dice estas cosas, y sobre el asunto de nuestros poderes no debemos creerle a nadie más que al Alfarero, donde sea que dé testimonio acerca de Su obra.

En Jeremías 18, la gente dice: "Haremos cada uno el pensamiento de nuestro malvado corazón" [v.12]. Comentando sobre este pasaje, Jerónimo escribe: "Por tanto, sin la gracia de Dios, ¿dónde está el poder del libre albedrío y el juicio de la volición de uno mismo, viendo que seguir los pensamientos de cada uno y hacer la voluntad de un corazón depravado es una ofensa horrible en contra de Dios?"[9] Cristo nos enseña en Juan que estamos sujetos a servidumbre: "Todo aquel que hace pecado, esclavo es del pecado" [Juan 8:34].

Por lo tanto, ya que cometemos muchos pecados y llevamos el pecado de manera innata desde el vientre de nuestra madre, debemos necesariamente admitir que somos esclavos. Pero seremos verdaderamente libres si el Hijo nos hace libres; de otra manera, somos esclavos en la más amarga de las esclavitudes. Por esta razón, Pablo dijo que estaba vendido al pecado [Rom. 7:14] —tan vendido como para confesar que nada bueno habitaba en su carne— y hacía lo que no quería y lo que odiaba [Rom. 7:18-19]; él sentía otra ley en sus miembros, opuesta a la ley de su mente que lo tenía cautivo a la ley del pecado [Rom. 7:23]. A los gálatas les dice que la carne batalla contra el espíritu y el espíritu contra la carne, para que no hagamos lo que queremos [Gal. 5:17].

Si esto es verdad en el caso de un apóstol tan grande y en el caso de los individuos santos que nacen en Cristo, ¿qué debemos pensar de los impíos que no pertenecen a Cristo? No se pueden acercar a Él a menos sean atraídos a Él. Cristo dice:

---

[9] Jerónimo, *Commentarii in Jeremiam Prophetam* 4.18.11-13 (PL 24:797B).

"Ninguno puede venir a mí, si el Padre que me envió no le trajere" [Juan 6:44]. Agustín hace el punto de que una persona que quiere venir de antemano por su propia voluntad no es *traída*, sino *conducida*. De esta manera, si debemos ser *traídos* a Cristo, es porque no lo deseamos de antemano, lo cual es un pecado muy serio. Y no lo deseamos porque la sabiduría de la carne es enemistad contra Dios, porque no está sujeta a la ley de Dios; de hecho, ni siquiera es capaz de estar sujeta [Rom. 8:7]. Todos los que no han sido liberados a través de Cristo viven bajo la ley y, como Pablo admite en Gálatas, bajo una maldición [3:10]. Esto no sería verdad si fueran capaces de obedecer la ley de Dios, ya que solo aquellos que transgreden la ley se vuelven sujetos a una maldición.

Es más, Pablo claramente declara: "Así que no depende del que quiere, ni del que corre, sino de Dios que tiene misericordia" [Rom. 9:16]. Nuestra salvación es *su* obra, no de nuestra capacidad. Él es el que obra en nosotros tanto la voluntad como su cumplimiento [Fil. 2:13]. Antes de que Él produzca esto, si ha tenido alguna interacción con nosotros sea a través de la ley o a través de la enseñanza de su Palabra, es con piedras que interactúa. Nuestros corazones son de piedra, a menos que Cristo los transforme en carne. En Ezequiel Él promete que hará esto, y que nos hará caminar en sus preceptos [11:12].

Y claramente si fuéramos capaces de vivir justa y rectamente sin la gracia, seríamos también capaces de ser justificados por nuestras obras, una idea que es rotundamente rechazada tanto por Pablo como por toda la Escritura. Jeremías dice: "Conviérteme, y seré convertido, porque tú eres Jehová mi Dios" [Jer. 31:18]. David dice: "Crea en mí, oh Dios, un corazón limpio" [Salmos 51:10]. Del capítulo 29 de

Deuteronomio nos damos cuenta de que esto no sucede en el caso de todos, en donde está escrito: "Pero hasta hoy Jehová no os ha dado corazón para entender, ni ojos para ver, ni oídos para oír" [v. 4]. En el capítulo 30, Dios promete circuncidar sus corazones y los corazones de su simiente para que puedan caminar en sus preceptos [v. 6]. Él no solo comienza, sino que también completa nuestra salvación. Pablo dice a los filipenses: "Estando persuadido de esto, que el que comenzó en vosotros [la buena obra][10], la perfeccionará hasta el día de Jesucristo" [Fil. 1:6]. Al notar esto, los hombres santos oran junto con David: "Inclina mi corazón a tus testimonios" [Salmos 119:36], y con Salomón: "Incline nuestro corazón hacia él, para que andemos en todos sus caminos" [1 Reyes 8:58], y con Pablo en Tesalonicenses: "Y el Señor encamine vuestros corazones al amor de Dios, y a la paciencia de Cristo" [2 Tes. 3:5]. De manera similar, Salomón dice en Proverbios: "Como los repartimientos de las aguas, así está el corazón del rey en la mano de Jehová; a todo lo que quiere lo inclina" [Prov. 21:1]. Estos pasajes son suficientes para mostrar que nuestra vuelta a Él y nuestro obrar bien son la obra de Dios.

---

[10] Estas palabras se omiten en la cita de Vermigli.

§3: DISTINCIÓN ENTRE NECESIDAD Y COERCIÓN

5. EN ESTE punto ciertos individuos contestan, mencionando los mandamientos en la Escritura que parecen implicar que cumplir lo que se ordena está en nuestro poder. Isaías dice: "Si quisiereis y oyereis, comeréis el bien de la tierra" [Isaías 1:19]. Asimismo, el Señor a menudo nos ordena que nos volvamos a Él: "¿Quiero yo la muerte del impío? dice Jehová el Señor. ¿No vivirá, si se apartare de sus caminos?" [Eze. 18:23], y cuando publicó la ley dijo que ponían enfrente la vida y la muerte, bendición y maldición. Otros incontables pasajes podrían citarse, pero debemos notar aquí que, aunque estos mandamientos eran dados a los hombres, no se enseña en ningún lugar que puedan llevarse a cabo por la fuerza propia de ningún individuo. Y tampoco está bien inferir la grandeza de nuestra fuerza sobre la base de los mandamientos de la ley de Dios, como si pudiéramos cumplir por nosotros mismos todo lo que la ley de Dios demanda. Por el contrario, deberían llevarnos a examinar nuestra debilidad y entender que cuando vemos que la perfección y grandeza de los mandamientos de Dios exceden nuestra fuerza por un margen incalculable, hay algún propósito distinto para la ley que el que la cumplamos.

Pablo muestra que tal propósito es multiforme. Él dice: "porque por medio de la ley es el conocimiento del pecado" [Rom. 3:20], y añade que la ley fue pasada para que el número de transgresiones abundara. De esta manera, la ley prueba ser un pedagogo,[1] para traer a los hombres a Cristo, y así cuando ellos mismos se encuentren abrumados por el peso de los mandamientos y la enormidad de sus pecados, puedan reconocer que su salvación se sostiene sobre la misericordia de Dios y la redención de Cristo. Porque tan pronto como entendemos nuestra inhabilidad e indignidad, inmediatamente comenzamos a rogar a Dios que perdone nuestros pecados por medio de Cristo, para que nos provea el auxilio de su Espíritu Santo, y para que deseemos anhelar su voluntad. "Concede lo que mandas, y luego manda lo que quieras", dice Agustín.[2] Además, otro uso de la ley es que veamos hacia qué meta debemos esforzarnos. Es incluso posible que las personas se conformen a la ley si por la gracia de Dios una obediencia incipiente es concedida. Finalmente, ya que no se nos concede en esta vida el ser capaces de cumplir la ley perfectamente, obtendremos esto de manera completa en la vida próxima, cuando seamos despojados de toda esta corrupción.[3]

No obstante, no debe acusarse a Dios de injusticia de Su parte, ya que no es Su culpa que Sus requerimientos no puedan alcanzarse. No puede ninguno de nosotros excusarse, viendo que voluntaria y deseosamente violamos la ley puesta delante nuestro. Se promulgó un cuerpo legislativo que se correspondiera lo más posible con nuestra naturaleza (como fue originalmente diseñado); la imagen de Dios no podría haber sido expresada con mayor claridad o efectividad de ninguna otra manera. Ahora, si no podemos cumplir la ley por causa de nuestro pecado, al menos podemos ver cómo debemos ser.

---

[1] En la Antigüedad, el *pedagogo* solía ser un esclavo encargado de cuidar a los hijos del amo y, en particular, de acompañarlos a la escuela.
[2] Agustín, *Confessiones* 10.29 (*Confesiones*, NPNF 1/1:153).
[3] Para un análisis específico de Vermigli sobre la Ley, véase más adelante *Sobre la Ley*.

6. La afirmación que frecuentemente se aduce de que solo lo que resulta de la decisión deliberada debe considerarse pecado debe tomarse, según Agustín lo interpreta, como perteneciente a la clase de pecado que no es la culpa del pecado. Después de todo, la culpa original no es ni voluntaria ni se efectúa por decisión deliberada. Pero diréis "siendo éste el caso, estamos de manera evidente necesariamente atrapados en el pecado". En efecto, no negaré esto. Pero esta necesidad no es del tipo que implica coerción. Dios es necesariamente bueno y no puede de ninguna manera pecar; aunque no es obligado por la fuerza a ser bueno. En *La ciudad de Dios* Agustín comenta de manera elegante lo siguiente: "¿Se puede acaso negar que Dios, por no poder pecar, carece de libre albedrío?"[4] En *Sobre la fe*, Ambrosio da testimonio de la libertad de Dios cuando dice: "todas estas cosas las hace un mismo y único Espíritu, distribuyéndolas a cada uno en particular, como quiere [...] según su voluntad, no conforme al acatamiento de una necesidad."[5]

En estas declaraciones de los Padres el libre albedrío se toma como opuesto a la fuerza y la coerción, y no en el sentido de estar igualmente dispuesto en una u otra dirección. En consecuencia, en su homilía *De Filio Prodigo*, en la que escribió a Damasio, Jerónimo escribió de manera diferente acerca del libre albedrío porque lo entendió de manera diferente. Él dice: "Dios es el único a quien el pecado no caracteriza, ni tampoco puede. Todo lo demás, ya que tiene libre albedrío, puede tomar cualquier dirección."[6] No poder pecar

---

[4] Agustín, *De civitate Dei* 22.30 (Ciudad de Dios, NPNF 1/2:510).
[5] Ambrosio, *De fide ad Gratianum* 2.48 [capítulo 6, no capítulo 3, como recoge Vermigli] (*De la fe*, NPNF 2/10:229).
[6] La referencia es en realidad a la Carta 21 de la correspondencia de Jerónimo. Véase *CSEL* 54:139. La creencia de Vermigli de que la declaración procede de una homilía se debe posiblemente a la aparición

también caracteriza a los espíritus bendecidos y a los ángeles, puesto que su felicidad está ya confirmada. De esta manera, en *La ciudad de Dios*, Agustín dice:

> Así como la primera inmortalidad, que perdió Adán por el pecado, consistía en poder no morir, así el primer libre albedrío consistió en poder no pecar, mientras que el segundo en no poder pecar.[7]

Sea como fuere, los espíritus bendecidos y los ángeles todavía tienen cierto tipo de libertad, no en que puedan volverse a cualquier dirección, sino en que, aunque actúan por necesidad, no son coaccionados o forzados a actuar.[8] Porque, así como algunas verdades son tan obvias que la mente no puede sino asentir a ellas, de la misma manera, cuando la presencia de Dios es revelada y hecha evidente, tan grande es su bondad que los santos son incapaces de apartarse de ella. De esta manera, aunque pecamos necesariamente antes de nacer de nuevo en Cristo, los derechos de nuestra voluntad no son sin embargo traspasados, ya que sea lo que sea que hagamos, lo hacemos voluntariamente y atraídos por alguna motivación.

Tampoco debemos considerar que no somos diferentes de las bestias brutas. Ellas están impelidas por su tipo de juicio, pero no uno libre; los humanos, en cambio, incluso los que no han nacido de nuevo, aún retienen una gran cantidad de libertad, como lo hemos dicho, en lo que concierne a las acciones civiles

---

de esta misma declaración en las *Sentencias* de Pedro Lombardo (2.25), donde así se describe.

[7] Agustín, *De civitate Dei* 22.30 (Ciudad de Dios, NPNF 1/2:510).

[8] Uno desearía que Vermigli hubiera abordado la cuestión de por qué, como comúnmente se sostiene en la tradición cristiana, Lucifer cayó, si estar en presencia de Dios ordena natural y necesariamente, aunque no coercitivamente, este tipo de reacción.

y morales. En segundo lugar, tienen una elección entre los pecados actuales en los que necesariamente permanecen, así como en el elegirlos o rechazarlos, aunque son incapaces de alcanzar las cosas que agradan a Dios. Estos rasgos no caracterizan a las bestias brutas. Por el contrario, son tan conducidas por una fuerza natural que no pueden hacer nada con ningún grado de libertad. Se puede decir que las personas son libres en cuanto a la coacción, o al pecado o a la miseria. La primera libertad, de la coacción, se les da a todas las personas. Sin embargo, todos los que aún no han venido a Cristo se encuentran en todos los sentidos sujetos a pecado y miseria. Luego discutiremos de qué manera la gente que ha nacido de nuevo se encuentra sujeta al pecado y la miseria, aunque vivan en esta tierra; en el intertanto, la idea de que la voluntad no está coaccionada al pecado por esta necesidad que planteamos debería ser un punto resuelto [secciones 23-24].

7. Pero para demarcar la pregunta entera con una mayor claridad, debe establecerse bien de antemano qué significan los términos *libre*, *violento* y *espontáneo*. Llamamos *libre* a aquello que, cuando dos o más opciones han sido propuestas, es capaz de elegir lo que quiere según lo que le plazca. Ésta es la razón de que neguemos rotundamente que la voluntad de los individuos no regenerados sea libre, puesto que no puede elegir las cosas que tienen que ver con la salvación. Aquello que es movido por una fuente externa y de sí mismo no contribuye a tal movimiento, sino que, por el contrario, lucha contra él, es *violento*, como cuando una piedra es arrojada al aire. Aquello que tiene una fuerza interna y está inclinada al movimiento hacia el cual es conducido se llama *espontáneo*. Es evidente, por tanto, que lo espontáneo y lo necesario no son mutuamente excluyentes, puesto que pueden estar combinados, como es claro en el caso de nuestra voluntad, que necesariamente

persigue la felicidad, pero lo hace alegremente y de su propio acuerdo. Es más, la voluntad nunca puede ser coaccionada para querer lo que no quiere. En efecto, Agustín piensa que la idea de querer lo que no quieres es tan absurda como si se dijera que algo puede estar caliente sin el calor.

Sin embargo, la necesidad por la cual se dice que los impíos pecan no es tan absoluta y perfecta como para resistir alteración. Puesto que al acercarse el Espíritu y la gracia de Cristo se rompe de inmediato. Por esta razón, Agustín dice que *ser capaz* de tener fe es un asunto de la naturaleza, aunque *tenerla* es por completo un asunto de la gracia, ya que la potencialidad o capacidad no implica acción, a menos que la gracia sea divinamente conferida. En este punto —que la habilidad es innata— Agustín y Pelagio estaban de acuerdo.

Pero Agustín añadía que el vivir bien y correctamente debe adjudicarse solo a la gracia, una afirmación que Pelagio no aceptaría. De mi parte, pienso que este *poder de la naturaleza* requiere una distinción. Si se quiere decir que nuestra naturaleza ha sido creada por Dios de tal manera que la fe, la esperanza y el amor no entran en conflicto con ella (considerando que éstos son otorgados por Dios), sino que más bien la completan, perfeccionan y adornan, concedo que lo que dicen es verdad. Pero si quieren que el *poder de la naturaleza* signifique alguna capacidad que posee por la cual puede apropiarse por sí misma de estas cualidades, no consiento en lo absoluto, pues se trata de una declaración impía y condenable. Nosotros, por lo tanto, decimos que la voluntad del hombre se relaciona tanto con el bien como con el mal, pero de diferentes maneras. Aunque puede abrazar el mal de su propio acuerdo, no puede abrazar el bien, a menos que sea restaurada por la gracia de Dios.

§4: UNA CRÍTICA SOBRE EL MÉRITO DE CONGRUO Y EL MÉRITO DE CONDIGNO

INCLUSO los autores paganos (compelidos por la verdad) en ocasiones enseñan que una cierta inspiración divina fue necesaria para llevar a cabo las cosas que son verdaderamente buenas. En el Libro I de la *Ética*, Aristóteles dice: "Pues si hay alguna otra dádiva que los hombres reciban de los dioses, es razonable pensar que la felicidad sea un don de los dioses",[1] y define la *felicidad* como nada más que un acto excelente que emana de la facultad principal de nuestra mente a través de la virtud preeminente.[2]

De manera similar, Platón admite en cierto pasaje que las virtudes son producidas en los hombres por una inspiración del poder divino.[3] Incluso los teólogos escolásticos —al menos los

---

[1] *Ética a Nicómaco* 1.9 (1099b11-13).

[2] Vermigli se refiere a la famosa definición de felicidad de Aristóteles (εὐδαιμονία): τὸ ἀνθρώπινον ἀγαθὸν ψυχῆς ἐνέργεια γίνεται κατ' ἀρετήν, εἰ δὲ πλείους αἱ ἀρεταί, κατὰ τὴν ἀρίστην καὶ τελειοτάτην ("Resulta que el bien del hombre es una actividad del alma de acuerdo con la virtud, y si las virtudes son varias, de acuerdo con la mejor y más perfecta") (*Ética a Nicómaco* 1098a16-18).

[3] Platón habla en singular, no en plural: θείᾳ μοίρᾳ ἡμῖν φαίνεται παραγιγνομένη ἡ ἀρετὴ οἷς ἂν παργίγνηται (*Menón* 100b2-4). Desde los tiempos de Vermigli, esta afirmación con la que concluye el *Menón* se ha leído como otro caso de aporía socrática por la que Sócrates no dice mucho más que no tiene ni idea de dónde procede ἀρετή. Cf. Mark Reuter, "¿Es la bondad realmente un don de Dios?". *Classical Association of Canada* 55, nº 1/2 (primavera/verano de 2001): 77.

que tenían un poco más de sentido— admitían que se requería de la gracia de Dios para asistir a la fuerza humana en cada buena obra. Desde aquel tiempo, de alguna manera lo han olvidado y han sostenido que un individuo no regenerado es capaz de realizar algunas acciones buenas que agradan a Dios y merecen la gracia de Cristo "sobre la base de la congruencia" (*de congruo*), para usar su lenguaje.

8. Llaman *de congruo* a aquello que nosotros llamaríamos *justo* o *bueno*, esto es, cuando se relajan la estrictez y la severidad de la justicia; por *de condigno* quieren decir aquello que se gana sobre la base de la estricta justicia. Pero los que primero conjuraron estos términos no notaron que las acciones civiles admirables son aún pecados desde la perspectiva de Dios, por más que tengan apariencia de bien para los hombres, como Agustín lo prueba incontrovertidamente.[4] Lo establecimos antes, pero no me costará repetirlo ahora: Antes de que nos volvamos a Dios, somos por naturaleza hijos de ira. Juan dice: "El que cree en el Hijo tiene vida eterna; pero el que rehúsa creer en el Hijo no verá la vida, sino que la ira de Dios está sobre él" (Juan 3:36). ¿Qué pueden ofrecerle a Dios sus enemigos y oponentes que lo satisfaga? Pablo le dice a los efesios que antes de que viniéramos a Cristo estábamos muertos en nuestro delitos y pecados [Ef. 2:1]. Los muertos no tienen sensación, por lo que son incapaces de hacer alguna cosa que los traiga de vuelta de la muerte.

Dirigiéndose a los filipenses, Pablo consideró todo lo que había logrado antes de volverse a Cristo como pérdida y estiércol, así de lejos estaba de atribuirse ni una pizca de mérito por lo que había hecho [Fil. 3:8]. En el primer capítulo de Isaías, Dios confiesa que aborrece, detesta y considera abominables las

---

[4] Cf. Agustín, *De civitate Dei* 19.25 (*Ciudad de Dios*, NPNF 1/2:418-19).

ofrendas que los judíos traían sin fe ni verdadera piedad (Isaías 1:11). El mismo profeta compara todos nuestros actos de justicia con un trapo de la inmundicia (Isaías 64:6). Nuestro Salvador dice: "Como el pámpano no puede llevar fruto por sí mismo, si no permanece en la vid, así tampoco vosotros, si no permanecéis en mí", e inmediatamente añade, "separados de mí nada podéis hacer" [Juan 15:4-5]. De manera similar, en otro pasaje dice que un mal árbol no puede producir buen fruto porque la raíz tiene que ser buena antes de que se pueda esperar buenos frutos de él [Mat. 7:17-18]. Sin embargo, no podemos ser árboles buenos antes de ser injertados en Cristo. Tal injerto es llamado *nuevo nacimiento* en la Escritura. Así como nadie contribuye a su propio *nacimiento*, tampoco nadie contribuye a su propio *nuevo nacimiento*. En esta misma[5] carta Pablo también dice que todo lo que no procede de la fe es pecado [Rom. 14:23]. Por lo tanto, ya que los impíos no tienen fe, todo lo que hacen debe considerarse pecado. "Así que, si tu ojo es bueno, todo tu cuerpo estará lleno de luz; pero si tu ojo es maligno, todo tu cuerpo estará en tinieblas. Así que, si la luz que en ti hay es tinieblas, ¿cuántas no serán las mismas tinieblas?" [Mat. 6:22-23]. A menos que la fe esté presente, habitamos en la oscuridad y necesariamente permanecemos atrapados en nuestros pecados.

Aún más, si seguimos la opinión de los estudiosos, distorsionamos por completo la naturaleza de la gracia. Si la gracia procede de las obras, dice Pablo, ya no es gracia [Ron. 11:6]. También añade que al buscar la ley de la justicia los israelitas no alcanzaron la justicia porque la habían buscado con base en las obras, no en la fe [Rom 9: 31-32]. A los colosenses también les deja perfectamente claro cómo somos antes de estar

---

[5] Es decir, *Romanos*.

238 EL PECADO ORIGINAL, EL LIBRE ALBEDRÍO, Y LA LEY DE DIOS

justificados, "extraños y enemigos en vuestra mente, haciendo malas obras" [1:21]. Y en su carta a los romanos llama a los individuos que aún no han sido injertados en Cristo árboles de olivo salvaje, y sabemos que los árboles de olivo salvaje son estériles y no pueden producir fruto [11:24].

Además, las obras no pueden ser buenas a menos que satisfagan la ley, o que si incumplen la ley esto no les sea imputado a través de Cristo. Pero los individuos que no han nacido de nuevo no son capaces de satisfacer la ley, ya que ni siquiera los que *son* nacidos de nuevo pueden hacerlo. Tampoco pueden tomarse de los beneficios de Cristo, por los cuales aquellos que están quebrados son restaurados, puesto que no se unen a él a través de la fe. Y el que enseña que una persona puede hacer obras que agradan a Dios sin la gracia debe también enseñar que Cristo no es el redentor de la persona completa, pues quien enseña que podemos hacer bien y vivir rectamente sin la gracia de Dios, está atribuyendo una porción no pequeña de nuestra salvación a nuestra propia naturaleza.

Pablo también dice en este pasaje: "Porque cuando erais esclavos del pecado, erais libres acerca de la justicia" [Rom 6:20]. Esto no significa otra cosa que el que nosotros no teníamos ninguna relación o trato con la rectitud. Es más, él nos exhorta a que sirvamos a la justicia, así como antes servíamos al pecado, y también quiere que sirvamos ahora a la justicia sin ningún *pecado* en lo absoluto; por tanto, antes servíamos al pecado sin ninguna *justicia* en lo absoluto. Finalmente, no ha dejado ningún terreno medio entre la esclavitud al pecado y la esclavitud a la justicia. Aunque los estudiosos inventan que algunos supuestos individuos que, aunque no están justificados realizan actos justos y buenos que pueden hallar la aprobación de Dios, todas estas consideraciones son suficientes para mostrar cuán ridícula y absurda es su opinión.

9. Entre tanto, exclaman que somos blasfemos al declarar que toda la naturaleza del hombre es mala. Pero, como Agustín escribe sabiamente, "bajo las alabanzas de la naturaleza se esconden los enemigos de la gracia."[6] Debieron haber considerado a qué fuente le atribuimos este mal que denunciamos. No se lo atribuimos a la naturaleza *según fue* creada por Dios, sino que al pecado, al que se le dio entrada por medio del primer hombre. Diferimos en todos los sentidos de los maniqueos, quienes imaginaron que la naturaleza era mala y que fue creada por un dios malvado.[7] Nosotros, en cambio, confesamos y reconocemos que el hombre fue creado en libertad. Respecto a la pérdida de su libertad, se la atribuimos no a Dios como el autor, sino al propio vicio del hombre.

"Aquellos que niegan el libre albedrío deben ser llamados herejes por la Iglesia."[8] Esto debe entenderse en relación con la primera creación de nuestra naturaleza. De otra manera, no encontramos un solo Padre que no lamente, si la verdad se examina con cuidado, la condición miserable del hombre en la cual ha caído por medio del pecado. En cambio, son nuestros oponentes los que se asemejan a los maniqueos, quienes sostienen que nuestras afecciones corruptas fueron creadas en su estado actual por Dios y, así, aseguran que el mal fue creado por Él.[9]

---

[6] En latín se lee *sub laudibus naturae latent inimici gratiae*. Existe una tradición más amplia que la de Vermigli que atribuye esta frase a Agustín, pero no la hemos encontrado en ninguno de los escritos existentes del obispo de Hipona.

[7] Véase *Sobre la Ley*, sección 2, para una refutación directa del maniqueísmo.

[8] Vermigli contempla aquí una posible objeción a su postura, una figura retórica conocida como *hipófora*.

[9] Un simpático *peritropē* (περιτροπή), o volver la acusación del adversario contra sí mismo, otra técnica retórica muy practicada en la retórica clásica y humanista.

Nosotros, en cambio, reconocemos que las afecciones rebeldes no están libres de pecado, sostenemos que no fueron creadas por Dios y que, en cambio, fue nuestra culpa que nos volviésemos sin freno y hostiles a la Palabra de Dios. Es cierto que en el principio el hombre fue hecho a la imagen de Dios y que nada es más apropiado a Él que la libertad, pero ahora que la imagen ha sido casi borrada en nosotros, tanto que requiere la restauración a través de Cristo, ¿es de extrañar que la libertad también se haya perdido en gran manera? Cuando ellos razonan que el hombre es libre, es como decir que, ya que el hombre debe ser una criatura bípeda, es capaz de caminar erguido.[10] Pero si sacaran esta conclusión respecto a un minusválido, se vuelve incontrovertidamente claro qué tan equivocados estarían. Los atributos del hombre que estarían en consonancia con su naturaleza intacta con incongruentes cuando se aplican a su naturaleza caída.

---

[10] Romanos 1558, Zurich 1580, Heidelberg 1603: incedere (así Marten). Londres 1576: incidere.

§5: EL CASO DE CORNELIO

LAS CONCLUSIONES de nuestros oponentes tampoco están lejos de las de los pelagianos. Estos últimos enseñan que nuestra naturaleza, auxiliada por la gracia de la creación y las enseñanzas de la ley, es capaz de hacer bien, mientras que los primeros dicen que nuestra naturaleza, auxiliada por una gracia preventiva y llamadora[1], es capaz de hacer obras que agradan a Dios.

La Iglesia ortodoxa se opuso a los pelagianos. No se preocupó de la gracia de la creación o la de la ley o de una gracia "preventiva", sino que enseñó que nadie es capaz de hacer bien sin la gracia de Cristo, por la cual somos justificados. Es más, para Agustín, quien batalló ferozmente contra los pelagianos, no hay diferencia entre hacer el bien sin la gracia y hacer bien fuera de la fe en Cristo. Con el objetivo de mostrar que no hay obra buena sin fe, escribe sobre el Salmo 31: "La buena intención da una buena obra, y la fe dirección a la intención." Por tanto, no miremos a lo que una persona hace, sino cuál es su intención cuando lo hace.[2]

---

[1] La idea de llamar deriva de Apocalipsis 3:20, que dice: "He aquí, yo estoy a la puerta y llamo; si alguno oye mi voz y abre la puerta, entraré a él y cenaré con él, y él conmigo."

[2] Lo más probable es que Vermigli esté citando a Agustín indirectamente a través de Pedro Lombardo (*Sentencias* 2. d. 40. c. 3), quien no se refiere a la exposición de Agustín del Salmo 31, sino a su *De mendacio* (*Sobre la mentira*).

10. Mientras que en toda la Escritura no hay ni una oración que cuestione nuestra doctrina, nuestros oponentes no cesan de citarnos como objeción el caso de Cornelio, quien, aún sin haber nacido de nuevo (como suponen ellos) y sin haber creído en Cristo, hizo obras que agradaban a Dios. Nosotros admitimos que las limosnas y oraciones de Cornelio agradaban a Dios, porque el ángel lo confirmó, pero la idea de que él aún no estaba justificado ni creyó en Cristo cuando hacía estas cosas es invención propia de ellos. No toman en consideración el hecho de que en este pasaje la Escritura lo llama piadoso (εὐσεβής) y temeroso de Dios (φοβούμενος τὸν θεόν). Por lo que Cornelio era un creyente, y en el Mesías, además, habiendo sido instruido por la enseñanza de los judíos; él tan solo no sabía con seguridad si Jesús de Nazaret era el Mesías, y por esa razón Pedro es mandado a enseñarle más a fondo.

Pero aquí, para tomarnos el pelo, ellos dicen que, en el capítulo 17 de Hechos, Pablo les atribuye a los atenienses un grado de piedad, aunque en estricto rigor eran adoradores de ídolos. Él dice: "Varones atenienses, al que vosotros adoráis (εὐσεβεῖτε), pues, sin conocerle, es a quien yo os anuncio" [17:22–23]. Ahora bien, si alguien dibuja bien una letra del alfabeto, no sería por esto llamado un escriba. Y cualquiera que canta una o dos canciones no por eso es considerado un cantante, porque estas designaciones implican conocimiento y habilidad. Pero de vez en cuando alguien puede por azar hacer un buen dibujo o cantar una buena canción. De la misma manera, alguien que produce una o dos obras buenas que tienen alguna apariencia de piedad no debe ser considerado, verdadera e inequívocamente, piadoso.

Es más, Pablo no llamó piadosos a todos los atenienses sin incluir dos calificaciones para extenuar su piedad. Él dice: "adoráis, pues, sin conocerle" (ἀγνοοῦντες εὐσεβεῖτε). ¿Pero qué tipo de bondad puede combinarse con la ignorancia del Dios verdadero? Es más, poco antes, los llamó δεισιδαιμονεστέρους, es decir, muy religiosos [Hechos 17:22]. Por esas dos palabras minimizó de gran manera su bondad. Por otro lado, Lucas llama a Cornelio piadoso (εὐσεβής) sin ninguna cualificación y añade "temeroso de Dios" (φοβούμενος τὸν θεόν). Esta adición es tan importante que en Job el hombre que teme a Dios es traducido en la Septuaginta como genuino (ἀληθινός) y piadoso (θεοσεβής) [1:1]. De manera similar, David dice: "Bienaventurado el hombre que teme a Jehová" [Salmos 112:1]. Ahora, si es que el hombre que teme a Dios es bienaventurado, ¿cómo puede no estar también justificado?

Además de estos puntos que prueban la justificación de Cornelio sobre la base de *causa*, por así decirlo, también podemos añadir el testimonio del *efecto*. Él dio limosnas que fueron agradables a Dios. Ahora bien, hasta el momento, usando muchas pruebas, hemos dejado abundantemente claro que nadie puede hacer obras que agradan a Dios excepto aquel que está justificado y ha nacido de nuevo. Es más, él distribuyó estas limosnas a los judíos, para que dando algo de sus propios bienes terrenales pudiera remunerar a quienes lo instruyeron en bondad, ya que es apropiado, como Pablo enseña en Gálatas, que los catecúmenos compartan todos sus bienes con el catequista [6:6].

Aún más, el soldado enviado a Pedro claramente declara que Cornelio tenía una buena reputación entre todos los judíos. Todo esto muestra claramente que, incluso cuando no leamos que fue circuncidado, había abrazado de tal manera la enseñanza del pueblo de Dios como para ser elogiado por todos a causa de su bondad. Además, está escrito que oraba, y constantemente. Si consideramos toda la historia con cuidado, encontraremos que él observaba la hora que los judíos reservaban para la oración común, puesto que dice que vio un ángel parado junto a él en la hora novena, quien le declara que su oración había sido escuchada. Incluso en Isaías 1, Proverbios 15, y muchos otros lugares, se nos dice que los impíos y pecadores no son escuchados por Dios (esto, sin embargo, debe tomarse en el sentido de mientras deseen ser pecadores y se aferren a la voluntad para pecar).

11. Cuando Agustín escribe, contra los donatistas, que las oraciones de los sacerdotes inmorales son escuchadas por Dios, esto no es inconsistente con esta interpretación, puesto que añade que éste es el caso por la devoción de la gente. Cornelio, sin embargo, fue auxiliado por su propia fe en sus oraciones, no por los espectadores. Agustín también dice en su *Carta a Sixto* que cuando Dios justifica a una persona generalmente le confiere su Espíritu sobre él para que pueda hacer las peticiones que lo llevarán a la salvación.[3] Ya que esto es lo que Cornelio oró, no puede haber dudas de que estaba justificado.

Si añadimos a esto el hecho de que nadie puede suplicar debidamente a Dios excepto sobre la base de la fe, queda ahora muy manifiesto y establecido que somos justificados por la fe. Antes de comenzar a predicarle a Cornelio, Pedro dice que él de hecho reconocía que Dios no hacía acepción de personas, sino que el que hace lo que es recto es aceptado delante de Él, sin importar de qué nación éste sea. Estas palabras muestran claramente que Cornelio había sido aceptado ya frente a Dios antes de que Pedro viniera a él.

Estoy sorprendido de que existan aquellos con la audacia de asegurar que él no tenía fe en Cristo, ya que en Juan 8 Cristo mismo dice que el que no cree en el Hijo de Dios no conoce a

---

[3] Véase la Carta 194 (secciones 16-17) en *Las obras de san Agustín: A Translation for the 21st Century*, vol. II/3, trad. Roland Teske (Hyde Park, NY: New City, 1990), 295-96.

Dios, y en Juan 14 enseña a sus discípulos: "Creéis en Dios, creed también en mí" [14:1], y, "porque si creyeseis a Moisés, me creeríais a mí" [5:46]. Estos pasajes me convencen de que Cornelio verdaderamente creyó en Dios y que por esa razón también creyó en la venida del Mesías, así como había sido enseñado por los judíos, aunque no sabía que ya había venido y que era Jesús de Nazaret, a quien los judíos habían llevado a la cruz. Él tenía la fe por la cual los patriarcas creían en un Cristo que vendría. Y así, ya que éstos fueron justificados por fe, ¿cómo nos atrevemos a negarle a Cornelio lo mismo?

Natanael, quien creía en el Mesías venidero, aunque no creía que hubiera ya venido, es proclamado por Cristo como un verdadero israelita "en quien no hay engaño" [Juan 1:47]. Estas dos características no pueden encontrarse juntas en un individuo que no esté justificado. Es más, Pedro fue enviado a Cornelio precisamente para que pudiera conocer con una mayor claridad y perspicacia lo que ya había conocido sobre Cristo de manera obscura. Ésta era la visión de Gregorio en la *Homilía 19 sobre Ezequiel*.

Él dice que la fe es la antecámara a través de la cual uno llega a las buenas obras, y no al revés: uno no llega a la fe a partir de las obras. Él concluye que Cornelio creyó antes de que fuera capaz de llevar a cabo obras dignas de honra, y cita el muy conocido pasaje de Hebreos: "Sin fe es imposible agradar a Dios" [11:6].[4] Esta declaración solo puede entenderse en el contexto de la fe justificadora, como está bastante claro en el pasaje mismo. En su comentario sobre Hechos 10, Beda subscribe la misma interpretación y cita las palabras de

---

[4] Papa Gregorio (el Grande), *Homiliae in Ezekielem Prophetam* 2.7.9 (*PL* 76:118).

Gregorio.[5] El maestro de las *Sentencias* está también de acuerdo, en el libro dos, distinción 25.[6]

---

[5] J. A. Giles, *The Complete Works of Venerable Bede* (Londres: Whitaker and Co., 1844), 48.
[6] Pedro Lombardo, *Sentencias* 2.25.

§6: LA VISIÓN DINÁMICA DE AGUSTÍN SOBRE LA GRACIA Y LA FE, Y SU RELACIÓN CON EL CASO DE CORNELIO

PERO NUESTROS oponentes citan contra nosotros el Capítulo VII de *De Praedestinatione Sanctorum* de Agustín, en donde él argumenta en contra de aquellos que enseñan que la fe viene de nosotros. Al conceder que las obras son consecuencia y que vienen de Dios, ellos sostenían que éstas se obtenían a través de la fe. Es cierto, Agustín admite que las obras que siguen a la fe son de Dios, pero niega que la fe sea de nosotros mismos. Pablo escribe, dice él, a los efesios: "Porque por gracia sois salvos por medio de la fe; y esto no de vosotros, pues es don de Dios" [Ef. 2:8-9]. Pero lo que añade es el problema de que las "limosnas [de Cornelio] fueron aceptadas y sus oraciones oídas antes de que creyera en Cristo."

Sin embargo, se debe considerar lo que sigue. Agustín añade que "no sin alguna fe daba limosna y hacía su oración. Porque ¿cómo podía invocar a aquel en quien no hubiese creído?" Estas palabras muestran con suficiencia que Agustín no le niega a Cornelio *toda* fe en Cristo, sino solo una fe explícita y limitada. Esto se prueba sobre todo en el pasaje citado de Romanos: "¿Cómo, pues, invocarán a aquel en el cual no han creído?" [Rom. 10:14].

248 EL PECADO ORIGINAL, EL LIBRE ALBEDRÍO, Y LA LEY DE DIOS

Estas palabras están escritas con relación a la fe de los individuos regenerados y su invocación, como la oración inmediatamente precedente lo muestra de manera clara: "Porque todo aquel que invocare el nombre del Señor, será salvo" [Rom. 10:13], porque no podemos atribuirle salvación a ninguno que no esté justificado. Pedro fue enviado a Cornelio para construir encima, no para poner el fundamento; el fundamento de la fe ya había sido establecido en él.

12. Pero lo que Agustín continúa diciendo parece ocasionar una dificultad mayor. Él dice: "Mas si hubiera podido salvarse sin la fe de Cristo, no le hubiera sido enviado como pedagogo, para instruirle, el apóstol Pedro." Sin embargo, puesto que ya le había atribuido fe e invocación, a lo cual sigue necesariamente la salvación (y el apóstol escribe acerca de esto en esta carta),[1] ¿cómo puede negarle la salvación, a menos que entendamos que en las personas justificadas la fe y la salvación no son perfectas mientras vivan sobre la tierra? En esta vida nuestra salvación no alcanza el punto o la magnitud que Cristo requiere de sus elegidos. Nadie puede dudar de que antes de la resurrección y la salvación eterna no tendremos una salvación perfecta, aunque sí la disfrutamos ahora en un estado incipiente. Aunque en Efesios Pablo afirma que ya hemos sido salvados como resultado de la fe [Ef. 2:8], en Filipenses nos exhorta a trabajar en nuestra salvación con temor y temblor [Fil. 2:12].

Estos pasajes no pueden reconciliarse a menos que digamos que la salvación, habiendo comenzado en nosotros a través de la justificación, está cada día en un proceso para ser perfecta. Estamos siempre siendo restaurados más y más; nuestra fe se está volviendo más completa, más explícita y más eficaz. Si no tomamos estas palabras de Agustín de esta manera,

---

[1] Es decir, *Romanos*.

entonces o no son suyas o se está contradiciendo a sí mismo. Ahora bien, no podemos negar que el libro es de Agustín, y tampoco es probable que se esté contradiciendo a sí mismo.

Y si dices que estos pasajes están en acuerdo si concedemos que Cornelio no estaba aún justificado, aunque hacía algunas obras que agradaban y eran aceptadas delante de Dios, respondo que tal afirmación no puede de ninguna manera estar en consonancia con la opinión de Agustín, puesto que en su *Tratado sobre Juan* 81,[2] en *Contra Juliano* 4.3, y cuando comenta sobre el Salmo 31, usa argumentos convincentes y prueba que todas las obras que hacemos antes de estar justificados son pecado.[3]

Dicho esto, podemos aprender fácilmente de lo que Cristo dijo a los apóstoles sobre que la fe en aquellos que están justificados se va desarrollando y perfeccionando: "Porque os digo que muchos profetas y reyes desearon ver lo que vosotros veis, y no lo vieron" [Lucas 10:24]. Aquellos reyes y profetas eran, no obstante, piadosos y justificados, aunque no habían entendido todos los misterios de Cristo de manera tan completa como los apóstoles. De manera similar, en su oración, Cristo declaró respecto a los apóstoles: "Porque las palabras que me diste, les he dado; y ellos las recibieron, y han conocido verdaderamente que salí de ti, y han creído que tú me enviaste" [Juan 17:8].

Esto muestra que los apóstoles creían en Cristo y estaban, por tanto, justificados, aunque la narrativa de los Evangelios indica claramente que hubo muchas cosas que no entendieron.

---

[2] En todos los ejemplares impresos consultados se lee 801.

[3] Agustín, *Tractatus super Ioannem* 81 (Homilías sobre el Evangelio de Juan, NPNF 1/7:345-46); *Contra Iulianum* 4.3 (The Fathers of the Church: Against Julian, vol. 35, trad. Matthew Schumacher [Nueva York: Padres de la Iglesia, 1957], 176-98); *Enarrationes in psalmos* 31 (Exposiciones sobre los Salmos, NPNF 1/8:70-71).

250 EL PECADO ORIGINAL, EL LIBRE ALBEDRÍO, Y LA LEY DE DIOS

Se nos relata seguido cómo ellos o tenían los ojos cerrados, para no ver, o fallaban en entender lo que se había dicho. Por tanto, Agustín no niega por completo la salvación a Cornelio antes de que Pedro fuera enviado a él; él tan solo niega una salvación plena y perfecta.

13. De la misma manera, ellos también citan como objeción el Libro II, Cuestión 2, del libro *Quaestiones ad Simplicianum* de Agustín, en donde claramente enseña que la fe precede a las buenas obras.[4] Él luego pone algo entre la gracia y la celebración de los sacramentos, diciendo que es posible para un catecúmeno, y alguno aún asociado con los catecúmenos, el creer y ser recipiente de la gracia, sin aún haber sido lavado en el bautismo. Todavía más, él dice que luego de los sacramentos una gracia más grande se nos otorga, por la cual quiere decir que, aunque la gracia es la misma, es dada con más abundancia. Y para que estéis seguros de que está tratando con la fe justificadora cita Efesios: "Porque por gracia sois salvos por medio de la fe; y esto no de vosotros, pues es don de Dios" [Ef. 2:8-9].

Nuestros oponentes dirán que ellos, también, enseñan que la gracia precede a las buenas obras y que a partir la gracia se le concede a la gente un tipo de fe, pero que estos otorgamientos son muy débiles en el comienzo para ser capaces de tener el poder de justificar, aunque ciertas obras que agradan a Dios pueden realizarse. Sin embargo, recordemos lo que Agustín escribe a los pelagianos en la *Carta 105* a Inocencio, Obispo de Roma.[5] Él dice que, en el concilio de Palestina, Pelagio, para

---

[4] Agustín, *Quaestiones ad Simplicianum* Libro 2, Cuestión 2 (*PL* 40:138-42).

[5] De hecho, esta afirmación aparece en la Carta 194, sección 7 (dirigida a Sixto), que se encuentra en *The Works of Saint Augustine: A Translation for the 21st Century*, vol. II/3, 292.

evitar ser anatematizado, anatematizó a todos aquellos que dicen que eran capaces de vivir rectamente sin la gracia. Pero por *gracia* no entiende otra cosa que los dones que se nos otorgan en la creación, como el libre albedrío, la razón, la voluntad, y la enseñanza de la ley. Engañados por este truco, los obispos palestinos lo absolvieron. Agustín los excusa con el argumento de que actuaron confiada e ingenuamente. Cuando oyeron a Pelagio confesar la gracia de Dios, no podían comprender otra cosa sino la que las Escrituras proclamaban, a saber, aquella mediante la cual somos regenerados e injertados en Cristo. Es claro, por lo tanto, que aquellos que fabrican una gracia para ellos mismos que no sea aquella por la cual somos justificados e injertados en Cristo nos endosan una invención humana, o más bien un subterfugio pelagiano que la Escritura no reconoce.

En segundo lugar, en el pasaje que recién mencionamos, Agustín declara que, aunque los catecúmenos y creyentes no han sido bautizados, sí han sido *concebidos*. Ahora bien, aquellos que ya han sido concebidos para ser hijos de Dios no pueden ser extranjeros o enemigos para él. Se sigue, por tanto, que ya han sido justificados, pero no por completo. Esto es evidente del hecho de que Agustín llama a la gracia que sigue *más completa*, ya que difiere de la que precede no en tipo o naturaleza, sino que solo en grado y magnitud. Ya que esta gracia pertenece a la misma especie que la otra, también justificará. Esto es muy claro del hecho de que se dice de Cornelio que había hecho obras que agradaban a Dios. No es muy significativo que Agustín añada que esa gracia no era suficientemente grande para que Cornelio o los catecúmenos ganaran el reino de los cielos.[6] Estas palabras no establecen la regla de que después de esta gracia, o de la fe de los catecúmenos, venga otra gracia, que justifique, como si no hubiesen sido justificados por la gracia previa.

Él tan solo quiso mostrar que los catecúmenos no deberían parar en ese punto en la fe y la gracia, sino que deberían recibir el bautismo y avanzar hasta que su salvación y regeneración, que ya ha comenzado, estuviera completa. Porque si uno tuviera el sacramento del bautismo en baja estima, estaría fuera del reino de los cielos, ya que aquellos que han creído deben preocuparse primero y sobre todo de estar injertados en Cristo a través del sacramento. Aquellos que rehúsan o rechazan hacerlo demuestran con suficiente claridad que no han creído sinceramente.

Por lo tanto, no es absurdo decir que Cornelio (y los catecúmenos) tenían una gracia que justificaba, pero no hubiese sido suficiente para alcanzar el reino de los cielos si hubiese prescindido del bautismo. El que Agustín tenía esto en mente se demuestra por lo que añade, a saber, que uno no debe solo ser concebido, sino también nacer de nuevo. Esto debe entenderse con el sentido de *a menos que un obstáculo legítimo se interponga*.

Agustín no negará la salvación a alguien que crea en y desee el bautismo, pero que es incapaz de obtenerlo. Junto con los otros Padres reconoce que hay un bautismo interno[7] y que el poder del Espíritu Santo obra en nuestras almas sin símbolos externos. Esto se demuestra en la Cuestión 84 de su *Sobre*

---

[6] Cf. Agustín, *De baptismo contra Donatistas* 21-29 (Sobre el bautismo, contra los donatistas, NPNF 1/4:459-60).

[7] Vermigli llama a esto *baptismus flaminis*, definido como "los dones especiales del Espíritu derramados sobre la iglesia", en Richard Muller, *Dictionary of Latin and Greek Theological Terms*, 2nd ed. (Grand Rapids: Baker Academic Press, 2017), s.l. "baptismus flaminis."

Levítico, que dice que Moisés tenía una gracia sacerdotal sin una ordenación externa para el sacerdocio y sin signos visibles, que Juan el bautista fue imbuido con el Espíritu Santo en el vientre de su madre sin sacramentos externos, y que el ladrón de la cruz fue salvo solo por la gracia de Dios sin ningún sacramento.[8] Finalmente, de su dicho de que somos concebidos por la gracia previa de Dios y nacidos por la subsecuente gracia, está bastante claro que el que es concebido y el que nace pertenecen a la misma especie, ya que un organismo vivo no tiene una naturaleza diferente cuando es concebido que cuando nace. La única diferencia es que uno es más completo que el otro. En consecuencia, cuando es bautizado un catecúmeno puede ser considerado más completo, gracias a la gracia que recibe en el bautismo, de lo que había sido antes cuando tan solo creyó, aunque en ese tiempo también estuviera justificado por la fe, por la cual abrazó las promesas de Dios en Cristo.

---

[8] Agustín, *Sobre el Levítico*, Cuestión 84 (*PL* 34:712).

§7: CRISÓSTOMO SOBRE EL CASO DE CORNELIO

14. RESTA ahora examinar un pasaje de Crisóstomo en su *Homilia de Spiritu, Natura et Lege*.[1] Pero, si soy sincero, no creo que el discurso sea suyo, pues es inconsistente consigo mismo y contiene proposiciones sin resolver que no pueden de ninguna manera reconciliarse. Sin embargo, sea de quien sea, sostiene mucho más nuestra posición que la de nuestros oponentes. Él primero dice que los individuos compasivos no disfrutan ningún fruto de sus ofrendas hasta que tienen fe. Tan pronto como alguien *es* adornado con la fe, siguen las obras buenas y fructíferas inmediatamente; pero antes de eso, éstas no existen. Él también añade que somos salvos solo por gracia, puesto que las obras sin la fe nunca fueron capaces de salvar a aquellos que las realizan. Cita al ladrón que, afirma, fue salvo solo por fe sin obras.[2]

Y para no dejar duda de sobre qué fe está discutiendo, habla de aquella por la cual somos hechos ciudadanos del cielo y amigos de Dios, algo que solo puede atribuírsele a la fe justificadora. Es más, al declarar categóricamente que no hay

---

[1] Vermigli se refiere a lo que ahora lleva el título *De fide et lege naturae et Sancto Spiritu sermo* (*Sermón sobre la fe, la ley natural y el Espíritu Santo*), que se encuentra en PG 48:1081-88, y que se incluye allí entre las obras espurias atribuidas a Crisóstomo.

[2] Sermón sobre la fe, la ley natural y el Espíritu Santo (PL 48:1082).

bien fuera de la fe, ofrece como sostén de su declaración el hecho de que el alma que no tiene fe está muerta, y para hacer aún más claro su punto dice que aquellos que realizan obras sobresalientes sin fe son como cadáveres y restos muertos. Aunque éstos sean adornados con vestiduras hermosas y costosas, no tienen ninguna conciencia de ellas, ningún calor deriva de ellas, y no están protegidos por ellas de la corrupción. Por tanto, dice que, aunque en algunas ocasiones parezca que hacen el bien, no obtienen ningún beneficio de sus obras. Luego continúa diciendo que, así como es necesario que una persona esté viva antes de que reciba alguna comida para que pueda nutrirse, así también es necesario que la fe primero exista, y que luego sea nutrida por las buenas obras. En relación con las obras de Cornelio, dice que éstas eran admirables y agradables a Dios, el Remunerador Incomparable. Todas estas ideas son declaradas con verdad y de acuerdo con nuestra enseñanza.

Más adelante, sin embargo, añade que Cornelio no había aún creído en Cristo cuando realizó las obras encomiadas. Aunque se trata de una afirmación dura, puede serlo menos mediate la interpretación, si entendemos que él aún no había creído de manera distintiva y explícita, como argumentamos en el caso de Agustín. Sin embargo, no dudamos de que él haya creído en Cristo de la misma manera en que lo hicieron los santos de antaño, cuya salvación por medio del Salvador ellos esperaban. Este tipo de fe era suficiente para su salvación hasta el momento en que el Evangelio se hiciera conocido. Luego añade, consecuentemente, que Cornelio no podría haber obtenido salvación si no hubiese recibido la fe, pero podemos conceder esto también si se toma la declaración como referida a la salvación perfeccionada a la que los cristianos son llamados y a la que un día serán llevados.

Sin embargo, lo que luego escribe no puede[3] de ninguna manera ser consistente. Él dice que las obras de Cornelio estaban muertas. Es en este punto que Crisóstomo comienza a no ser ya Crisóstomo. ¿Cómo podrían las obras de Cornelio haber sido admirables y agradables a Dios, el Remunerador Incomparable, si estaban muertas? Por otro lado, si deseamos comprobar la verdadera opinión del mismo Crisóstomo sobre este asunto, consideremos lo que escribe sobre esta historia en Hechos 9. Allí él declara inequívocamente que Cornelio creía y que era un hombre piadoso. No estando contento con esto, añade que su vida era recta y que sostenía creencias sólidas. Al hablar así, afirma que no solo tenía fe, sino que también tenía los frutos de la fe. Finalmente, añade que tenía fe, justicia y toda virtud. Hasta aquí, entonces, en lo concerniente a Crisóstomo.

---

[3] Romanos 1558, Zúrich 1580, Heidelberg 1603: potest. Londres 1576: om.

§8: LAS OBRAS VIRTUOSAS FUERA DE CRISTO SON PECADOS

PERO SU réplica a ésta nuestra posición es que las obras sobresalientes de los romanos y sus logros notables fueron remuneradas por Dios con la recompensa de un vasto imperio. Para sustentar esta idea cita la *Ciudad de Dios* 5.15 de Agustín, en donde se dice que Dios revistió a aquellos a quienes no daría vida eterna con la gloria terrenal de un imperio superior.[1] Si no lo hubiese hecho así, no hubiese habido ninguna recompensa por sus buenas prácticas, esto es, sus virtudes, con las cuales se esforzaron por alcanzar tal pináculo de gloria.

15. No obstante, para entender esta remuneración que Agustín discute, debemos reflexionar sobre el hecho de que en su gobierno del mundo Dios desea que cada cosa se realice en un cierto orden y sin confusión, para que los efectos sigan sus causas y las características se sujeten a las cosas a las que pertenecen. Las cosechas maduran al calor del sol. Buenos objetivos se siguen del trabajo duro y la aplicación de un hombre inteligente. La primavera reemplaza al invierno, el verano a su vez reemplaza a la primavera, y el otoño al verano. Las plantas producen hojas, luego flores, luego fruto.

Así Dios provee para la naturaleza, las comunidades y las familias, y ya que la civilización humana se vendría abajo si los

---

[1] Agustín, *De civitate Dei* 2.15 (Ciudad de Dios, NPNF 1/2:97).

gobiernos caracterizados por las leyes y las virtudes no estuvieran en control, es lógico, por orden de Dios y por el orden de la naturaleza, que allí donde la disciplina militar, la obediencia hacia los magistrados, la mantención de las leyes, el ejercicio riguroso de la justicia, la conducta honorable de los príncipes, el dominio propio, la valentía y el amor por la patria florece, le sigue como consecuencia un gran dominio.

Sin embargo, esto no significa que aquellas[2] acciones no sean pecado, puesto que proceden de los seres humanos sin fe y que no quieren la gloria de Dios, lo cual debe ser la meta de toda acción humana. En consecuencia, donde sea que esta gloria y grandeza de dominio resultan de las virtudes morales y civiles, según la ordenanza de Dios, y es considerada por los hombres de Estado como su fin último,[3] se les llama los frutos de su labor y su recompensa.

Sin embargo, Agustín mismo en el Capítulo 12 del mismo libro de la *Ciudad de Dios* declara que aquellas obras de los romanos eran pecado "porque", como escribe sobre los romanos, "ellos, aunque iban en busca del honor, la gloria y la alabanza, miraban por su patria. Para ella buscaban esta misma gloria, y no dudaron en anteponer la salvación de la patria a su propia vida. Así, este único vicio suyo, el amor a la alabanza, sirvió de contención a la codicia del dinero y a otros muchos vicios."[4] Aquí llama a la ambición de los romanos un vicio. ¿Quién entonces diría que Dios en un sentido real o actual recompensa los pecados?

---

[2] Londres 1576: ulla (cualquiera). Romanos 1558, Zúrich 1580 y Heidelberg 1603: illa (aquellos).
[3] *Londres 1576*: finis et *fructus. Romanos 1558, Zúrich 1580*: finis et *fructus. Heidelberg 1603*: *finis fructus*. La última edición de Heidelberg parece tener la mejor lectura.
[4] Agustín, *De civitate Dei* 5.13 (Ciudad de Dios, NPNF 1/2:94).

Por lo tanto, lo que nos queda es entender esta remuneración según lo hemos argumentado, a saber, como algo que resulta del arreglo natural establecido por Dios y que sostienen aquellos sobre quienes es dado para ser la recompensa y el fruto de sus labores. Porque incluso la Escritura ha usado esta expresión en varios lugares: Respecto de los escribas y los hipócritas dice el Señor: "De cierto os digo que ya tienen su recompensa" [Mat. 6:2]. Respecto a aquellos que, aunque conocían a Dios, no le adoraron como Dios, Pablo escribe: "Por lo cual también Dios los entregó a la inmundicia, en las concupiscencias de sus corazones, de modo que deshonraron[5] entre sí sus propios cuerpos" [Rom. 1:24] y "recibiendo en sí mismos la retribución debida a su extravío" [Rom. 1:27].

En el capítulo 29 Ezequiel dice que Dios desea retribuir a Nabucodonosor por servirle a Él en contra de Tiro, y como recompensa le promete la destrucción y saqueo de Egipto [vv. 19-20]. Sin embargo, las obras de los hipócritas que desfiguran sus rostros para aparentar frente a las personas estar ayunando, y las ceremonias supersticiosas y execrables de los idólatras, así como las crueles obras que Nabucodonosor realizó para satisfacer su propia ambición, eran pecados sin ninguna duda, y muy serios.

No obstante, leemos que todos ellos recibieron recompensa. Pero Agustín mismo claramente nos instruye en la *Ciudad de Dios* 2:12 (un pasaje que ya hemos citado) que al establecer el orden de los imperios Dios tiene en mente algo distinto que el desembolso de recompensas para los individuos: Mientras que anteriormente el dominio principal había estado

---

[5] Londres 1576: ignominiae. Romanos 1558, Zúrich 1580 y Heidelberg 1603: ignominia.

en Oriente, Dios quiso que el dominio romano se impusiera para suprimir las fechorías de las demás naciones.[6]

16. Pero muchos sospechan que como resultado de esta enseñanza se haya abierto una ventana a muchos vicios, ya que si todas las acciones de los individuos, que en un contexto civil parecen comportarse de manera virtuosa, son todas pecado, fácilmente se les disuadirá de las acciones honorables. Mi respuesta es que no estoy abogando por una disminución de la disciplina civil, que de acuerdo con la providencia de Dios es un tipo de grillete, por así decir, por el cual la armonía civil es preservada.

Dios puede efectivamente soportar a las comunidades y gobiernos mientras la integridad moral y la virtud se encuentre en ellos, pero cuando uno de ellos se vuelve completamente depravado y corrupto, Dios es provocado a ira y desea imponer el castigo sobre ellos que hasta el momento había ignorado por largo tiempo. Los hombres *hacen* pecado mientras estén lejos de Cristo, incluso cuando realizan obras excelentes, pero lo hacen mucho menos que si arrojaran todas las responsabilidades civiles y se dedicaran por completo a todos los vicios. No somos estoicos, y, por tanto, no creemos que todos los pecados sean iguales. Es más, si tales individuos se dieran por vencidos a hacer las cosas que por la misma luz de su razón reconocen que son virtuosas, se hallan en oposición a su propia conciencia.

Y si queremos ver con mayor claridad qué posición, la nuestra o la de nuestros oponentes, abre una ventana más grande a los vicios, comparemos la una con la otra. Obviamente, cuando sostienen que los impíos son capaces de hacer buenas obras que agradan a Dios, y son capaces por ellas de merecer la gracia "congruentemente" (para usar su lenguaje),[7] ¿qué hacen

---

[6] Agustín, *De civitate Dei* 2.15 (Ciudad de Dios, NPNF 1/2:93-96).
[7] El término técnico al que se refiere Vermigli es *de congruo*.

sino dar falsas esperanzas y ánimo a las almas miserables en el estado de condena en el que se encuentran? Porque hacen que estén en complacencia con algunas buenas obras suyas y esperan que por causa de éstas obtengan de Dios, al final de sus vidas al menos, una conversión verdadera y sincera. Mientras tanto, viven sin ninguna preocupación en el mundo, y no renuncian a ninguna de sus malas obras en arrepentimiento auténtico y verdadero. Cuando nosotros, por el contrario, los exhortamos a diario a venir a Cristo y reconciliarse a través del verdadero arrepentimiento, puesto que de otra manera sus buenas obras no los van a beneficiar en lo más mínimo, viendo que por más resplandecientes que sean siguen siendo pecados ante los ojos de Dios, ¿no les incitamos poderosamente a abandonar su manera impía y corrupta de vivir y volverse a la justicia de Dios? Si sopesamos estas consideraciones con sabiduría, se percibirá con facilidad qué sea lo que abra más un camino hacia los deseos pecaminosos.

Todo aquel que es movido por cualquier estima hacia la verdad y la bondad, ciertamente lo juzgará así. Además de lo que acabo de decir, reconocerán con facilidad que todo bien que se les atribuye a los hombres no regenerados es substraído y tomado de la gracia de Dios, ya que aparte de la gracia de Dios no podemos hacer muchas cosas que lo honren y agraden a Él, se sigue que no hemos sido por entero redimidos y restaurados por Él, ¡una idea tan impía y extraña a la verdad católica que nada más vergonzoso o impío puede concebirse! ¿Qué piedad nos queda cuando robamos a Cristo de Su honor? ¿O qué honor le queda a Cristo si enseñamos que Él no nos confirió toda nuestra capacidad para vivir rectamente?

§9: EL VALOR DE LAS OBRAS INSTRUMENTALES PARA LA SALVACIÓN

POCAS personas sostienen que haya muchas cosas que en ocasiones tienen lugar y son hechas antes de la regeneración que sean un tipo de medios, por así decir, para obtener la regeneración, y ya que a menudo sucede que somos justificados a través de ellas no pueden considerarse pecados. Ciertamente reconocemos que hay en ocasiones tales medios, a través de los cuales Dios nos trae a la justificación, pero uno solo puede concluir de esto que no son pecados en aquellos que los realizan.

En todo caso, en lo que respecta a la naturaleza de las obras mismas, para algunas personas éstas son ocasiones para una más grande destrucción. Puesto que podríais encontrar a varias personas que respecto de tales obras suyas se enorgullecen con una autosatisfacción impresionante, se rehúsan a seguir progresando, aunque se les insista y se les anime. En el caso de estas personas tales obras son una preparación para la muerte eterna. En contraste, en lo que a los elegidos respecta, Dios controla y guía sus obras y ve que éstas contribuyan a su salvación, aunque por su propia naturaleza sean pecados y deban considerarse pecaminosas mientras la luz de la justificación no se les haya mostrado.

Nosotros, por tanto, admitimos que las obras son un tipo de preparación hacia la salvación, pero solo para los predestinados y elegidos, a quienes Dios lleva a justificación en ocasiones a través de estas obras, no que ellos mismos *por su propia naturaleza* tengan el poder de hacer estas preparaciones para la justificación, ya que para los rechazados y reprobados éstas obran para su condenación.

17. Pero veamos cuáles son esas cosas que nuestros oponentes alaban tanto en el caso de las personas no regeneradas. "Hay", dicen ellos, "un cierto reconocimiento del pecado en ellos, de lo cual nace un miedo que los persigue. Luego, se agita en ellos una pena por perder el reino de los cielos, y gravitan hacia obras malvadas con menos afición y obtienen menos placer de los pecados y las tentaciones de este mundo. Ellos hasta parecen escuchar la Palabra de Dios con un grado de interés." Se preguntan, "¿cómo pueden estas cosas ser consideradas pecado, incluso cuando no son suficientemente efectivas para que un hombre se convierta a través de ella y abandone su estado anterior de depravación?"

Aquí inquiriré cierta información de estos individuos: ¿Cuál es exactamente esa conciencia de pecado que poseemos cuando aún preferimos el pecado a la justicia de Dios? Ya que no tiene su fin apropiado y peculiar, claramente no puede ser pecado, porque el punto básico para tal conciencia es que debemos dejar nuestro pecado una vez que entramos en conocimiento de él y debemos abrazar la justicia de Dios. Si este fin no está presente, la obra está arruinada y se vuelve un pecado. Todos los escritores paganos reconocen que una acción que no tiene su fin propio es un pecado.

En segundo lugar, ¿cuál es el miedo al Infierno cuando continúan a diario apresurándose a él? ¿Y cuál es el dolor por perder el reino de los cielos si constantemente lo declinan cuando la Escritura y los predicadores se lo ofrecen? Aunque gravitan con menos afición hacia el pecado y obtienen menos placer de sus pecados, obtienen aún suficiente como para no volverse de él. Aunque escuchan la Palabra de Dios con un grado de interés, ellos muestran desprecio por escuchar, pues esperan ganar las cosas que se prometen en ellas, incluso cuando viven las vidas que viven. Vemos, por tanto, que todos estos impulsos se desvían de su objetivo y de su meta. Y puesto que todos ellos están lejos de ser eficaces y dejan a los hombres bajo la ira de Dios, nada bueno puede esperarse de ellos. Pero escuchemos lo que Isaías relata en el capítulo 58 sobre este tipo de obras. Él dice:

> Que me buscan cada día, y quieren saber mis caminos, como gente que hubiese hecho justicia, y que no hubiese dejado la ley de su Dios; me piden justos juicios, y quieren acercarse a Dios. ¿Por qué, dicen, ayunamos, y no hiciste caso; humillamos nuestras almas, y no te diste por entendido? He aquí que en el día de vuestro ayuno buscáis vuestro propio gusto, y oprimís a todos vuestros trabajadores. He aquí que para contiendas y debates ayunáis y para herir con el puño inicuamente; no ayunéis como hoy, para que vuestra voz sea oída en lo alto. ¿Es tal el ayuno que yo escogí, que de día aflija el hombre su alma, que incline su cabeza como junco, y haga cama de cilicio y de ceniza? ¿Llamaréis esto ayuno, y día agradable a Jehová? [vv. 2-5]

Estas palabras del profeta muestran con mucha claridad que es un pecado a los ojos de Dios consultarlo sobre sus caminos, ayunar y desgastarse con aflicciones, cuando tales obras se realizan sin verdadera reverencia hacia Dios ni verdadera piedad. No puede negarse que estas obras son en efecto excelentes y amorosas, pero Dios el Juez Justo las rechaza. En sus *Confesiones*, Agustín se ofrece a sí mismo como un ejemplo confiable para nosotros en este asunto. Él describe los sentimientos que experimentó en su corazón antes de volverse a Cristo. En el Libro VIII, Capítulo 11, escribe:

> Así enfermaba yo y me atormentaba, acusándome a mí mismo más duramente que de costumbre, mucho y queriéndolo, y revolviéndome sobre mis ligaduras, para ver si rompía aquello poco que me tenía prisionero, pero que al fin me tenía. Y tú, Señor, redoblabas ante mi vista[1] los azotes del temor y de la vergüenza con severa misericordia. Y me decían a mí mismo interiormente: «¡Ea!, sea ahora, sea ahora». Y ya casi, pero no lo hacía. Y otro poco menos, y ya casi tocaba al término y lo tenía; pero ni llegaba a él, ni lo tocaba, ni lo tenía. Pudiendo más en mí lo malo inveterado que lo bueno desacostumbrado y llenándome de mayor horror a medida que me iba acercando al momento en que debía mudarme. Y aunque no me hacía volver atrás ni apartarme del fin, me retenía suspenso. Me retenían frivolidades de frivolidades y vanidades de vanidades, antiguas amigas mías, tirándome del vestido de la carne, y me decían por lo bajo: «¿Nos dejas?» Y «¿desde este momento no estaremos contigo por siempre jamás?» Y «¿desde este momento nunca más te será lícito esto y aquello?».[2]

Éstas son las cosas que relata, y las denuncia ante Dios como pecados, aunque nuestros oponentes las alaban demasiado. Éstas fueron, ciertamente, los medios por los cuales Agustín fue

---

[1] En *Romanos 1558, Londres 1576, Zúrich 1580 y Heidelberg 1603* se lee *in oculis meis*. Las ediciones modernas de las *Confesiones* dicen in *occultis meis*, "en mis entrañas". Parece que los manuscritos que tenía Vermigli eran diferentes tanto en este como en otros aspectos, ya que todo este pasaje citado por Vermigli omite mucho del pasaje original de las *Confesiones*, a menos que se deba a que Vermigli citó de memoria.
[2] Agustín, *Confesiones* 8.11.25-26 [en realidad una fusión de las secciones 25 y 26] (*Confesiones, NPNF* 1/1:126-27).

traído por Dios a la salvación, aunque al mismo tiempo eran pecado en él. Aunque no se entregó a ellos, los corrompió con muchos abusos para no ser cambiado por ellos. Lo que no se realiza plenamente, como debiera, es pecado.

18. Pero los sofistas son de cierta manera como hidras. Una vez cortado un argumento como una cabeza, surge otro. Ellos citan contra nosotros al publicano que oró en el templo: "Dios, sé propicio a mí, pecador", y se dice de él que volvió a su casa justificado. "Por lo tanto", dicen, "él era un pecador cuando oró, puesto que leemos que fue luego justificado. Aunque esta oración fue agradable a Dios." Y dicen que, "por lo tanto, somos capaces de buenas obras que agradan a Dios *antes* de nacer de nuevo."

Sin embargo, deberían tener en mente que el publicado *oró*, algo que, como mostramos en el caso de Cornelio, no puede hacerse sin fe. "¿Cómo, pues, invocarán a aquel en el cual no han creído?" [Rom. 10:14]. Él fue justificado, por tanto, cuando oró, y no deberíais entender estas palabras con el sentido de que fue justificado por primera vez en el momento en que sus oraciones terminaron. Incluso si se dice que ocurrió después, eso no significa que no haya pasado de ninguna manera antes. Él obtuvo una justificación más completa, un espíritu más pleno, y un sentido más íntimo de la misericordia divina.

Se llama a sí mismo un pecador, y correctamente, en parte porque aún siente dentro de sí algo por lo cual sentir culpa (siempre se nos dice que, sin importar cuán rectos seamos, el orar "perdona nuestras deudas"), y en parte porque recordó cuán serios eran los pecados que cometió antes de ser justificado. Y así los santos deben considerar, especialmente cuando oran, cuán grande es la carga de sus pecados. Porque cuando en oración se acercan a Dios, son movidos por verdadero arrepentimiento para decir junto con David:

Mientras callé, se envejecieron mis huesos en mi gemir todo el día. Porque de día y de noche se agravó sobre mí tu mano; se volvió mi verdor en sequedades de verano [Salmos 32:3-4].

Porque me han rodeado males sin número; me han alcanzado mis maldades, y no puedo levantar la vista. Se han aumentado más que los cabellos de mi cabeza, y mi corazón me falla [Salmos 40:12].

Porque yo reconozco mis rebeliones, y mi pecado está siempre delante de mí. Contra ti, contra ti solo he pecado, y he hecho lo malo delante de tus ojos [Salmos 51:3-4].

Y para que todos los santos estén más en guardia frente al pecado, Dios provoca en ellos el sentido más conmovedor de su cólera, para que se den cuenta de lo que merecerían si Dios no hubiese llegado en su ayuda a través de su Hijo. Él también abre sus ojos para que vean lo que es Su corrección paternal hacia ellos; y para que sea así más claramente percibido, él a menudo retiene de ellos el sentido y gusto de su misericordia. Por esta razón, claman:

> Hazme oír gozo y alegría, y se recrearán los huesos que has abatido. Esconde tu rostro de mis pecados, y borra todas mis maldades. Crea en mí, oh Dios, un corazón limpio, y renueva un espíritu recto dentro de mí. No me eches de delante de ti, y no quites de mí tu santo Espíritu [Salmos 51:8-11].

De aquí que incluso los justificados oran que no les sea imputada la debilidad que aún les queda. Recuerdan los graves pecados que antes cometieron y no suplican sino una muestra de la misericordia divina y de la justicia que se les confirió. Éste es el verdadero significado de tales oraciones piadosas, y no debemos creer que el publicado oró de manera diferente. Su actitud no era la de aferrarse a su antiguo objeto de pecar; por el contrario, él estaba verdadera y sinceramente volviéndose a Dios. Nuestros oponentes, por otro lado, imaginan que aquellos que aún persisten en malas obras y que no se han resuelto a cambiar sus vidas aún hacen lo bueno que agrada a Dios. Pero se nos enseña por la Escritura que el que cree en Dios tiene vida eterna y es por esta razón justificado; todo lo demás no es ni bueno ni agrada a Dios. Siendo éste el caso, ya que el publicano oró, y oró fielmente, es claro que tenía vida eterna y que tenía algún grado de justificación también.

§10: CARACTERÍSTICAS DE UNA BUENA OBRA

19. PERO para que todo esto sea más claramente entendido, no estará fuera de lugar el revisar cuáles son los requerimientos para una buena obra que sea capaz de agradar a Dios. En primer lugar, aquel que hace algo bueno debe ser animado por el Espíritu de Dios; si no, en nosotros, esto es, en nuestra carne, no mora nada bueno. Y aquellos que son conducidos por el Espíritu de Dios son hijos de Dios.

En segundo lugar, la fe debe estar presente para que a través de ella podamos estar seguros de que la obra que estamos emprendiendo pertenece a la clase de cosas que Dios quiere y que ha ordenado que se hagan en Su ley. Porque "todo lo que no proviene de fe, es pecado" [Rom. 14:23], y tampoco debemos cometer el error de hacer algo que nuestro corazón nos reprocha.

En tercer lugar, todo lo que hagamos debe estar absolutamente dirigido a la gloria de Dios, para que nuestra preocupación principal y primordial sea que la alabanza y la gloria de Dios se hagan evidentes por nuestras obras: "Si, pues, coméis o bebéis, o hacéis otra cosa, hacedlo todo para la gloria de Dios" [1Cor. 10:31], dice Pablo. En cuarto lugar, puesto que, debido a nuestra debilidad innata, siempre falta algo en nuestras obras, incluso en aquellas que parecen estar hechas de manera correcta, la gracia y la misericordia de Dios debe estar presente a través de Cristo, para que pueda compensar esa deficiencia.

Por esta razón, dice David: "Bienaventurado aquel cuya transgresión ha sido perdonada, y cubierto su pecado. Bienaventurado el hombre a quien Jehová no culpa de iniquidad, y en cuyo espíritu no hay engaño" [Salmos 32:1-2]. Y Pablo dice: "Ahora, pues, ninguna condenación hay para los que están en Cristo Jesús" [Rom. 8:1], y "lo que era imposible para la ley, por cuanto era débil por la carne, Dios, enviando a su Hijo, etc." [Rom. 8:3]. Estos pasajes muestran claramente que nuestras obras no alcanzan la perfección y su fin apropiado y que a través de Dios y la misericordia de Dios conseguimos que no se nos impute la culpa que les corresponde a ellas.

En último lugar, también se requiere que nadie se gloríe de lo que hace correctamente, sino que se gloríe solo en Dios, y reconozca que lo que hace lo ha recibido de su generosidad, no de su propia fuerza. Dice Pablo: "Porque ¿quién te distingue? ¿o qué tienes que no hayas recibido? Y si lo recibiste, ¿por qué te glorías como si no lo hubieras recibido?" [1 Cor. 4:7]

Donde sea que estén presentes todas estas cosas que he repasado, la obra será incontrovertidamente buena y agradable a Dios. Aquí el lector atento puede inferir su definición a partir de estos requerimientos para una buena obra. En cambio, si echamos un vistazo a la naturaleza de un individuo aún no regenerado, reconoceremos con facilidad que las cosas que hemos establecido como necesarias para una buena obra no pueden encontrarse allí. Porque tal individuo está por completo privado de fe y del Espíritu de Dios, y además sufre tal φιλαυτία, esto es, amor propio,[1] que lo que sea que haga no está

---

[1] Esta palabra griega, φιλαυτία, aparece en toda la filosofía griega y es especialmente común en los estoicos. Vermigli puede muy bien utilizar la palabra griega aquí para dar a entender que incluso los filósofos paganos estaban de acuerdo en que tal amor propio era una característica prominente de la psicología humana.

dirigido a Dios, sino a su propio provecho. Es más, ya que es un extraño a Cristo, es dejado necesariamente bajo la ley, por lo que cualquier deficiencia o defecto que haya en sus obras (que son abundantes necesariamente), no puede suplirse de ninguna otra parte.

Finalmente, si por azar hace algo espléndido y amoroso, se gloría no en Dios, sino en sí mismo, ya que es ignorante de Cristo y de la gracia de Dios. A partir de estas dos descripciones de una obra buena y agradable a Dios, y de una persona que vive lejos de Cristo, pienso que está claro ahora que aquellas obras que proceden de una persona sin fe no pueden ser buenas y agradables a Dios.

20. Pero nuestros oponentes hacen su mayor esfuerzo por tergiversar dos pasajes muy convincentes que usamos para esta discusión. El primero es nuestra afirmación de que "no puede el árbol malo dar frutos buenos" [Mat. 7:18]; el segundo, que "todo lo que no proviene de fe, es pecado" [Rom. 14:23]. Debemos decir aquí algo acerca de estos pasajes. Cristo usó la metáfora del mal árbol que no puede producir frutos buenos no solo en Mateo 7, sino de nuevo en Mateo 12, y de ahí dedujo la siguiente declaración: "¡Generación de víboras! ¿Cómo podéis hablar lo bueno, siendo malos?" [Mat. 12:34].

Sin embargo, antes de que desentrañe este duro reproche, será útil relatar cómo Agustín discutió con Juliano el pelagiano en defensa de este mismo pasaje.[2] Este último considera una obra excelente hecha por una persona sin fe, a saber, vestir al desnudo, y pregunta si debe llamarse pecado. Y, de hecho, si esta obra no pertenece a la clase que agrada a Dios, no veo qué otra obra de un incrédulo sea capaz de agradarlo. Ahora bien,

---

[2] Agustín, *Contra Iulianum* 4.3 (Los Padres de la Iglesia: Contra Juliano, vol. 35, 176-98).

Agustín sostiene, y prueba, que es pecado. Y a menos que se piense que afirma esto sin razón, dice que es pecado porque aquel que hizo esa obra tan hermosa se jacta en la obra. No reconoce por medio de la fe ni a Dios ni a Cristo como Aquel a quien dar crédito.[3] Y luego dice que, para que no sea pecado, no es suficiente con que se haga una buena obra, sino que también debe hacerse de una manera buena y correcta. ¿Diremos, por tanto, que una persona sin fe hizo una buena obra y que también la realizó de manera correcta? Si no concedemos esto, reconocemos que ha pecado; si lo concedemos, reconocemos que el fruto es bueno, aunque la persona sin fe y fuera de Cristo es un árbol malo. Al hacerlo así, concedemos que un árbol malo produce buen fruto, una cosa que Cristo, sin embargo, niega expresamente.

De ahí que nuestros adversarios se vean reducidos a la necesidad de estar ahora abiertamente en desacuerdo no solo con nosotros, sino también con Cristo, a menos que por supuesto ellos quieran decir que una persona sin fe y alejada de Dios es un árbol bueno. Pero si esto es lo que declaran, entonces ¿qué quieren decir cuando afirman que él no agrada a Dios, ya que lo que es bueno no puede sino ser agradable a un Dios bueno? En efecto, para agradar a Dios, uno debe por todos los medios tener fe, porque está escrito en Hebreos: "Sin fe es imposible agradar a Dios" [Heb. 11:6]. Sin embargo, estos hombres pretenden imponernos a través de esta herejía suya una idea que esta epístola dice que es imposible.

"Pero un hombre", dicen, "*qua* hombre, no es un árbol malo." No obstante, como dice Agustín, si tomamos en consideración solo las naturalezas, no habrá ningún árbol malo

---

[3] Romanos 1558, Londres 1576: cui id illud acceptum ferat; Zúrich 1580 y Heidelberg 1603: cui is illud acceptum ferat. Esta última lectura es la preferible.

en ningún lugar, porque tanto ángeles como hombres fueron creados por Dios y recibieron buenas naturalezas. No debemos tomar estas naturalezas según como fueron creadas por Dios, sino a la luz de la condición que sobrevino luego sobre ellas. Una persona será llamada un árbol bueno cuando esté revestida de una buena voluntad; una persona será llamada un árbol malo cuando esté dotada de una mala voluntad. Después de la caída de Adán y de la ruina original de nuestra raza, decimos que los hombres están conducidos no por una buena voluntad, sino por una mala.

Pero para volver al acto caritativo de la persona sin fe, que comenzamos a discutir, debemos preguntar si es que esta misericordia que se exhibe es una de fe o una sin fe. Puesto que es realizada sin fe, entonces debe ser sin ella. Por tanto, no puede estar libre de vicio ni pecado. No es suficiente con tener lástima del prójimo; debe hacerse también en fe y rectitud. La misericordia no es buena en sí misma, puesto que Dios desaprobó muchos actos de bondad hacia los prójimos, como cuando el rey de Israel perdonó al rey de Siria y cuando Saúl perdonó a Agag, el rey de Amalec.

Por otro lado, la fe que obra a través del amor es siempre buena y nunca puede ser mala. Pero ya que la misericordia no es de este tipo, debe añadirse la rectitud para que por ella la misericordia pueda realizarse en fe, para que sea digna de alabanza. Ellos replican que esta afección natural de tener misericordia es buena. Quizá no estamos inclinados a negarlo, pero ellos deben haberse dado cuenta de que las personas que no son aún regeneradas abusan esta cosa buena cuando no la refieren a Dios, quien es el único fin de nuestras acciones; y por supuesto alguien que abusa perversamente de un regalo tan grande de Dios no peca ligeramente.

21. Además, Agustín también afirma que lo que haya de bueno en la obra de una persona sin fe viene de Dios por completo. Por tanto, el hecho de que el prójimo de alguien sea ayudado, o que se mantenga algún modo de vida razonable, y que la virtud civil sea preservada, no viene de ningún otro lugar sino de Dios, aunque sea un pecado y desagrade a Dios, en tanto que procede de una persona corrupta y sin fe.

Pelagio fue guiado por ésta y razones similares para afirmar que estos individuos que por naturaleza se comportan rectamente son, de seguro, buenos, aunque sin frutos. Nuevamente, Agustín objeta, diciendo que tal es la naturaleza de los árboles sin fruto que o no producen nada en lo absoluto o producen lo que es malo. Pelagio continúa intentando hacerse entender y dice que deben ser llamados sin fruto porque, aunque lo que hacen es bueno, son inútiles para obtener el reino de los cielos. Sin embargo, al decir esto no dice nada; de hecho, se pone más obstáculos a sí mismo.

Como está claro, ésta es la misma posición de nuestros estudiosos hoy, aunque Agustín batalla con la mejor de su habilidad, diciendo:

> En tal caso, como dices, el Señor, siendo bueno, sacará de raíz y arrojará al fuego a una buena planta que produce buen fruto. ¿En qué se convierte la justicia divina, que tan estrictamente defendéis en todos lados? Esta posición vuestra lleva a muchas conclusiones irracionales y absurdas.[4]

---

[4] Aquí Vermigli no cita a Agustín, sino que, como hacían a menudo los oradores clásicos, habla como desde su perspectiva, un tipo de personificación (*prosopopeya*). Del mismo modo, el discurso directo que pone en boca de sus oponentes escolásticos no debe tomarse al pie de la letra, sino que es un ejemplo de *hipófora* (anticipación del argumento del oponente), muy practicada en la retórica clásica y humanística.

Hasta aquí con Agustín. Nuestros adversarios, no obstante, afirman que son muy diferentes de Pelagio. Dicen:

> Proponemos una cierta gracia preventiva y llamadora[5] por medio de la cual un buen tesoro pueda ser insertado en el corazón de la gente para que puedan así realizar algo bueno. Por tanto, no serán plantas del todo muertas, porque de alguna u otra manera producen brotes, y aunque lo que producen no puede volverse flores ni fruto verdadero, son, sin embargo, follaje y hojas que pueden brotan y, de hecho, brotan de un mínimo del jugo de la gracia de Dios, que incluso aquellos que están lejos de Cristo no están del todo destituidos.

Sin embargo, Pelagio afirmaba esto también, pues él no evitó la palabra gracia, aunque, como lo demuestra claramente Agustín, entendió por ella lo que quiso en vez de lo que debió, y de manera muy diferente de lo que la palabra significa en los autores católicos de la Iglesia de Cristo o en la Escritura. Pero ellos también son llevados por su metáfora. Fallan en recordar que el Señor en el Evangelio maldijo el árbol que solo tenía hojas y no fruto, y ordenó que fuera sacado de raíz y arrojado al fuego. Ahora bien, nada sino el pecado es sujeto de la maldición[6] de Dios y del fuego eterno.

Pero tienen aún otra táctica por la cual evaden este pasaje.[7] Dicen que aquellos árboles son en efecto malos, pero que no están completamente muertos, ya que *algo* de jugo de gracia se puede encontrar en ellos. Argumentan que hay una cierta gracia

---

[5] Véase el Capítulo 5, nota 1, supra.

[6] *Romanos 1558, Londres 1576* y *Zúrich 1580*: execratione. *Heidelberg 1603*: execrationi. Una vez más, la última versión de Heidelberg es la mejor.

[7] Londres 1576: loco. Romanos 1558, Zúrich 1580 y Heidelberg 1603: locum. Esta última es la mejor lectura.

llamadora y preventiva por la cual un buen tesoro puede ser insertado en los corazones de las personas que aún no han nacido de nuevo, de la cual se puede sacar un pequeño brote de una persona no arrepentida. Aunque no son capaces de llevar lo que producen a un nivel de fruto completo y maduro, o incluso de producir flores, sí producen follaje y hojas —lo más mínimo— y todo esto es ciertamente el signo de alguna gracia y vida latentes.

Es increíble cuánto se vanaglorian sobre esta gracia preventiva y llamadora, aunque hemos ya demostrado antes lo que se debería pensar sobre ella.[8] Aquellos que hablan y piensan en estos términos son demasiado descuidados. Fallan en percibir que esta gracia suya no es nada sino un tipo de invitación a venir a Cristo, aunque sea una no efectiva, puesto que la gente que la tiene está bajo la ira de Dios y sus corazones no están transformados. Y así, ¿qué buen tesoro puede haber en ellos que pueda producir obras agradables a Dios? Es más, siguiendo con su metáfora, cuando dicen que son plantas que producen follaje y hojas, aunque no tienen fruto, deberían haber recordado que Cristo, como antes dijimos, maldijo a tales árboles y cuando buscó fruto en la higuera y encontró solo hojas, le lanzó una maldición tan poderosa que se marchitó.

No negamos que los hombres puedan realizar un bien civil y moral que sea producido por el poder de Dios por el cual todo es sostenido, porque incluso los paganos reconocen que "en él vivimos, y nos movemos, y somos" [Hechos 17:28].[9] Pero ese poder por el cual Dios gobierna y dirige todas las cosas no hace que las personas que no han nacido de nuevo sean un ápice más

---

[8] Véase el apartado 9.

[9] Aquí Pablo está citando una línea que una vez se atribuyó a Epiménides, pero ahora se cree que es de origen desconocido, aunque antiguo, y etiquetado como "pseudo-Epiménides".

aptas para la vida eterna. Mas el estado de nuestro asunto en cuestión trata de si aquellos que aún están lejos de Cristo pueden hacer algo bueno que sea aprobado y agradable a Dios. Esto lo negamos, mientras que ellos lo afirman. Qué tanto el pasaje aducido respecto al árbol malo que no puede producir fruto bueno esté a nuestro favor, ha sido indicado con suficiencia.

22. Examinemos ahora el segundo pasaje que ellos intentan arrancar de nosotros: "Todo lo que no proviene de fe, es pecado" [Rom. 14:23]. Agustín sacó a colación este pasaje en casi todas las ocasiones en que se enfrentó a Pelagio, quien respondería que esta declaración era tan solo particular y que fue dicha exclusivamente en el contexto de las comidas, y que, por esa razón, no debe extenderse para cubrir todas las obras, en especial aquellas de las personas que no tienen fe.

Es cierto, reconocemos que este asunto surgió respecto de las comidas, pero examinemos con vistas a las palabras de Pablo mismo cómo esta declaración fue hecha. Él dice que el que vacila, esto es, el que tiene dudas en una u otra dirección, pero aun así come, es condenado. Esto era lo que tenía que probar. La razón que en seguida dio fue "porque no es de la fe." Pero, ya que esta declaración es meramente particular y lo que se dice no puede reducirse a un silogismo a menos que se añada una premisa mayor, Pablo añade que "todo lo que no proviene de fe, es pecado." Con esta afirmación Pablo quería que estuviésemos seguros de que lo que sea que hagamos sea agradable a Dios y sea requerido por Él a través de una de las ordenanzas de la ley. Si esta confianza está ausente, lo que sea que hagamos, él dice, es pecado.

La línea de pensamiento de Pablo puede ponerse de la siguiente manera: Todo lo que no es de la fe, es pecado; comer comidas prohibidas en la ley con incertidumbre de si está o no permitido no es de la fe; por tanto, es pecado. Aunque el apóstol provee la premisa menor, él la basa en un principio aplicable universalmente. Este principio puede aplicarse a todas las acciones, así como se aplica a las comidas: *Todo lo que no es de la fe, es pecado*. En consecuencia, ni Agustín ni nosotros mismos hacemos violencia a esta declaración cuando la aplicamos a las obras de los incrédulos.

Sin embargo, muchos hoy en día claman y dicen que en este pasaje la fe significa la convicción de la conciencia, y que Pablo no tenía en mente la fe que decimos que justifica. Estas personas se conceden a sí mismas demasiada libertad al introducir un nuevo significado de fe sin ninguna evidencia escritural. Y así, podríamos rehusar concederles esto. Pero ya que están aún obligados a admitir la verdad de nuestra posición incluso si les concedemos lo que quieren, no les tomaremos la palabra en este sentido. Sea como quieren, dejemos que la fe sea *conciencia*.

¿Cuál debería ser la convicción de una conciencia con relación a las obras, para que entienda qué obras son buenas y qué obras son malas? Claramente no tenemos otra regla, si somos piadosos, que la ley de Dios. Ésta es la medida por la cual lo bueno y lo malo debe ser juzgado. Aquí es donde nuestra conciencia debe encontrar convicción, porque es a través de la fe que entiende que la obra que está realizando es buena y, en contraste, mala, si es inconsistente con la ley de Dios. Y esto es lo mismo que dijimos antes acerca de la fe. Así que, ignoremos a los que dicen esto.

Aunque afirmen estar diciendo algo diferente a nosotros, ¡terminan, sin intención, estando de acuerdo con nosotros! Se nos enseña aquí que en cualquier acción que realicemos, debemos primero y sobre todo asegurarnos de estar seguros de la voluntad de Dios, y Pablo es el que nos ha enseñado esto, cuando dice: "Para que comprobéis (δοκιμάζωμεν) cuál sea la buena voluntad de Dios" [Rom. 12:2]. Él también escribe a los efesios: "Mirad, pues, con diligencia cómo andéis, [...] no seáis insensatos, sino entendidos de cuál sea la voluntad del Señor" [5:15-17]. Y, lector, a menos que penséis que esta interpretación es una fabricación de nuestra cuenta, consultad a Orígenes,[10] a Primasius[11] estudiante de Agustín, y al comentario que se le atribuye a Jerónimo[12]. Encontraréis que ellos dicen lo mismo cuando interpretan el pasaje que hemos citado. Ellos tampoco toman la *fe* en ningún otro sentido que el común. Pero debemos discutir lo que los otros Padres enseñaron y pensaron acerca de este asunto cuando lleguemos a eso.[13]

---

[10] Orígenes de Alejandría (hacia 183-253) fue uno de los primeros Padres de la Iglesia más influyentes y produjo una enorme cantidad de escritos, de los que hoy solo se conserva una pequeña parte.

[11] Se desconoce la fecha exacta del nacimiento de Primasius de Hadrumetum. Se cree que murió hacia el año 560 d.C. Fue obispo de Hadrumetum y primado de Bizancio. Es conocido sobre todo por su comentario al Apocalipsis (*Commentarius in Apocalypsin*). Al vivir tanto tiempo después de Agustín, sólo se le puede llamar "alumno de Agustín" en un sentido amplio, por haber utilizado mucho la *Ciudad de Dios* de Agustín en su comentario.

[12] Tras la edición de Erasmo de las obras de Jerónimo en 1516, circuló una colección de comentarios a las trece cartas de Pablo bajo el nombre de Jerónimo, aunque ya entonces se dudaba de su autoría. En 1693 Richard Simon hizo la conjetura de que eran del propio Pelagio, pero el caso no se demostró hasta que Alexander Souter lo hizo en la tercera década del siglo XX. Véase Alexander Souter, *Pelagius's Expositions of the Thirteen Epistles of Paul*, 3 vols. (Cambridge: Cambridge University Press, 1922-31).

[13] *Romanos 1558, Londres 1576 y Zúrich 1580* contienen esta última frase. *Heidelberg 1603 om.* Casualmente, tampoco la tiene Marten, el primer traductor al inglés de *Los Principios Fundamentales*.

§11: CONCLUSIONES

23. PERO por el momento, para llegar al corazón del debate, sostenemos que está abundantemente claro en la Escritura que las obras de los incrédulos son pecados. Para defender esta posición no solo Agustín se enfrentó a Juliano, sino que también lo hizo Ambrosio en *De Vocatione Gentium* 3,[1] en donde dice que, al ausentarse la adoración del Dios verdadero, las que parecen virtudes son pecado.[2]

En *Sobre el bautismo* 2.7 Basilio plantea directamente este asunto, y está de nuestro lado.[3] Cita pasajes de la Escritura: de Isaías: "El que sacrifica buey es como si matase a un hombre; el que sacrifica oveja, como si degollase un perro; el que hace ofrenda, como si ofreciese sangre de cerdo" [Isaías 66:3]. Y añade: "Todo aquel que hace pecado, esclavo es del pecado" [Juan 8:34]. También: "Ninguno puede servir a dos señores. No podéis servir a Dios y a las riquezas" [Mat. 6:24].

Además: "¿Qué compañerismo tiene la justicia con la injusticia? ¿Y qué comunión la luz con las tinieblas?" [2 Cor. 6:14]. Finalmente, cita el pasaje que comentamos extensamente

---

[1] Durante la Reforma se creyó a menudo que el *De vocatione gentium* era de Ambrosio, pero desde entonces ha quedado claro que fue compuesto por Próspero de Aquitania. Véase San Próspero de Aquitania, *La llamada de todas las naciones*, trad. P. de Letter (Westminster, MD: Newman Press, 1952), 7.

[2] San Próspero de Aquitania, *La llamada de todas las naciones*, 28-30. La referencia de Vermigli aquí al Libro 3 es desconcertante, ya que la obra sólo tiene dos libros, y la referencia parece ser al Libro 1, Capítulo 4.

[3] Basilio, *De Baptismo* 2.7.

hace un momento: "No puede el árbol malo dar frutos buenos" [Mat. 7:18]. A partir de estos pasajes él concluye exactamente lo mismo que nosotros enseñamos.

Creo que está ahora bastante claro, a partir de lo que ha sido dicho, qué es lo que se debe pensar en relación con la condición de las personas aún no regeneradas: En primer lugar, están libres de coerción. Luego, son capaces de hacer muchas cosas de acuerdo con el juicio libre en las acciones morales y civiles. Finalmente, disfrutan algunas decisiones entre los pecados mismos, y ahora toman este pecado, ahora este otro, según ellos deciden. Sin embargo, su libertad no se extiende hasta hacer las cosas que agradan a Dios. Además, están sujetos, sea que lo quieran o no, a las dificultades y catástrofes de esta vida.

§12: EL LIBRE ALBEDRÍO DE LOS REGENERADOS

AHORA DEBEMOS discutir la libertad de las personas regeneradas. No hay duda de que su libertad no es menor que la libertad que dijimos tienen los impíos, y que es, en realidad, superior en el sentido de que puede elevarse hasta las buenas obras que agradan a Dios. ¿Quién no sabe que lo que Abraham hizo cuando estaba dispuesto a entregar a su hijo agradó plenamente a Dios? Fue elogiado por eso por la misma voz de Dios [Ge. 22]. Pablo en Filipenses llama sus ofrendas "olor fragante" [Fil. 4:18] y en Hebreos se nos enseña que Dios se deleita maravillosamente en esas ofrendas [Heb. 13:16]. Y ésta es la razón de que Pablo le diga a los filipenses que trabajen para su propia salvación con temor y temblor [Fil. 2:12]. ¿Pero qué necesidad hay de otros pasajes, cuando el mismo Juez, en el último día, revisará las buenas obras que los hombres píos han realizado hacia los miembros de Cristo? Y así, ya que los individuos regenerados son árboles buenos, es razonable que sean capaces de producir, y en efecto producen, buen fruto.

Sin embargo, aquellos que han nacido de nuevo nunca deben olvidar que no han adquirido esta libertad por sus propios méritos, sino que por la bondad de Dios. Él los hizo de nuevo y en lugar de un corazón de piedra puso uno de carne dentro de ellos. Tienen a su Padre Celestial, y no a sí mismos, para agradecer por haber sido traídos a Cristo. A menos que hubieran sido interiormente convencidos, en sus mentes, por medio del gran poder de Dios el Padre, habrían huido de Cristo, así como los demás. De esta manera, nuestras mentes son, como dicen ellos, pasivas respecto de la primera transformación, o impresión, del Espíritu Santo, pero luego de ser convencidos y transformados, somos restaurados a un ser capaz de cooperar con la gracia y con el Espíritu Santo.

24. Cómo tiene lugar esta restauración de la voluntad debe ser considerado bajo dos encabezados. Cuando al inicio describimos la naturaleza de la voluntad hicimos la aclaración previa de que todo error y todo pecado que está bajo juicio procede de estas dos razones: o porque somos completamente ignorantes acerca de lo que es y lo que no es justo cuando deliberamos sobre una cosa, o por el deseo y la emoción insertados en nosotros, que al imponer su presencia causan que, incluso cuando es claro qué sea y no sea justo, las razones menos convincentes son preferidas por sobre las razones fuertes y sólidas, y así el conocimiento de lo correcto no prevalece.[1] La fuerza de estas afecciones y todo el foco de la mente se concentran en las razones que argumentan por los placeres y el deseo, y los argumentos más virtuosos son desechados y no se ponen en práctica. Pero debido a la regeneración, se nos provee la ayuda en contra de ambos predicamentos.

En lo que respecta al primero, está a la mano la luz de la fe, que aplica la regla de la ley de Dios y así claramente percibe lo que es justo e injusto en las acciones que llevamos a cabo. En segundo lugar, aunque toda la depravación de nuestros afectos no es totalmente quitada por la fuerza del Espíritu Santo, es quebrada y debilitada por ella, y ya no puede presentar tan gran obstáculo al juicio recto como antes hacía. Pero ya que el deseo no puede ser abolido del todo mientras vivamos aquí en la tierra,

---

[1] Véase el apartado 1.

la libertad garantizada a los piadosos, de hacer las cosas que son agradables a Dios, no es completa ni está totalmente actualizada, sino que es débil y mutilada, y así es retratada en la Escritura. Las personas piadosas[2] son de muchas maneras prevenidas por la fuerza de realizar obras que agradan a Dios como sí desearían hacer y como la ley demanda. Ellas siempre sienten una ley en sus miembros que lucha en contra de la ley de sus mentes, sea que lo quieran o no, y son llevadas cautivos a la ley del pecado . Como está escrito en Gálatas: "Porque el deseo de la carne es contra el Espíritu, y el del Espíritu es contra la carne; y estos se oponen entre sí, para que no hagáis lo que quisiereis" [Gal. 5:17]. También escuchamos a Pablo quejarse de que no hace el bien que tan grandemente desea, sino que en lugar de eso hace el mal que odia. Aunque en sus mentes las personas piadosas *sí* sirven a la ley de Dios, y en su carne a la ley del pecado, llevan dentro de ellos mismos este significativo don de Dios: Se afligen y lamentan profundamente de estos obstáculos y, aunque no dudan de que tienen los primeros frutos del Espíritu, gimen y anhelan apasionadamente la restauración completa. Es más, las desgracias les suceden[3] a diario y nos recuerdan qué tan débil es nuestra libertad. Y Juan dice: "Si decimos que no hemos pecado, le hacemos a él mentiroso, y su palabra no está en nosotros" [1 Juan 1:10]. Santiago también dice: "Porque todos ofendemos muchas veces" [Santiago 3:2]. El Señor nos enseñó una oración diaria para rogar al Padre: "Perdónanos nuestras deudas" [Mat. 6:12].

---

[2] Marten, *The Common Places* (Londres: Denham/Middleton, 1583), dice aquí "muchos hombres" por *sancti* en todas las ediciones latinas.

[3] Es una forma interesante de decir que los piadosos pecan todos los días, es decir, que "las fechorías les suceden a diario" (*accidunt illis quotidiani lapsus*). Vermigli desea claramente subrayar un elemento de pasividad en los pecados que cometen los regenerados.

No obstante, la pequeñez de nuestra libertad no nos impide cooperar con Dios y con el Espíritu Santo, haciéndonos, por así decirlo, instrumentos aptos. En esta dirección, Pablo exhortó a Timoteo a que avivara la gracia que tenía en sí [2 Tim. 1:6], y en su primera carta a los corintios los instruyó a que fueran celosos por el carisma y los dones mejores, como si se requiriera de su esfuerzo para que fuesen capaces de usar un don del Espíritu más que otro [1 Cor. 14:1]. Pero de quienes se dice que tienen estas cosas son simplemente humanos; puesto que tienen la gracia y el Espíritu de Dios son ahora llamados hombres de Dios, y porque son hombres de Dios se dice que son perfectos y están equipados para toda buena obra. En consecuencia, concedemos que aquellos que han nacido de nuevo en Cristo tienen toda la libertad que le concedimos a los impíos, y todavía más, pues son capaces de realizar obras que agradan a Dios, aunque no estén exentos ni de pecar ni de las catástrofes o dificultades de esta vida.

Ahora será tiempo de discutir la cuarta condición del hombre,[4] pero sobre este asunto solo podemos dar una respuesta sucinta: Ya que disfrutaremos la felicidad perfecta en nuestro hogar celestial, no hay ningún tipo de libertad que nos pueda faltar allí (a no ser que se quiera llamar *libertad* al hecho de poder pecar y desertar de Dios, quien es el bien mayor). Y ya que ésta es la forma más elevada de libertad, anticipamos que en nuestro hogar celestial seremos libres absolutamente.

---

[4] Véanse en la sección 2 los cuatro estados en los que Vermigli, siguiendo a Agustín, divide la voluntad humana.

§13: ¿ES PECADO LA PROPENSIÓN INNATA AL PECADO?

25. PERO AHORA debemos discutir otra cuestión: ¿Son los deseos[1] y las afecciones depravadas que aún quedan en aquellos que han nacido de nuevo pecados?, ¿deberíamos hablar acerca de ellos de esta manera? Éstos son llamados por Pablo *la ley del pecado* y *la ley de nuestros miembros*, y nos ha enseñado que permanecen en las personas piadosas luego de la regeneración a través de su propio ejemplo.

Ahora, no podemos determinar si éstos son pecados a menos que entendamos de antemano qué es el pecado. Agustín dice que el pecado es algo dicho, hecho o deseado que es contrario a la ley de Dios.[2] Pero en consideración de la ambigüedad de la palabra *deseo*, no es claro si esta definición es apta para *todos* los pecados o solo para aquellos que comúnmente son llamados *actuales*. Si está referido al consentimiento total de la voluntad por el cual consentimos a los deseos malvados, la definición se restringe a los pecados actuales. Por el otro lado, si *deseo* es tomado más amplia y extensamente como el último mandamiento, "no codiciarás"

---

[1] La palabra de Vermigli aquí es *concupiscentia*. Para la comprensión de Vermigli de la *concupiscencia* y su tratamiento de la misma, véase el primer volumen de esta serie: Pedro Mártir Vermigli, *Sobre el pecado original*, trand. Kirk Summers (Davenant, 2019), xviii.

[2] Vermigli cita aquí a Agustín (*Respuesta a Faustus*, NPNF 1/4:283) de segunda mano a través de Pedro Lombardo, *Sent.* 2.35.

[Éxodo 20:17], la definición puede ser universal y abarcar a *todos* los pecados.

El maestro de las *Sentencia*, libro 2, distinción 35, citó la definición cuando ya había discutido el pecado original en profundidad y había avanzado para examinar la naturaleza de otros pecados, y así parece que pensaba que esa definición solo pertenecía a los pecados *actuales*. Pero cualquiera sea el caso, no discutiré el asunto extensamente. En *De Paradiso* 8, Ambrosio sugirió una definición reconocidamente amplia de pecado:[3] "Pecado no es sino una transgresión de la ley de Dios y desobediencia a los mandamientos divinos."[4] Pero obviando los pronunciamientos de los Padres, deberíamos referir el asunto al testimonio de la Escritura para determinar con claridad a partir de ella qué es el pecado.

En el capítulo 3 de su primera carta, Juan dice: "El pecado es ἀνομία" (esto es, injusticia) [1 Juan 3:4]. La palabra griega es un compuesto de alfa privativa y νόμος (*ley*). Aquí la naturaleza del pecado se nos revela de una manera elegante: se nos dice que es una privación, en la cual algo bueno es quitado de alguien que debe poseerlo. Si preguntas qué es eso bueno que es quitado a través del pecado, la palabra griega νόμος (*ley*) lo explica: Es quitado lo bueno que es prescrito en la ley de Dios. Y así, podemos decir que el pecado es *todo lo que está en oposición a la ley de Dios*.

Ahora debemos considerar si esta definición que hemos tomado de la Escritura se corresponde con la maldad que permanece en los santos después de la regeneración. Respecto

---

[3] Romanos 1558, Zúrich 1580 y Heidelberg 1603: peccati. Londres 1576: non peccati. La lectura de Londres es aquí obviamente un error.

[4] Ambrosio, *De paradiso* 8 (*CSEL* 32:296). La cita exacta dice: *quid est enim peccatum nisi praevaricatio legis divinae et caelestium inoboedientia praeceptorum*. Aquí se ve el carácter a veces aproximativo de las citas de Vermigli.

de esta pregunta, respondemos de manera afirmativa, nuestros adversarios lo hacen de manera negativa. La Santa Escritura está incontrovertidamente de nuestro lado. Pablo claramente dice que *la ley de nuestros miembros* está en combate contra *la ley de Dios* y que nuestra mente y la sabiduría de carne son enemigos de Dios y que no se someten a la ley de Dios ni tampoco pueden.

La ley de nuestros miembros también se opone en todos los modos al primer y más grande mandamiento: "Amarás al Señor tu Dios con todo tu corazón, y con toda tu alma, y con toda tu mente" [Mat. 22:37]. Si toda nuestra fuerza y facultades se sometieran a Dios, como deberían, este deseo no se encontraría en ningún lugar dentro de nosotros. Es más, este mismo deseo está en oposición al último mandamiento: "No codiciarás" [Éxodo 20:17], y Agustín, como lo señalan las múltiples citas que hemos hecho de él, atestigua que estos dos mandamientos no pueden cumplirse a cabalidad mientras vivamos en esta vida. (Él da espléndidas razones por las que estos mandamientos han sido entregados a nosotros incluso si no podemos cumplirlos, razones que no necesito repetir aquí.)

26. Hemos mostrado, sobre la base de la definición, que el deseo del que hablamos *es* pecado. Ahora veamos los otros argumentos. Uno de ellos lo tomaremos de la creación del hombre. El hombre fue hecho a imagen y semejanza de Dios, y hemos sido predestinados para ser conformados a la imagen del Hijo de Dios. También se nos dice que nos vistamos del nuevo hombre, el que, Pablo dice en Colosenses 3, está siendo renovado hasta el conocimiento e imagen de aquel que lo creó [v. 10]. Este nuevo hombre, como se dice en Efesios, está creado en la justicia y santidad de la verdad [4:24].

La imagen de Dios de la que se nos dice que nos vistamos significa, como dice Tertuliano, que tenemos las mismas afecciones y pensamiento que Dios. De manera similar, Pablo nos exhorta en Filipenses a que tengamos la misma mente de Cristo [Fil. 2:5]. Estas afecciones y deseos, sin embargo, borran y manchan gravemente la imagen de Dios en nosotros. Aún más, lo que se supone que crucifiquemos, mortifiquemos y desechemos debe ser pecado necesariamente, pues si fueran cosas buenas, el Espíritu Santo nos diría en cambio que las desarrollemos. Pero Pablo dice en Colosenses: "Haced morir, pues, lo terrenal en vosotros" [3:5], y en Gálatas: "Los que son de Cristo han crucificado la carne con sus pasiones y deseos" [5:24], y en otro lugar: "Despojaos del viejo hombre" [Ef. 4:22]. Si estas afecciones son desagradables para Dios, no puede ser por ninguna otra razón sino porque son pecados. Dios es tan paciente que nada lo disgusta sino el pecado.

Para finalizar, la muerte se debe al pecado como su salario; por tanto, no puede estar presente allí donde no hay ningún pecado. Solo al Hijo de Dios le sucedió que sufrió la muerte siendo inocente, ya que murió por nuestros pecados. Nosotros, en cambio, morimos porque no somos sin pecado. Siendo éste el caso, dejemos que nuestros adversarios nos expliquen ahora por qué los niños que ya han nacido en Cristo mueren, ya que ellos no tienen pecados actuales y la culpa del pecado original les ha sido quitada.

Solo el deseo y la corrupción de su naturaleza, que no ha sido rectificada por completo, permanece, así como las afecciones malvadas, que Agustín en *Confesiones* 11 dice que se encuentran en los niños, y las confiesa y condena como pecados.[5] Por lo tanto, ya que son pecado, ellos no mueren injustamente por causa de ellas.

---

[5] Agustín, *Confessiones* 11 (*Confesiones*, NPNF 1/1:163-75). El libro 11 no trata este tema en profundidad. Un lugar más probable es el Libro 1.7-12 (*NPNF* 1/1:4648).

§14: CLASES DE PECADO Y QUÉ ES LO QUE CONSTITUYE PECADO ACTUAL

PUESTO que tenemos razones convincentes para demostrar que los malos deseos que permanecen en nosotros después del bautismo son pecados, queda por ver a qué clase pertenecen. El pecado generalmente se distingue entre aquel que puede ser perdonado y aquel que no. La infracción de la ley de Dios que nunca puede ser perdonada es el pecado contra el Espíritu Santo. Pero allí donde el pecado *puede* ser perdonado, esto ocurre de dos maneras: Es perdonado con el requisito de apartarse definitivamente de él, lo que vemos es el caso con los pecados más serios que Pablo dice que nos separan del reino de Dios y son comúnmente denominados *mortales*; o son perdonados sin alejarse de él, en parte por nuestra ignorancia innata y en parte por la debilidad que sufrimos.

Estos pecados son llamados *menos significativos* y *veniales*, y la vida humana no se puede vivir libre de ellos. Como mostramos más arriba, Pablo hizo una elegante distinción entre estos pecados cuando nos exhortó a que no dejemos[1] que el pecado *reine* en nosotros. Y fue acerca de esta tercera clase de pecados que el mismo apóstol se quejó diciendo: "¡Miserable

---

[1] Romanos 1558, Zúrich 1580 y Heidelberg 1603: sineremus. Londres 1576: sinerimus, un claro error.

de mí! ¿quién me librará de este cuerpo de muerte?" [Rom. 7:24].

Es en estos pecados que nuestros teólogos están pensando cuando enseñan que las obras de las personas, no importa qué tan santas sean, no se encuentran libres de pecado mortal[2], ya que no realizan nada que no esté libre de fallas de este tipo, que son llamadas mortales porque por su naturaleza merecen la muerte, ya que la paga del pecado es la muerte, y también porque somos incapaces de disfrutar la vida eterna mientras carguemos estas imperfecciones con nosotros. Estamos excluidos de ella hasta que en la muerte nos despojemos de toda corrupción. Es más, está escrito: "Maldito todo aquel que no permaneciere en todas las cosas escritas en el libro de la ley, para hacerlas" [Gal. 3:10]. Y todo el que, junto con Pablo, se lamente de que no hace el bien que quisiera hacer, no realiza todo lo que la ley demanda, y entonces no está del todo exento de maldad, aunque por la misericordia de Dios no se le impute para perdición eterna.

27. Así hablan nuestros teólogos acerca de las buenas obras de la gente piadosa, no porque nieguen las buenas obras o piensen que, cuando las hacen personas regeneradas no son agradables a Dios, sino para que reconozcamos nuestra suciedad e impureza, que somos insensatos y más que ciegos en reconocer. Además del pecado en contra del Espíritu Santo, el cual podemos hacer a un lado, los otros pecados son clasificados de acuerdo con tres fases. En la primera están los deseos

---

[2] Vermigli evidentemente quiere decir que los teólogos protestantes señalaron que incluso los pecados tradicionalmente llamados "veniales" eran "mortales", en el sentido de que no eran menos pecados que los llamados "mortales" de la Iglesia Católica Romana, porque merecían igualmente la muerte.

innatos. De ellos manan continuamente en la segunda fase los afectos e impulsos iniciales hacia diversas fechorías. En la tercera fase entra el asentimiento de la voluntad y se manifiesta en la acción. Pablo destacó estas tres fases cuando dijo: "No reine, pues, el pecado en vuestro cuerpo mortal, de modo que lo obedezcáis en sus concupiscencias" [Rom. 6:12]. El pecado que no debemos dejar que reine es nuestro deseo innato y depravación natural. Los afectos iniciales son deseos a los que el primero da a luz. A éstos se nos dice que no obedezcamos. Luego viene la obediencia que completa y perfecciona el pecado, que comúnmente se llama *actual*. Obviamente, la depravación natural se refiere al pecado original. De manera similar, el pecado que recibe el asentimiento de la voluntad se llama *actual*.

La pregunta concierne a las afecciones iniciales; a saber, si deben estar referidas al pecado original o al actual (aunque por causa de Cristo no nos atan a nueva culpa y a la necesidad de soportar el juicio de Dios). En todo caso, son intermedias y parte de ambos grupos. En tanto que deseamos o esperamos algo de ellas, poseen un elemento de pecado actual, y Pablo usa los verbos *hacer* (ποιεῖν) y *practicar* (πράσσειν), que claramente indican algún tipo de acción. Por otro lado, tienen en común con el pecado original, que no se realiza deliberada y voluntariamente, el hecho de que experimentamos afecciones de este tipo en contra de nuestra voluntad. Comentando sobre Mateo 7, Jerónimo establece una distinción entre *emoción* (πάθος) y *emoción preliminar* (προπάθεια).[3] Él dice que las afecciones iniciales son una *emoción* (πάθος) después de que

---

[3] Esta idea se atribuye a Jerónimo en la *Catena Aurea*, pero no parece figurar en los manuscritos existentes de su comentario a Mateo. Véase Tomás de Aquino, Catena Aurea: *Comentario a los cuatro Evangelios*, trad. Mark Pattison (Oxford: J. Parker, 1874), 185.

han recibido el consentimiento de la voluntad, pero son *emociones preliminares* (προπάθεια) cuando en el principio mueven o incitan a una. Continúa diciendo que, aunque las *emociones preliminares* son dignas de vergüenza, no se las considera una ofensa, mientras que una *emoción* es considerada un pecado. Notemos aquí que Jerónimo admite que las afecciones iniciales *sí* tienen la *culpa* del pecado, pero que la culpa está libre de *cargo* (*crimen*) del pecado, esto es, gracias a Cristo no se nos imputa para muerte ni se considera como una ofensa desde una perspectiva humana.

Y luego, ya que el pecado es clasificado comúnmente como aquel que es *solo* pecado y que es *tanto* pecado como pena por el pecado, Agustín menciona esta distinción cuando comenta sobre el Salmo 57.[4] Él dice que la apostasía original contra Dios tan solo era pecado, pero que lo que sigue es tanto pecado como pena por el pecado hasta que el hombre llega al infierno. Todos los pecados que se cometen entre la apostasía original y el infierno no solo son pecados, sino que también son los castigos exigidos por otros pecados.

Pablo ha mostrado muy bien esto en Romanos. Él primero dice que, aunque los paganos conocían a Dios no lo reconocieron como a Dios, y luego añade que fueron entregados a sus deseos depravados, estando llenos de malicia, codicia, etc. [Rom. 1:21-24]. Finalmente, menciona la condenación del infierno: "Pero por tu dureza y por tu corazón no arrepentido, atesoras para ti mismo ira para el día de la ira y de la revelación del justo juicio de Dios, el cual pagará a cada uno conforme a sus obras" [Rom. 2:5].

Pero todavía hay muchos que no creen que estos pecados sean pena por el pecado sobre la base de que la gente obtiene un

---

[4] Agustín, *Enarrationes* in psalmos 57 (Exposiciones sobre los Salmos, NPNF 1/8:229-36).

gran placer de ellos. Pero si no estuvieran ciegos entenderían con claridad al apóstol cuando dice que éstos son castigos, y unos muy severos. Él dice que sus corazones fueron enceguecidos y que ellos mismos fueron estimados como necios, incluso cuando clamaron ser sabios, y fueron entregados por Dios a una mente reprobada para que abusaran de sus cuerpos [Rom. 1:22].

¿Y qué si éste no fuera el castigo más severo? Si las manos de alguien fueran cortadas o arrancados sus ojos luego de haber robado, entonces diríamos que ha sido severamente castigado por un poder divino. Pablo dice que estas personas fueron privados de su mente, que sus corazones fueron insensibilizados, que sus cuerpos fueron contaminados, ¿y esto no se considera castigo? ¿Cómo podemos esperar que nuestras mentes estén seguras, sanas, inmaculadas, si el pecado reina en ellas? Salomón dice: "¿Tomará el hombre fuego en su seno sin que sus vestidos ardan? ¿Andará el hombre sobre brasas sin que sus pies se quemen?" [Prov. 6:27-28]. Se dice del pecado que es una pena porque hiere y degrada nuestra naturaleza. La depravación del pecado original la ha dañado tanto que ahora apenas puede pensarse como medio-viva, y las afecciones depravadas y los impulsos que periódicamente surgen de ella la vuelven más fuerte, a menos que sean golpeados de vuelta y mortificados. Si os rendís a ellos, entonces se vuelven incluso más poderosos, y así nuestra naturaleza se precipita risco abajo continuamente.

28. El punto de todo esto es que entendamos que el deseo innato y las afecciones depravadas que aún permanecen en nuestras mentes pertenecen a esta clase de pecados.[5] No solo eso, sino que también son pena por otro pecado antecedente, a

---

[5] Es decir, actuales.

saber, el pecado original (si es que no algún otro más serio). Uno debería ver que la apostasía original es también un pecado que se duplica como una pena, ya que como hemos dicho no hay pecado que no provoque el más terrible daño a la naturaleza humana, y, en consecuencia, al menos contiene en sí la pena debida a sí misma. Pero no todo pecado es pena por otro pecado antecedente. Por el otro lado, los pecados que estamos ahora tratando sostenemos que son las penas por un pecado precedente, y defendemos que también son pecados.

§15: IMPLICACIONES DE ESTA POSTURA

PERO a muchos les parece desconcertante cómo pueden ser pecados cuando son necesarios. Sobre esta pregunta, escuchemos a Agustín en *Del libre albedrío* 3.18:

> Hay también acciones reprobables ejecutadas por necesidad, como cuando quiere el hombre obrar bien y no puede; de aquí lo que dicen también los sagrados Libros: "No hago el bien que quiero hacer, sino que hago el mal que no quiero" [Rom. 7:15]; y aquello: "El querer está en mi mano, pero no lo está el obrar el bien" [Rom. 7:18]. Y este otro pasaje: "La carne tiene deseos contrarios al espíritu, y los del espíritu son contrarios a la carne; el espíritu y la carne de tal manera se oponen mutuamente, que no sois capaces de hacer lo que queréis" [Gal. 5:17]. Pero todas estas expresiones son aplicables únicamente a los hombres definitivamente condenados a aquella muerte, la muerte del alma; porque si esto no fuera castigo del hombre, sino su naturaleza, entonces ninguno de dichos actos sería pecado, porque, si no deja de ser de aquella condición natural en que fue creado, de manera que no pueda ser mejor, entonces hace lo que debe cuando hace estas cosas.
> Si el hombre fuera bueno, siendo de otra condición de la que es, y si ahora es malo por ser como es, entonces no está en su mano el ser bueno, ya porque no ve cómo debe ser, ya porque viéndolo no es capaz de ser como ve que debe ser. ¿Y quién

duda de que esto es un castigo? Ahora bien, toda pena, si es justa, es pena del pecado y se la llama castigo; pero si es injusta, puesto que nadie duda que es pena, es indudable que ha sido impuesta al hombre por algún injusto dominador. Pero como dudar de la omnipotencia y de la justicia de Dios sería una locura, debemos proclamar que esta pena de que tratamos es justa y que es debida a algún pecado.[1]

Así Agustín. En estas palabras hay mucho digno de atención. En primer lugar, él declara que muchas cosas que uno necesariamente experimenta son condenables. En segundo lugar, da una razón de por qué son llamados pecados: porque éstos representan una desviación de la manera en que fuimos originalmente creados. En tercer lugar, dice que el hombre no es bueno y que no tiene en su poder el ser bueno. En cuarto lugar, da una doble razón de por qué es incapaz de ser bueno: o porque no ve lo que debería hacer, o porque lo ve, pero, debido a su impotencia, no puede ejecutarlo.

Finalmente, notemos que él entiende que estos puntos se refieren a los individuos que han nacido de nuevo. Él cita las palabras de Pablo en Gálatas, así como los pasajes que acabamos de mostrar, que hemos demostrado que solo pueden ser tomados en referencia a los nacidos de nuevo. Sin embargo, está lo que Jerónimo escribe en su *Interpretación de la fe*: "Sostenemos que aquellos que, junto con los maniqueos, dicen que el hombre es incapaz de evitar el pecado están en un error." Esto parece estar en conflicto con la afirmación de Agustín.[2]

---

[1] Agustín, *De libero arbitrio* 3.18.
[2] Y con razón, ni Vermigli necesita conciliar las dos cosas, como intenta a continuación. La referencia proviene de Pedro Lombardo (*Sentencias* 2.36.6), quien atribuye este dicho a Jerónimo en la explicación *Symboli ad Damasum* de este último, pero en realidad la afirmación

29. Pero es posible reconciliar estas afirmaciones con muy poca dificultad. Jerónimo habla de la naturaleza como fue creada por Dios y escribe en contra de los maniqueos que enseñaban que no podemos resistir el pecado porque fuimos creados naturalmente malvados por un dios malvado. Ahora, ninguno de nosotros duda de que cuando el hombre fue creado inicialmente, él era perfectamente libre.

Por otro lado, que Agustín está hablando de nuestra naturaleza *caída* queda bastante claro cuando dice: "Estas cosas pertenecen a los hombres y son el resultado de su condena de muerte." Él luego afirma que ésta es la pena del hombre caído. Es más, si estos pecados se refieren a aquellos que han nacido de nuevo, podemos decir que la afirmación de Jerónimo solo pertenece a los vicios más groseros que nos separan del reino de Dios y que aquellos que han nacido de nuevo en Cristo son capaces de abstenerse de ellos, mientras que Agustín habla en términos más amplios y entiende por *pecados* aquellos que estamos ahora discutiendo, de los que no podemos librarnos en esta vida. De hecho, esta última solución es citada por el maestro de las *Sentencias*, libro 2, distinción 36.[3]

Pero ellos objetarán y nos dirán que se hace daño al bautismo si decimos que el pecado no es removido a través de él. Pero no podemos ser correctamente acusados de esto, ya que nosotros sí afirmamos que la *culpa* de nuestros pecados es removida por medio de la regeneración. Incluso si estos vicios permanecen, como lo enseñan ambas Escrituras y atestigua la experiencia, su responsabilidad y culpa son removidas. Por esta

---

pertenece a Pelagio, quien la hizo en su *Epistola ad Innocentium I* (véase Migne, *PL* 48:488 & 610).
[3] Pedro Lombardo, *Sentencias* 2.36.

razón Agustín dice en diversas ocasiones[4] que, aunque el deseo permanece, su culpa ha sido quitada a través de Cristo.

Él añade que a veces el acto y la obra del pecado están ausentes (como vemos en el caso del robo y el adulterio), mientras que la culpa permanece aún; y que a veces la culpa es removida, mientras que el pecado permanece, lo que es bastante claro en el caso de los deseos de los que hablamos. El deseo permanece, pero no podemos ser condenados por él a la muerte eterna. Si preguntáis por qué es llamado *pecado* cuando su culpa ha sido removida, respondo que el hecho de que se nos impute no fluye de su propia naturaleza. En lo que concierne a la naturaleza, merece muerte y condenación, como antes hemos mostrado; la exención de que se nos impute, en cambio, viene de otro lado, es decir, de la misericordia de Cristo. Cada cosa debe ser valorada por sí misma y por su naturaleza. Y así, ya que la característica definitoria del pecado es la lucha en contra de la ley de Dios, y vemos que esto tiene lugar en nuestros deseos y afecciones iniciales, deben llamarse pecados.

Y esta posición nuestra no causa que caigamos en la absurdidad de la cual Pelagio acusó a Agustín y a otros católicos, como si estuvieran diciendo que el pecado no es borrado, sino que es rasurado, a través de la regeneración, y que, así como cuando los pelos son rasurados, permanece la raíz de la que crecen de nuevo. Pero, aunque sostenemos que nuestro deseo y afecciones depravadas permanecen en aquellos que han nacido de nuevo, también sostenemos que hemos sido por completo reconciliados con Dios. Y así, aunque sobre la base de su naturaleza son pecados, son anulados para que ya no se nos imputen más. Por lo tanto, desde el punto de vista de la imputación, absolutamente nada de estos pecados permanece.

---

[4] Por ejemplo, *Contra Iulianum* 4.17.51-52.

30. Finalmente, protestan que hacemos violencia contra Agustín al decir que asevera que éstos son pecados cuando, al interpretarse a sí mismo, muestra que no lo llamó pecado en el sentido estricto de la palabra. Porque, así como la escritura es llamada *mano* porque es producida por la mano, así también éstos son llamados pecado porque resultan del pecado original; y así como el frío es llamado *lento* porque nos hace lentos, así éstos son llamados pecados porque nos provocan a pecar, aunque estrictamente hablando no son pecados.

Ellos dicen que Agustín no solo interpretó el llamarlos pecados, sino que también nos proveyó con la manera en que deberíamos entender a Pablo cuando *él* los llama pecado. A esto respondemos: Primero, si Agustín o cualquier otro de los Padres dice que éstos no son pecados, debemos entenderlo en términos de comparación, en tanto que son comparados con pecados *actuales*, pero la naturaleza del pecado no puede ser esencialmente eliminada de ellos. Argumentando sobre esto en otro pasaje, con la mayor claridad, Agustín dice en *Contra Juliano* 6.8:

> Hay en efecto iniquidad cuando en una persona lo que es más elevado es vergonzosamente siervo de lo que es más bajo, o cuando lo que es más bajo vergonzosamente resiste lo que es más alto, incluso si no se le permite obtener la ventaja.[5]

Al llamar a este pecado *iniquidad* él muestra claramente que le pertenece el carácter de pecado que antes establecimos. En *Contra Juliano* 5.3 también escribe:

---

[5] En realidad, Agustín, *Contra Iulianum* 6.19 (Los Padres de la Iglesia: Contra Juliano, vol. 35, 374).

El deseo de la carne en contra del cual el buen espíritu desea es pecado porque contiene en sí la desobediencia en contra de la dirección de la mente; es la pena del pecado porque es la consecuencia que merece el que está en desobediencia; y es causa del pecado debido a la negligencia de quien la consiente.[6]

Aquí se ve a Agustín llamar *pecado* al deseo en tres maneras, y no se puede decir que escribe estas cosas acerca de una persona no regenerada, ya que expresamente dice "en contra del cual el buen espíritu desea", y el Espíritu de Dios que resiste los deseos no se encuentra en los impíos.

Por tanto, tenemos de Agustín tres pasajes: uno que citamos arriba del libro 5 de *Sobre el libre albedrío*, y dos de *Contra Juliano*.[7] En estos pasajes él claramente establece que este deseo es un pecado, y da la razón de por qué lo piensa así. Y, en lo que concierne a la interpretación de Pablo, nuestros adversarios no deben buscar una defensa en el lenguaje figurativo y decir que esto no debería llamarse *pecado* en el sentido estricto de la palabra, viendo que se proveen pruebas tanto de Pablo como de otros lugares de la Escritura de por qué este deseo es correcta y apropiadamente llamado *pecado*.

Es impresionante que en otros tiempos estos hombres estén tan inclinados a las interpretaciones figurativas, cuando en el caso de una declaración particular, "éste en mi cuerpo" —un

---

[6] Agustín, *Contra Iulianum* 5.3 (Los Padres de la Iglesia: Contra Juliano, vol. 35, 249).

[7] Las dos referencias a *Contra Juliano de Agustín* son claras. Sin embargo, Vermigli no cita el Libro 5 de *Sobre el libre albedrío* de Agustín en esta parte de los *Loci*. O bien la referencia se produce en el comentario original sobre Romanos (lo cual es dudoso, ya que tampoco en esa obra hay ninguna referencia al Libro 5 cerca del presente pasaje), o bien Vermigli se refiere aquí al Libro 3, que cita unas páginas más arriba. Esta última opción es la más probable.

caso en donde la interpretación figurativa es más apropiada—se oponen con vehemencia a cualquier especie de ella. Si uno quiere otros pasajes de los Padres en donde este deseo se muestra como pecado, hemos citado más arriba el comentario de Jerónimo a Mateo, y hay un gran número de otros pronunciamientos de otros Padres antiguos que se encuentran citados en *Contra Juliano* de Agustín, y todos nos apoyan.

[Lo que sigue está copiado de una relevante discusión hacia el final del Capítulo 2 del comentario de Vermigli a 1 Corintios.[8]]

31. Ahora debemos explorar si el libre albedrío ha sido o no perdido por completo sobre la base de lo que hemos discutido desde el principio. Al aseverar que el hombre natural no puede de ninguna manera reconocer las cosas de Dios, Pablo parece por un momento desafiar el libre albedrío, puesto que, si no tenemos los medios para percibir las cosas espirituales por medio de nuestra habilidad natural, ¿cómo lograremos actualizar esta habilidad en nuestras acciones, viendo que nos encontramos con muchas más dificultades y resistencia en nuestras acciones que en nuestro entendimiento?

Tampoco es ésta la única cosa que parece presentarse como un obstáculo. La predestinación o conocimiento previo de Dios también lo hace. Parece ser posible concluir que, si Dios lo sabe todo antes de que suceda, y no puede errar, entonces el libre albedrío se desvanece y todo ocurre por necesidad. El poder divino por el cual todo llega a suceder tampoco presenta ninguna dificultad menor aquí, ya que la voluntad de Dios es

---

[8] Como indica el título, esta sección está tomada de Vermigli, *In selectissimam S. Pauli priorem ad Corinthios epistolam* (Zürich: Froschauer, 1551), 58v-62v.

tan efectiva que Pablo dice en Romanos: "¿Quién ha resistido a Su voluntad?" [9:19]. Es más, las Escrituras presentan el poder del pecado como tan grande que prácticamente todo en nosotros ha sido arruinado y corrompido por él. En consecuencia, el poder que es dejado a una voluntad tan débil no puede hacer lo que la razón demanda. Y, es más, tanta carga se pone sobre la gracia de Cristo en la Escritura que se nos dice que aparte de ella nada podemos hacer que sea agradable o aceptable a Dios. Y ya que la gracia no se les da equitativamente a todos, su voluntad se considera socavada, ya que no tienen esta gracia en su poder.

Astrólogos también hablan mucho acerca de las fuerzas celestiales y argumentan que de alguna manera todo lo que nos sucede depende de ellas, por lo que no parece haber ningún uso de la libertad absoluta respecto de los sucesos futuros. Finalmente, ha habido aquellos que sostienen que las cosas que ocurrirán tienen causas definidas que al estar tan interconectadas y entrelazadas inextricablemente implican virtualmente la necesidad o el destino inescapable.

32. No hace falta que nos detengamos mucho en el argumento de nuestra capacidad intelectiva, ya que se ha mostrado claramente de lo que hemos dicho hasta el momento que, en lo que respecta a las obras que son realmente buenas y agradables a Dios, no debemos postular tal libertad en los que aún no nacen de nuevo. Y así, esta línea de razonamiento no debe despreciarse como falsa puesto que sostiene con firmeza la enseñanza del apóstol.

§16: EL LIBRE ALBEDRÍO Y LA PRESCIENCIA DE DIOS

HAY más problemas y dificultades en la siguiente idea, ya que pocos son capaces de ver cómo la providencia de Dios, o presciencia (para usar su lenguaje) permite que alguna libertad permanezca en nuestra voluntad. Tan espinoso y complicado es este asunto que algunos de los escritores antiguos fueron tan lejos en esta línea de razonamiento como para concluir que emerge una necesidad absoluta en nuestras acciones; de hecho, ellos sostienen que Dios mismo está constreñido por la necesidad. De acuerdo con esto, fue difundido un proverbio común en el sentido de que la necesidad es ineludible para Dios y no se atreve en nada contra ella.[1]

Tomando ventaja de su licencia, los poetas fueron más lejos y dijeron que muchas cosas suceden incluso en contra de la voluntad de los dioses. Homero retrató a Zeus triste y lamentando la necesidad del destino por cuyo poder no se le había permitido salvar a Sarpedón, su querido y amado hijo, de la muerte inminente.[2] Homero también retrata a Poseidón indignado por la muerte de su hijo, el cíclope.[3] Llevado por el deseo de venganza, hubiese mantenido a Odiseo lejos de casa

---

[1] Cf. la sentencia de Simónides: "Ni siquiera los dioses resisten a la necesidad" (ἀνάγκῃ δ' οὐδὲ θεοὶ μάχονται) (Platón, *Protágoras*, 345d).
[2] *Ilíada* 16.433-34.
[3] *Odisea* 1.20.

de manera indefinida, y se queja de que se le niegue rotundamente el hacerlo por parte de las Parcas. En Virgilio, Juno se queja con la misma furia de haber hecho guerra tantos años contra una nación, pero es incapaz de expulsar a la flota troyana de Italia como hubiese querido.[4]

Sin embargo, nosotros los cristianos no hablamos de esta manera acerca de Dios. Se nos enseña indiscutiblemente por las Escrituras que "nada es imposible para Dios" [Lucas 1:37] y de Cristo mismo hemos aprendido que "para Dios todo es posible" [Mat. 19:26]. Es más, siguiendo el ejemplo de Abraham, nuestra fe descansa sobre todo sobre la convicción de que Dios puede cumplir todo lo que promete. Tampoco debemos pensar que Cristo fue condenado a muerte o llevado a la cruz en contra de la voluntad y el deseo del Padre.

Dios quiso que estas cosas pasaran; no fue inducido por una necesidad inevitable, sino que por un amor desbordante y sobreabundante por la humanidad. Así nos enseñan las Escrituras al decir: "Porque de tal manera amó Dios al mundo que ha dado a Su Hijo, etc." [Juan 3:16]. También está escrito en Romanos: "El que no escatimó ni a su propio Hijo, sino que lo entregó por todos nosotros" [8:32]. Cristo mismo fue guiado por el mismo amor hasta morir por nosotros, y enseñó que no hay más grande amor que el de dar la vida por sus amigos [15:13], y luego mostró que excedía los límites del amor humano al desear morir por sus enemigos. Y cuán voluntaria y gustosamente soportó la muerte lo demostró en la última cena que sostuvo con sus apóstoles según la tradición de la Pascua, cuando dijo: "¡Cuánto he deseado comer con vosotros esta pascua antes que padezca!" [Lucas 22:15].

---

[4] *Eneida* 1.34-49.

33. En consecuencia, vemos que la muerte del Señor fue prevista y conocida de antemano, y no atenta de ninguna manera contra la voluntad ni de Cristo ni del Padre. Por esta razón, Cicerón, un hombre por lo demás completamente erudito, sorprende bastante. Agustín argumenta apasionadamente, junto con él, respecto de este asunto en *La ciudad de Dios* 5.9 (y 10 en particular).[5] El debate deriva del hecho de que en el libro 2 de *De divinatione* todo lo que su hermano Quinto aducía en el libro anterior es refutado, y Cicerón está decidido a usar todos los medios para subvertir las predicciones sobre el futuro y la presciencia de Dios.

En consecuencia, Agustín asevera que los astrólogos sostienen puntos de vista que son mucho más tolerables porque, aunque les atribuyen demasiado a las estrellas, no han suprimido del todo la adivinación y la presciencia. Como también Agustín relata en sus *Confesiones*, había un físico que era una persona muy sobria de mente y detestaba la astrología.[6] Cuando le preguntaron cómo era posible eso de que los astrólogos hicieran tantas predicciones verdaderas, no se aventuró a desacreditar a la adivinación por completo a la vista de toda la historia y la experiencia, sino que respondió que había un tipo de destino difundido a través del mundo, y que no era increíble, sugirió, si las mentes sintientes lo percibían de alguna u otra manera.

Ciertamente no es posible imaginar nada más inconsistente que, por un lado, aseverar que Dios existe, pero, por otro, privarlo del conocimiento de los eventos futuros. El profeta Isaías tenía tanto interés en que este tipo de afirmaciones fueran coextensivas que dijo: "Dadnos nuevas de lo que ha de ser

---

[5] Agustín, *De civitate Dei* 5.9-10 (Ciudad de Dios, NPNF 1/2:90-92).
[6] Agustín, *Confessiones* 4.3.5 (*Confesiones, NPNF* 1/1:69-70).

después, para que sepamos que vosotros sois dioses" [Isaías 41:23]. El libro que escribió Cicerón, *Sobre la naturaleza de los dioses*, nos convence de que él no pensaba bien o consistentemente acerca de Dios. Argumentando aquí en la persona de Cotta, pretende acabar por completo con la naturaleza de Dios. Es ciertamente algo lamentable que un hombre tan grande haya caído en lo que un salmo de David castiga a los insensatos por hacer: "Dice el necio en su corazón: no hay Dios" [Salmos 14:1].

No entiendo completamente lo que tenía en mente cuando le otorgó este rol a Cotta en el diálogo, el *pontifex maximus*, a menos que tuviera en mente el hecho de que, generalmente hablando, no hay grupo que hable más livianamente y piense peor acerca de Dios que aquellos a quienes se les han confiado las ceremonias y las cosas sagradas. Luego de entablar una larga discusión según le pareció apropiado, hacia el fin del libro Cicerón, estando muy consciente de que es una cosa muy objetable el exponer una opinión que niegue a Dios, se pronuncia a favor de Lucio Balbo, mientras que, sin embargo, menciona que el punto de vista de Cotta gozaba del favor de Veleyo.

Cicerón no solo estaba interesado en aprender, él también estaba particularmente interesado en la política. Y así, puesto que creía que la civilización colapsaría si se le quitaba el libre albedrío, y no vio cómo esta libertad podría ser reconciliada con la presciencia de los eventos futuros, prefirió permitir que Dios fuera privado de su sabiduría a que nosotros fuéramos privados de nuestro libre albedrío. Aquí es posible comprobar la oscuridad y la ceguera hacia la creación que el pecado del primer hombre ha arrojado sobre la raza humana.

¿Qué tipo de locura es querer desalojar a Dios, el Creador de todas las cosas, de la ciudadela de su conocimiento para que puedas preservar al hombre? Éste es un amor propio tan excesivo que la Escritura en todos lados lo condena. Preferiríamos que todo pereciera antes que nosotros mismos, y esto no es lo que insta la piedad. Por tanto, nosotros que somos enseñados por el Espíritu Divino decimos que las dos cosas deben afirmarse: Dios conoce de antemano todo *y* mantenemos nuestro libre albedrío,[7] según mostramos más arriba. Ésta es la manera en que la Escritura nos enseña.

Leemos: "Porque a los que antes conoció, también los predestinó para que fuesen hechos conformes a la imagen de su Hijo" [Rom. 8:10]. También hemos aprendido de la Escritura que somos escogidos por Dios antes de la fundación del mundo, que los cabellos de nuestra cabeza están contados hasta el último, y que los gorriones no se alejan de la voluntad de nuestro Padre exaltado. Ya que hemos creído también que Dios hace todo de manera justa y recta, no podemos suponer que Él actúa sin razón ni inteligencia.

34. Pero veamos de cerca la argumentación de Cicerón. Él dice:

> Si el futuro es conocido de antemano, los sucesos tendrán una configuración definitiva entre sí y, ya que nada sucede sin una causa, una necesariamente concederá una configuración y relaciones de causas. Así, se seguirá que todo lo que se hace

---

[7] El lenguaje de Vermigli aquí puede resultar confuso, por no mencionar el hecho de que la presente sección procede de un comentario diferente al de las secciones anteriores. Ahora niega el libre albedrío y ahora lo afirma, pero en dos sentidos diferentes. Afirma que tenemos libre albedrío en el sentido de que no somos autómatas que hacen lo que Dios decreta, incluso hasta el punto de que decreta activamente que pequemos, lo cual es algo impensable (sección 39), sino que elegimos el mal que hacemos libre y voluntariamente. Sin embargo, aunque Dios no nos obligue a pecar, pecamos *necesariamente*, como explica Vermigli en la sección 5, y en este sentido Vermigli niega el libre albedrío.

se hará por necesidad. En consecuencia, las leyes justas y beneficiosas desaparecerán, no habrá razón para consejo o criticismo, ni ningún lugar para la religión o la oración. Por lo tanto, debes escoger cuál de los dos prefieres: preservar la adivinación y la presciencia de Dios, o la operación libre de la voluntad humana. No es posible tener ambas a la vez.[8]

Son inconsistentes, él cree. Por lo tanto, él piensa que es absolutamente necesario, a la vez que defender y abogar por una de las dos posiciones, rechazar como falsa y peligrosa la otra. Como dijo Agustín, con perspicacia y reverencia, al plantear el dilema, Cicerón, un hombre por lo demás completamente inteligente que quiere hacernos libres, *en realidad* nos hace sacrílegos, puesto que le quita a Dios su conocimiento de los eventos futuros.

Debemos ser cuidadosos en notar que los argumentos de Cicerón van en contra de nuestros profetas cuando denuncia las prácticas paganas de la adivinación. Por esta razón, creemos que debemos parar así su cerrada argumentación: Concedámosle lo que desea, de que para establecer la presciencia de Dios hay en Dios una configuración determinada y definida tanto de los sucesos como de las causas. Pero neguemos la inferencia final que hace, de que todo ocurrirá por necesidad.

Porque, incluso si se establece una configuración definida de causas, no se sigue que no pueda encontrarse entre aquellas causas algunas que sean capaces de mantener su libertad (o, como dice, su contingencia). Parece que Cicerón comete aquí un error más grande que los estoicos: Para que la libertad del hombre quede intacta, Cicerón quiere remover toda

---

[8] Aunque Vermigli presenta este pasaje como un discurso directo citado, no se encuentra en las obras existentes de Cicerón. Guarda cierta similitud con *De natura deorum* 1.1, pero el argumento es algo diferente.

configuración de causas y prescindir por completo de predecir el futuro, cosas que son tan propias de la naturaleza de Dios que no puede subsistir privado de ellas. Los estoicos, en cambio, para no quitar nada de la naturaleza divina introducen su noción de destino, y para que haya un lugar para nuestra voluntad intacta y sin daño, la eliminan por completo de su ordenación de causas interconectadas.

35. Pero debemos cuadrarnos aquí estrechamente con él para dar una defensa sólida del hecho de que el conocimiento de Dios no presenta ningún obstáculo para nuestra voluntad, aunque el primero abarque el futuro. El ser humano nunca logra nada sino lo que Dios conoce de antemano y quiere que se logre. Cuando él prevé que mañana correré o leeré, de seguro yo correré y leeré, no compelido, o por necesidad alguna, sino más bien, como dicen ellos, contingentemente.

En lo que a mí respecta, yo podría no haber hecho ninguna de las dos. Si me presionan y me dicen: "No obstante, harás lo que Dios sabe que harás," lo concedo, pero de eso no se sigue que no era capaz de actuar de otra manera, porque no siempre hacemos lo que queremos; al contrario, muchas cosas podrían hacerse que de ninguna manera se harán. El hecho de que lea o corra resultó completamente de mi elección, porque, en todo caso, el querer y el no querer están en nuestro poder. Y así, cuando dice: "Porque Dios sabía de antemano que tú leerías mañana, entonces leerás necesariamente," uno debe preguntarles de vuelta si por *necesidad* ellos entienden una voluntad que está compelida y es resistente. Si esto es lo que quieren decir, niego de lleno lo que sigue, ya que es posible que Dios sepa de antemano que yo haré algo, y que lo haré voluntariamente, no bajo coerción o resistencia. Ahora, si sostienen que es absolutamente necesario que yo haga esto, no lo objeto, ya que el asunto ahora no es respecto de una cosa que se hace o no se hace, sino que más bien es el modo y el procedimiento el que discutimos. Tampoco desaparecen los consejos, las leyes, o las oraciones de la religión, como pensó Cicerón. Esto de seguro seguirá teniendo eficacia, más aún de la que esperaba, porque Dios no solo tiene la salvación de la humanidad en su conocimiento previo, sino que abarca en su mente los caminos y los medios por los que desea ayudarla. Y así, si vemos a un hermano en necesidad de alguno de los remedios antes mencionados, hagamos uso de ellos con confianza. Serán beneficiosos para él en tanto que Dios previó y quiso que lo fueran.

Tampoco debemos dejar de cumplir con nuestro deber, aunque todo mortal quizá dirá que estamos perdiendo nuestro tiempo, ya que debemos seguir la ley que Dios nos ha prescrito, no su conocimiento previo secreto del cual no tenemos idea sobre qué ha decretado respecto del futuro. Y ya que el conocimiento previo de Dios no tiene la misma naturaleza, o como dicen, esencia que nuestra mente, debemos juzgar acciones que procedieron de nuestra mente como debidamente conceptualizadas sobre la base de nuestro carácter y voluntad, no sobre la base de lo que se encuentra fuera de ellas.

Por lo tanto, ya que es la esencia de la voluntad no hacer nada involuntariamente o bajo coerción, no puede ser compelida para obrar por ninguna fuente externa. Antes se destruiría y dejaría de existir a que se extraiga de ella cualquier acción coaccionada, así como sería más fácil lograr que cualquiera de nosotros aceptara dejar de ser humano a que aceptemos ser humano, pero sin alma racional, ya que nadie puede ser humano en el momento en que se introduce un alma desprovista de razón.

36. Pero si alguien insistiera en preguntar si es que debe concederse que yo necesariamente vaya a leer una vez que Dios lo sabe de antemano, debo responder: Un tipo de necesidad puede concederse condicionalmente, o hipotéticamente, pero no una que sea exhaustiva y absoluta, y entonces con este tipo de necesidad particular concedo que el libre albedrío es perfectamente compatible. En su *Ética*, Aristóteles discute, y con gran entendimiento de esto (como siempre), si es que arrojar cosas al mar cuando se está a punto de naufragar puede o no considerarse un acto voluntario.[9]

Aunque dice aquí que es una acción a la vez de tipo voluntario e involuntario, concluye que las acciones de este tipo pertenecen a la clase de los voluntarios. La razón es que, por el tiempo en el que los marineros se encuentran en peligro, ellos elegirán, y definitivamente, el arrojamiento. Si un filósofo de este calibre no pensó dos veces el poner la acción voluntaria en las acciones de este tipo en donde las personas experimentan una cierta compulsión forzosa por elegir lo que nunca hubiesen hecho si es que no se encontraran en esa crisis, ¿cuánto más nos refrenaríamos nosotros de quitar el elemento voluntario de nuestras acciones regulares y rutinarias, viendo que sentimos que estamos haciendo y deseando las cosas que nos ocurren por nuestro propio acuerdo y con un espíritu que está tan dispuesto como puede estarlo, incluso cuando no negamos que Dios lo supo mucho antes?

De manera similar, Crisóstomo claramente muestra que el tipo de necesidad que hipotéticamente estamos considerando no acaba con la operación libre de nuestra voluntad. Escribiendo sobre esta epístola,[10] interpretó las palabras "porque es preciso

---

[9] Aristóteles, *Ética a Nicómaco* 3.1 (1110a8-11).
[10] Es decir, 1 Corintios.

que entre vosotros haya disensiones, para que se hagan manifiestos entre vosotros los que son aprobados" [1 Cor. 11:19], de la siguiente manera: Cristo no habló en diferentes términos cuando dijo "¡ay del mundo por los tropiezos!, porque es necesario que vengan tropiezos, pero ¡ay de aquel hombre por quien viene el tropiezo!" [Mat. 18:7].[11]

Asimismo, les dijo a los apóstoles: "¿No era necesario que el Cristo padeciera estas cosas, y que entrara en su gloria?" [Lucas 24:26]. Incluso cuando se les llama necesarias, todas estas acciones en la Escritura deben explicarse de tal manera que no le quiten nada a la voluntad humana. Los escolásticos típicamente llaman a este tipo de necesidad *necesidad de consecuencia* y no *necesidad del consecuente*.

37. Pero un par de individuos declaran: "Estas distinciones claramente no nos hacen ningún bien si lo que Dios ha conocido de antemano va a ocurrir absolutamente." Por el contrario, ¡ofrecen un beneficio no pequeño! De ellas notamos que el libre albedrío no se encuentra coaccionado de ninguna manera, sino que más bien es libre y de su propia volición desea lo que quiere.

---

[11] El pasaje de Crisóstomo dice: "Por 'facciones' entiende aquí las que no se refieren a las doctrinas, sino a estas divisiones actuales. Pero incluso si hubiera hablado de las herejías doctrinales, ni siquiera así les dio ningún asidero. Porque el mismo Cristo dijo: "Es necesario que vengan ocasiones de tropiezo" (Mateo 18:7), no destruyendo la libertad de la voluntad ni designando ninguna necesidad y compulsión sobre la vida del hombre, sino prediciendo lo que ciertamente sobrevendría de la mente malvada de los hombres, lo cual tendría lugar, no por su predicción, sino porque los incurablemente dispuestos son de esa mentalidad. Porque estas cosas no sucedieron porque él las predijo, sino porque ciertamente iban a suceder, por eso las predijo. Puesto que, si las ocasiones de tropiezo fueran de necesidad y no de la mente de los que las provocan, sería superfluo que dijera: "Ay de aquel hombre por quien viene la ocasión". Pero estas cosas las discutimos más extensamente cuando estuvimos en el pasaje mismo; ahora debemos proceder a lo que tenemos ante nosotros" (*Homilías sobre Primera de Corintios*, NPNF 1/12:158).

De otra manera, pregunto de vuelta, "¿os gustaría ser salvos en contra de los deseos y voluntad de Dios?" Creo que no. Ahora, si quisierais ser salvos según su voluntad, debe ser que Él no ignora vuestra salvación, ya que hay un acuerdo general de que nadie desea lo que no conoce. A menudo tenemos la oportunidad de ver a las personas jugar juegos entre sí. Ni siquiera soñaríamos decir que nuestra observación y conocimiento impone alguna necesidad sobre los jugadores, y aunque los vemos en su juego ellos están jugando necesariamente. Y entonces, así como esta necesidad no violenta la naturaleza de su voluntad, así también el conocimiento previo de Dios no coacciona el juicio del hombre.

Hay algunos que replican que esta analogía no es adecuada para el asunto en cuestión. Nadie nunca ve a los jugadores que en realidad no existen o no juegan, mientras que se tiene la hipótesis de que Dios sabía de antes nuestras acciones desde el comienzo cuando ni nosotros ni ninguna acción de nuestra parte existían. A ellos diré que todo está presente para Dios de manera no tan diferente de como aquellos que juegan se encuentran en el perímetro de los espectadores.[12]

Cada persona debe, por tanto, ser cuidadosa de no echar sobre Dios las causas de sus propios pecados. Siempre que tal pensamiento viene a su mente, debe considerar su codicia, lujuria, enojo, odio, así como las otras emociones de su espíritu de las que sufre terriblemente, y debería buscar en estas fuentes las causas de sus pecados. Tampoco hay que dar mucho peso sobre este asunto a los aristotélicos que niegan que Dios perciba lo individual y lo aislado porque no quieren que se piense que

---

[12] Que Dios goza de un presente eterno es una idea que se remonta al filósofo cristiano Boecio en su *Consolación de la Filosofía* V, prosa 6, quien incorporó la idea en su reivindicación del libre albedrío del hombre.

consideran la mente divina como pequeña y baja si deriva su conocimiento de las cosas perecibles. Esto no se sigue de nuestras enseñanzas porque creemos que Dios tiene conocimiento perfecto respecto de todas las cosas, el cual viene de Sí mismo, sin necesidad de obtenerlo de ninguna otra parte.

§17: EL LIBRE ALBEDRÍO Y EL PODER DE DIOS: RESPECTO DE LA ASTROLOGÍA

38. EL TERCER punto era que se piensa que el poder de Dios es incompatible con nuestra libertad. Pero esto no es concluyente ni convincente. Mientras que Dios hace todo lo que desea con el poder extraordinario que posee, deja las condiciones y naturalezas de las cosas creadas sin tocar y no las transgrede ni las altera de ninguna otra manera que no lo permitan sus condiciones. Así, se dice en el Libro de Sabiduría que Dios llega poderosamente de un extremo a otro y dispone todo de manera elegante [8:1] (o como dice el texto griego, χρηστῶς, esto es, de manera beneficiosa). Esto de ninguna manera podría decirse si la naturaleza de las cosas creadas se viera alterada por el poder absoluto de Dios. En resumen, en la administración del mundo Dios ejercita aquí su poder para asignar de manera armoniosa a cada cosa su acción peculiar.

El cuarto punto era que el pecado presenta un obstáculo para el libre albedrío sobre la base de que ha debilitado de tal manera la fuerza humana que la ha hecho virtualmente impotente. Hasta el momento no hay necesidad de una larga discusión sobre este tema. Ya hemos mostrado abundantemente en lo que se ha dicho hasta el momento cómo nuestra libertad ha sido afectada por el pecado, especialmente en lo concerniente a las acciones que son verdadera y genuinamente buenas, las cuales son agradables y aceptables para Dios, y fue demostrado que nuestra libertad no ha sido abolida por completo, sino que más bien una buena parte de ella permanece.

39. Respecto a la influencia astrológica, no habrá necesidad de una larga discusión, puesto que los astrónomos en sus mismos libros declaran que el hombre sabio controlará las estrellas. Si lo que predijeron fuera inevitable, entonces todo su sustento de vida se desvanecería, ya que nadie estaría interesado en comprar conocimiento acerca de las cosas que no creyera que se pueden evitar o cambiar con algún esfuerzo determinado, lo que por supuesto resultaría si atribuyeran necesidad absoluta a sus predicciones.

En consecuencia, la oración, la piedad, y toda la adoración de lo divino desaparecería,[1] pues ¿quién ora a Dios para obtener algo estando ya convencido de que no se lo podría conceder? Como Agustín tiene el hábito de decir, aquellos que piensan estas cosas hacen un gran daño, ya que creen que un claustro ha sido establecido allí para ordenar estos actos perversos de inevitabilidad ineludible. Si tal cuerpo legislativo existiera sobre la tierra se exigiría su destrucción. ¿Cuánto menos podría creerse que tal cuerpo es tolerable por Dios en el cielo? ¿Qué lugar, decidme, quedaría para el juicio si es que hacemos todo bajo compulsión?

Algunos evitan esto diciendo que los cielos solo indican las cosas que serán, pero no las determinan por necesidad.[2] Aducen al pasaje en Génesis donde parece decirse que las estrellas se establecieron como señales. Pero el pasaje debe tomarse como

---

[1] *Romanos 1558, Zúrich 1580 y Heidelberg 1603*: *auferretur*, que es lo que he traducido. *Londres 1576*: *auferetur*. La primera es la mejor lectura.

[2] *Romanos 1558, Londres 1576 y Zúrich 1580*: non. *Heidelberg 1603*: nos. Es preferible la primera.

referencia a las estaciones, los vientos, el clima lluvioso, las tormentas, y otras cosas así. Será difícil probar cómo podrían sostener su visión en los cielos de señales claras sobre las ocurrencias futuras, especialmente en el caso de las acciones humanas.

¿Qué puede decirse acerca de los gemelos que, aunque fueron concebidos en el mismo momento bajo el mismo horóscopo, se les han asignado, según muestra la experiencia, circunstancias completamente diferentes? Vale la pena leer la *Ciudad de Dios* de Agustín 5.2, en donde escribe que dos hermanos una vez resultaron ser afectados por tal similitud de constituciones que cuando uno cayó enfermo el otro se indispuso también, y cuando uno comenzó a mejorarse el otro lo hizo también.

Cuando se le consultó acerca de esto, Hipócrates contestó que él pensaba que ellos eran gemelos y consecuentemente tenían el mismo tipo de apariencia física, mientras que el astrólogo Posidonio, en cambio, le atribuyó todo esto a las estrellas, aduciendo que habían tenido el mismo horóscopo al momento de nacer. Pero dice Agustín: "Conocemos personalmente gemelos no sólo con un comportamiento y peripecias diversas, sino que han sufrido enfermedades dispares."[3] Allí donde Agustín dice que sacó este ejemplo de Cicerón, no lo hemos encontrado en sus libros, a menos que quizá lo haya encontrado en su *Sobre el Destino*, una obra que tenemos solo en una forma mutilada y completamente hecha jirones.

40. Es más, el destino que los estoicos presuponían que tiene necesidad absoluta no nos presenta ningún problema, ya que no hacemos uso del destino. Ellos eximieron a las

---

[3] Agustín, *De civitate Dei* 5.2 (Ciudad de Dios, NPNF 1/2:85-86).

voluntades de los individuos de él, creyendo que todo colapsaría si subsumían el libre albedrío con las otras causas bajo destino. Sin embargo, parece que no eximieron por completo la voluntad del hombre del destino excepto en lo que respecta a la primera elección, que querían que estuviera fijada en nuestra toma de decisiones.

No obstante, donde sea que elijamos una empresa que caiga bajo el destino ellos sostenían que todas las cosas que están conectadas a ella se siguen necesariamente. Es como Eurípides le dijo a Layo: "Era libre de no engendrar un hijo, pero una vez que lo hizo tuvo que soportar las cosas que Apolo profetizó que estaban predestinadas."[4] Pero como he dicho antes, sostengo que las cosas están conectadas, así como Dios las ha ordenado y conocido previamente, aunque sin afectar su naturaleza y carácter. Todo lo que deba tener contingencia (como dicen) la tiene, y todas las cosas para las que es apropiado que estén constreñidas por la necesidad están en efecto constreñidas por ella.

Pero, no nos equivoquemos, aunque la gracia se ha creído incompatible con el libre albedrío, no lo elimina, sino que de hecho lo ayuda y restaura. Sin embargo, deseamos ahora hacer a un lado este tema para no embarcarnos en una investigación que sea más rebuscada de lo que corresponde a los cristianos. Dejemos que cada uno siga su propio llamado, y dejemos de indagar demasiado en lo secreto y escondido de la voluntad de Dios, su conocimiento previo y su predestinación. Sigamos, más bien, el conocimiento sobre Dios que está lúcidamente puesto delante nuestro en la Escritura.

---

[4] Cf. Eurípides, *Mujeres fenicias*, líneas 18-20.

CAPÍTULO 3: SOBRE LA LEY DE DIOS

§1: DEFINICIÓN DE LA LEY

1. AQUÍ consideré bueno añadir algunas cosas acerca de la naturaleza de la Ley y al mismo tiempo mostrar cómo los maniqueos y los pelagianos fallaron en comprenderla, así como qué es aquello que logra en nosotros, tanto antes de la regeneración como después de que hemos sido justificados.[1] Para comenzar, respecto a su causa formal puede decirse lo mismo que Pablo dijo en su carta,[2] cuando escribió que es espiritual.[3] Su causa final, llevar a las personas a una conciencia del pecado, es universal y afecta a todos.

Pablo comenta esto aquí, y antes lo declaró con claridad, diciendo que el conocimiento del pecado es a través de la Ley [Rom. 3:20]. Si preguntáis por qué el apóstol no dijo en cambio que a través de la Ley hay una conciencia de la justicia, mi respuesta es que porque una persona que aún no está regenerada es incapaz de tener en sí mismo una comprensión de las buenas

---

[1] Esta sección está tomada del Capítulo 5 del comentario de Vermigli a Romanos, *In epistolam S. Pauli ad Romanos commentarii* (Basilio: Petrus Perna, 1558), 190-92.

[2] Es decir, Romanos.

[3] Aristóteles sostenía que no podemos conocer verdaderamente nada a menos que podamos explicarlo con referencia a cuatro causas. Identificó cuatro explicaciones o causas: material, formal, eficiente y final, que Vermigli emplea aquí para que su lector pueda saber qué se entiende por Ley Divina. Las leyes son mandatos (explicación material) de naturaleza espiritual (explicación formal) derivados del carácter de Dios (explicación eficiente) que nos señalan nuestro fracaso o a Cristo mismo (explicación final).

obras o de la verdadera justicia que satisfacen la Ley Divina. Y así, cuando tal persona compara sus obras con la Ley, solo encuentra fallas e infracciones.

Ahora, si hablamos acerca del fin de la Ley que pertenece a los elegidos, es Cristo. Pablo aclara esto también, cuando dice: "Porque el fin de la ley es Cristo, para justicia a todo aquel que cree" [Rom. 10:4]. No obstante, no dice esto como un punto general, sino solo para todo creyente. La Ley misma *per se* ni siquiera afecta este fin. Los filósofos paganos enseñaron que el fin de la Ley era el conocimiento que produce de las acciones que deben realizarse. Según cita en el *Digesto*, Crisipo dice que la Ley es el conocimiento de las cosas divinas y humanas.[4] Pero este fin y definición es demasiado amplio. Todo aprendizaje y todas las artes liberales enseñan algún conocimiento de las cosas divinas y humanas.

Queda ahora considerar con cuidado cuáles sean las causas material y eficiente de la Ley. Para ser breve sostengo que la Ley es el mandato de Dios en el cual su voluntad y carácter, o naturaleza, se expresa. Cuando digo *mandato*, estoy hablando genéricamente, así como hay mandatos en un pueblo, un senado, reyes y emperadores. Pero cuando digo *de Dios*, estoy introduciendo uno diferente, uno que indica la causa eficiente. Como por mi dicho de que la voluntad de Dios se revela en la Ley, éste es un punto claro que no necesita explicación. Sin embargo, el decir que en la Ley se nos informa sobre el carácter de Dios y se nos incita hacia el conocimiento de su naturaleza, puede quizá parecer desconcertante. En consecuencia, lo aclararemos por medio de ejemplos.

---

[4] *Digesto* 1.3.2. Crisipo, el fundador del estoicismo, define de hecho ley (no *la ley*) como "el rey de todas las cosas", haciéndose eco de una definición similar dada por el poeta Píndaro (Frag. 151 [edición de Böckh]).

Al mandarnos que lo amemos, Dios nos está comunicando que tiene una naturaleza que merece amor, ya que solo es correcto amar las cosas que son dignas de ser amadas, y Él no nos ordenaría un bien último que debamos amar, a menos que Él mismo esté gentilmente dispuesto hacia nosotros. Él, por tanto, hace esta exhortación porque desea que seamos participantes en Él mismo.

Así, vemos que tiene las cualidades que quiere que nosotros tengamos. Cuando nos prohíbe matar, primero está haciendo conocida su voluntad; segundo, está mostrando que Él es un Dios que detesta la violencia y causar daño, y prefiere más bien hacer bien a los hombres que afligirlos con enfermedades. Estas dos ideas pueden demostrarse también, con la misma marca, en los otros mandamientos. Sobre la base de esta definición, los puntos que hicimos antes acerca de la causa formal y final de la Ley pueden también deducirse, ya que una doctrina de este tipo debe ser necesariamente espiritual y no producir ningún conocimiento habitual.

También se nos enseña que Dios no ha hecho a los hombres una bondad trivial por medio de la Ley, ya que nos hace conocernos a nosotros mismos y comprender los atributos de Dios. En *Las Leyes*, *La República*, y *Minos*, Platón llega a una definición de la ley como el sistema de gobierno correcto, que dirige todo hacia lo mejor y a través de medios apropiados, al sostener penalidades sobre aquellos que la quebrantan y recompensar a aquellos que se rigen por ella. Esta definición puede estar muy bien en armonía con la Ley Divina; es más, tal ley no puede sino venir de Dios.

Por tanto, no sorprende que los legisladores antiguos hayan afirmado que algún dios era el autor de las leyes cuando querían que las aceptaran. Minos declaró que Júpiter era el autor de sus leyes, Licurgo que Apolo, Solón y Draco que Minerva, y

Numa Pompilio que Egeria. Por otro lado, sabemos con certeza, de la Escritura, que Dios nos dio la Ley a través de Moisés en el Monte Sinaí.

§2: EL ERROR DE LOS MANIQUEOS

2. AHORA QUE estos puntos acerca de la naturaleza y la definición de la Ley han sido establecidos, podemos ver con facilidad cuán vergonzoso es el error que los maniqueos cometen cuando desprecian y vilipendian la Ley como si fuera mala. Ya que la Ley solo demanda lo que debe demandarse y prohíbe lo que debe prohibirse, ¿cómo puede hacerse cualquier acusación en contra de ella? No puede encontrarse ningún deber justo u honorable que no esté refrendado por la Ley Divina, ni ningún deber vergonzoso y deshonroso que no esté prohibido por ella.

Es más, ya que los actos malvados no solo están prohibidos por la Ley, sino que también lo están los deseos malvados, la Ley muestra que no solo nuestros actos externos deben ser corregidos, sino que nuestra mente y voluntad también. Una gran parte de nuestras bendiciones dependen de alcanzar un conocimiento de Dios, mientras que los filósofos con gran vehemencia recomiendan el conocimiento de uno mismo. Aquí, ya que la Ley de Dios prohíbe ambas, como hemos mostrado, no puede considerarse malvada y perjudicial sin una seria deshonra.

El pasaje en el que se dice que la Ley ha entrado para que abunde el pecado [Rom. 5:10] podría parecer que aboga por los maniqueos, así como el pasaje de Gálatas: "Entonces, ¿para qué sirve la ley? Fue añadida a causa de las transgresiones" [Gal.

3:19], el pasaje en el Capítulo 7 de la presente[1] epístola: "Porque el pecado, tomando ocasión por el mandamiento, me engañó, y por él me mató" [Rom. 7:11], y la declaración que se hace en 2 Corintios: "El ministerio de muerte grabado con letras en piedras" [2 Cor. 3:7].

Todos estos pasajes parecen corroborar el error de los maniqueos, pero es importante distinguir con cuidado entre lo que pertenece a la Ley de manera esencial y lo que está asociado a ella de manera accidental. Como hemos mostrado antes, el pecado, la muerte, la condenación, y otras cosas tales se originan de la Ley por causa de nuestra naturaleza pecaminosa, pero si no se examina la Ley en contra de nuestro carácter, sino que se considera en sí misma, o se observa en contraste a una naturaleza sólida y no corrompida, no es posible sacar ninguna otra conclusión que la de Pablo, a saber, que la Ley es espiritual, santa, buena, y establecida para dar vida. Más bien, se debe decir que señala al pecado en lugar de engendrarlo.

Si alguien por azar trajera una lámpara a gente fea que se esconde en la oscuridad, y luego le dijeran: "¡Lárgate de aquí, o nos harás más feos con esa luz tuya!", difícilmente concluiríamos de sus palabras que la luz tenía el poder y la propiedad de volver fea a la gente. Más bien, concluiríamos que las cosas que son en sí mismas feas se revelan y muestran como tales por la luz. Esto es precisamente el caso con la Ley, hace brillar una luz, por así decir, y nos hace conscientes de los pecados que antes estaban ocultos.

Pero alguien diría: "Si la Ley es buena y santa, ¿por qué es tan desagradable y odiosa?" Porque llama a las personas a que se vuelvan de las cosas a las que por naturaleza están predispuestas. Están en dolor de que aquellas cosas se les

---

[1] Es decir, Romanos.

prohíban. Cuando miramos a la Ley, vemos lo que deberíamos hacer, y por causa de nuestro orgullo inherente e innato, preferiríamos no estar constreñidos por ninguna regla. Luego, vemos que nuestras acciones están torcidamente inclinadas lejos de la rectitud que se sostiene en la Ley. Y lo que es más doloroso, encontramos que somos demasiado débiles para ser capaces de corregirlas y traerlas de vuelta a la regla prescrita. Mientras, miramos a su penalidad y a la ira de Dios en la que hemos incurrido, y todo esto ofende tanto a nuestro espíritu que nos enojamos, no con nosotros mismos o nuestros pecados, como sería correcto, sino con la Ley que Dios estableció, aunque sea de otra manera últimamente pura y santa.

Sin embargo, este problema se puede remediar, y se puede producir un cambio para que las cosas que hasta ahora eran desagradables se vuelvan agradables de ahora en adelante. Esto sucederá si combinamos la Ley y Cristo. Así como las aguas de Mara eran del todo amargas para la gente de Israel en el desierto, pero cuando la pieza de madera que Dios había especificado era echada, estas mismas aguas se volvían dulces [Éxodo 15:25], así la Ley, aunque sea amarga, cuando se le suma Cristo, a quien Dios envió como nuestro único salvador, y el fin debido y legítimo de la Ley, percibiremos que es dulce. El salmo 119 canta maravillosamente las alabanzas de la Ley de Dios y muestran sin error cómo David tuvo esta experiencia: La Ley es llamada deleitosa, agradable, más dulce que la miel y el panal.

De hecho, esto es lo que se nos promete por el profeta, que Dios escribirá la Ley en nuestros corazones. En efecto, esto significa que Él nos dará el Espíritu de Cristo para que a través de Él podamos estar inclinados a las cosas que la Ley ha demandado que se hagan, para que los mandamientos de Dios puedan ser deleitosos al menos para nuestra mente. El apóstol también enseña esto cuando dice: "Yo mismo con la mente sirvo a la ley de Dios" [Rom. 7:25].

El regenerado experimenta esto. Aunque son incapaces de obedecer perfectamente los mandamientos de Dios, de todas maneras, los aman, los desean ardientemente y los estiman como el máximo bien. Ellos constantemente oran a Dios que sean capaces de acercarse lo más posible a cumplirlos. Como resultado, es evidente cuánto la rectitud y la utilidad de la Ley debe reivindicarse en contra de los maniqueos.

§3: EL ERROR DE LOS PELAGIANOS

3: PERO, por otro lado, no debemos estar menos en guardia respecto de los pelagianos, quienes ponen demasiado énfasis en la Ley. Ellos sostienen que ésta es suficiente para salvación. Dicen que una vez que las personas captan lo que deben hacer, son capaces por mero poder natural de llevarlo a cabo con facilidad. Así que, para no ser condenado por los obispos de Palestina por rechazar completamente la gracia de Dios, Pelagio la confesó de manera superficial. Afirmó que necesitamos la gracia de Dios para ser salvos, pero por *gracia* solo quiso decir nuestra naturaleza misma, la cual Dios nos ha dado libremente, en tanto fuimos hechos por Dios como criaturas racionales dotadas de libre albedrío.

Además, dice que la Ley, esto es, la instrucción, es gracia porque de nuestra propia cuenta no podemos saber lo que debemos hacer o creer a menos que Dios nos lo revele. Por esta razón, escribiendo en contra de Celestio en su *La gracia de Jesucristo y el pecado original*, Agustín dice que los pelagianos enseñan que el poder de la naturaleza es ayudado por la gracia, pero añade que si examinamos y analizamos lo que ellos dicen, no quieren decir otra cosa por gracia, instrucción y Ley que el que el hombre tiene poder suficiente de sí mismo para cumplir los mandamientos de Dios una vez que ha alcanzado conocimiento de la Ley.[1]

---

[1] Agustín, *De gratia Christi* 1.29 (Sobre la gracia de Cristo, NPNF 1/5:228).

Los escolásticos estuvieron muy cerca de este error en su enseñanza de que una persona puede guardar los mandamientos de Dios por su propio poder natural en lo que respecta a la substancia de la obra, pero no respecto de la intención del que da el mandamiento, con lo que querían decir que somos capaces de llevar a cabo las obras mismas, aunque no como Dios mandó que se hicieran, esto es, a partir del amor y el espíritu. Sospecho que añadieron esta segunda parte para que pareciera que diferían de los pelagianos de alguna manera, pero Agustín era tan contrario a tales creencias que niega una obediencia perfecta a los mandamientos de Dios, incluso en los regenerados, mientras vivan en el cuerpo. Esto es claro en sus *Retractaciones*.[2]

Y que Agustín estaba absolutamente en lo correcto lo aclara Pablo en el capítulo 7 de la presente epístola.[3] Si lo que Pelagio enseñó fuera cierto, no habría necesidad de la venida de Cristo y Su muerte sacrificial en la cruz. Esto se nos dio precisamente porque éramos incapaces de lograr una justicia de obras por nuestra propia fuerza. Pablo claramente afirma esto cuando dice: "Porque lo que era imposible para la ley, por cuanto era débil por la carne," etc. [Rom. 8:3].

Esto evidentemente muestra que el hombre es incapaz de cumplir la Ley por causa de la debilidad de la carne. Pablo añade: "Por cuanto los designios de la carne son enemistad contra Dios; porque no se sujetan a la ley de Dios, ni tampoco pueden" [Rom. 8:7]. Incluso cuando la Ley tiene el poder de enseñar e iluminar la mente, para nada nos suple de los medios ni cambia la voluntad. En consecuencia, Ambrosio dice en

---

[2] Por ejemplo, Agustín, *Retractationes* 63.1, trad. Meredith Freeman Eller, en *The* Retractationes *of Saint Augustine*, tesis doctoral (Universidad de Boston, 1946), 298.

[3] Es decir, Romanos.

Sobre la huida del mundo: "La Ley puede frenar la lengua de todos, pero no puede convertir la mente," y "la Ley revela el pecado, pero no remueve la maldad."[4] La gracia debe combinarse con la Ley. Debido a que los pelagianos dan tan poca importancia a la gracia se alejaron de su salvación y fueron justamente condenados por la Iglesia.

4. Respecto a la función de la Ley, debemos recordar estos pocos puntos: Primero, no es enteramente inútil, incluso antes de la regeneración, ya que puede contribuir al orden civil. Si la gente de alguna manera realiza las obras externas de la Ley, incluso siendo pecados para aquellos que los realizan, se puede mantener la sociedad civil. Allí donde no hay observancia de aquellos actos, todo cae bajo confusión: Se cometen injusticias, los impulsos desenfrenados se desbocan, se provoca la ira de Dios hasta el punto de no permitir que los gobiernos así de corrompidos continúen existiendo.

Pero hay otra, una más interna, función de la Ley, que pertenece a la conciencia: Acusa, impele, tortura y condena sin cesar. Ésta es la manera en que Dios trae a la persona a la justificación, como ya hemos señalado. Cuando ésta se obtiene, ni siquiera ahí la Ley queda inactiva, sino que es como un espejo en el cual los regenerados pueden ver los frutos de la fe que deben demostrar, cuánto están progresando a diario, por qué deberían dar gracias y cuán lejos se encuentran de la renovación completa, para que así puedan más fervientemente suplicar a Dios por ella.

La Ley también fija sus ojos en el objetivo que deben alcanzar en todas sus acciones. Incluso cuando en esta vida no den con el objetivo, sí deben hacer todos los esfuerzos para errar al objetivo por un margen mucho menor. Así se ve cuán grande

---

[4] Ambrosio, *De fuga saeculi* 3.15 (*CSEL* 32:175).

es la ayuda de la Ley en nuestras acciones externas, lo que logra en la conciencia, y cuán grande ayuda es para los regenerados.

§4. PAUTAS ESENCIALES PARA EXPLICAR Y OBEDECER LA LEY

5. En los Diez Mandamientos se nos presenta tan solo un esbozo, y uno más bien condensado y básico, del cual se supone que entendamos todas sus manifestaciones.[1] El deseo de más (πλεονεξία) es el principal encabezado de los actos de robo, así como en el caso de actos más vergonzosos de autoindulgencia solo se usa el término adulterio, pero incluye todas las categorías de impureza. En lo que respecta a la idolatría, se prohíbe todo tipo de falsa adoración, aunque solo se expresa el tipo que es más flagrante.

6. Cuando[2] se presentan dos mandamientos inconsistentes entre sí, debe obedecerse el segundo. Dios mandó que se le trajesen los primeros frutos y que se hiciesen sacrificios en su nombre [Éxodo 22:29], pero luego mandó que todas las propiedades de los amalecitas fueran destruidas [1 Sam. 15:3]. Saúl debió haber obedecido este segundo mandamiento.

7. Se debe notar que, en todos los mandamientos, sean ceremoniales, judiciales o morales, cuando dos de los mandamientos de Dios parecen ser incompatibles y uno excluye al otro de tal manera que ambos no pueden guardarse al mismo tiempo —de hecho, uno de ellos debe ser ignorado por el

---

[1] Esta sección está tomada del comentario de Vermigli a Romanos 2, *In epistolam S. Pauli ad Romanos commentarii* (Basilio: Petrus Perna, 1558), 61.

[2] Esta sección está tomada del comentario de Vermigli a 1 Samuel (15:18), *In duos libros Samuelis commentarii* (Zürich: Froschauer, 1564), 87v.

momento—, aquel que se juzga como más sólido y convincente debe guardarse. Sin embargo, el otro que se considera de menor peso y momento no se quebranta porque en esta instancia no se hace nada contrario a la voluntad de Dios.[3] La Ley demanda que cada persona vele por el bienestar de su prójimo y, si alguien está en una posición de autoridad, debe incluso defender con armas a su comunidad [Éxodo 20:13]. Pero la Ley también demanda que no se haga ninguna obra en el Sabbath [Éxodo 20:10]. Un enemigo se encuentra al asecho de la ciudad de uno, y lo hace en el Sabbath porque sabe que se encuentra esta ley sobre los ciudadanos. Parece haber un conflicto en los mandamientos aquí: Por un lado, el bien de la comunidad debe protegerse, por el otro lado, se debe guardar el Sabbath. Los macabeos decidieron en favor de pelear porque consideraron la seguridad del Estado como algo más grande e importante que el ritual del Sabbath [1 Mac. 2:8].

De manera similar, hay un mandamiento de que se debe alimentar al hambriento [Prov. 25:21], pero otro mandamiento establece que el pan de la proposición solo lo deben comer los sacerdotes [Éxodo 29:32]. David llega hambriento ante el sacerdote, pero éste no tiene nada sino los panes de la proposición. Así, se encuentran en conflictos dos mandamientos. El sacerdote sensible obedece y cumple con el mandamiento más importante, a saber, alimentar al hambriento. Trae los panes de la proposición y ayuda a David [1 Sam. 21:6]. Asimismo, hay un mandamiento de suministrar armas al magistrado, ya que sus súbditos deben ayudarlo.[4] En cambio, se decretó que las cosas consagradas a Dios no deben emplearse para otros propósitos [Lev. 22:2]. David, el yerno y capitán que

---

[3] Esta sección está tomada del comentario de Vermigli sobre Jueces (11:11), *In librum Iudicum commentarii* (Zürich: Froschauer, 1561), 132v.
[4] Vermigli no da ninguna cita bíblica de esta afirmación.

peleó guerras en favor del comandante del ejército, no tenía en ese momento ninguna arma. El sacerdote no tenía armas a mano excepto por la espada de Goliat. Aquí hay dos mandamientos que parecen contrarios. El sacerdote sigue el primero y le da a su magistrado la espada porque creyó que era mejor armar a su magistrado que observar una formalidad religiosa.[5] De nuevo, hay un mandamiento de que la Iglesia no debe escasear de ministros al punto de estar completamente destituida de ellos. Otro mandamiento en Pablo dice que no se debe hacer obispo a un neófito. La iglesia en Milán está en problemas y no puede encontrar a un obispo apto que a la vez se encuentre libre del arminianismo y tenga gran autoridad y sabiduría de parte de Dios. Hay un hombre, Ambrosio, pero es un recién convertido y catecúmeno.[6] Aquí se encuentran dos mandamientos que son por lo que parece contrarios el uno del otro, pero era correcto que el mandamiento menos importante le dé espacio al más importante. Hablando por medio de las palabras del profeta, Cristo nos ha enseñado: "Porque misericordia quiero, y no sacrificio" [Oseas 6:6]. Él no dice que no quiere sacrificios, sino más bien declara que si dos mandamientos entran en conflicto, uno que pertenece a la misericordia y otro al sacrificio, él prefiere la misericordia al sacrificio.

8. Surge[7] la pregunta de si el anciano en Jueces 19:24 actuó o no adecuadamente cuando ofreció a su hija y la esposa del levita a los hombres de Gabaa para que no abusaran de su invitado [i.e., el levita]. Todos dan una respuesta diferente.

---

[5] Cf. 1 Sam. 21:9.

[6] Para la historia del nombramiento de Ambrosio, véase Paulinus, *De vita Ambrosii*, 6.

[7] Esta sección está tomada del comentario de Vermigli sobre Jueces (19:24 [Londres 1576 lee 19:14], *In librum Iudicum commentarii* [Zürich: Froschauer, 1561], 181v-182r).

Algunos dicen que él tomó en cuenta la enormidad y atrocidad del crimen y optó por el mal menor sobre el mayor porque se rehusó a traicionar la buena fe que le había extendido a su invitado. Así, en esta línea de pensamiento, se cree que el hombre puede ser excusado. Y no piensan de manera diferente respecto de Lot [Gen. 19:8]. En particular, Crisóstomo elogia calurosamente a Lot en este episodio, así como Ambrosio lo hace en su *De Abraham Patriarcha*, sobre la base de que pone en segundo lugar la profanación de su propia casa frente a un acto tan atroz.[8]

Sin embargo, al examinar el asunto con más cuidado y más de cerca en sus *Cuestiones sobre el Génesis*, Agustín afirma que equilibrar los pecados entre sí es completamente insostenible.[9] En su opinión, Lot no tenía licencia para entregarle su hija a la lujuria de los sodomitas para que no cometieran un acto aún más atroz, ni tampoco a nosotros se nos permite cometer una falta menor para evitar una más grande. La razón es que el apóstol claramente enseña que no debemos cometer maldades para alcanzar un buen resultado [Rom. 3:8]. Por lo tanto, cuando se trata del pecado, se requiere la abstención total, por más insignificante que parezca, y si un pecado más serio pareciera seguir si nos resistimos a un pecado, entonces debemos encomendar el cuidado de este asunto a Dios; solo que nosotros no debemos cometer ningún pecado sobre la base de este pretexto. Ésta era la opinión de Agustín, y yo la acepto por completo.

Pero para no apartarnos de la historia que he mencionado, aunque el anciano le debía buena fe a su invitado, él también le

---

[8] Ambrosio, *De Abraham patriarcha* 1.52 (*PL* 14:440).
[9] Agustín, *Quaestiones in Genesim* 42 (= *Quaestiones in Heptateuchum* 42, *PL* 34:559). De hecho, al menos en el pasaje que cita Vermigli, Agustín no expresa una opinión definitiva sobre el asunto.

debía buena fe y protección a su hija y a la esposa del levita, y tampoco se le permitía mostrar buena fe a su invitado más allá de lo que la Palabra de Dios permitía. En consecuencia, no podía justamente prostituir ante aquellos hombres a su hija y a la esposa de su invitado. Un padre no tiene tal autoridad sobre su hija para que pueda someterla a la lujuria de otros, y tampoco la hija está bajo ninguna obligación de obedecer a su padre en el caso de pecado si él así lo desea y lo ordena. Pero alguien podría decir: "Un mal menor debe preferirse sobre uno más grande." Sé que esto se dice comúnmente, pero debe ser entendido correctamente como aplicable en aflicciones externas y dificultades del cuerpo y la vida. En problemas de este tipo cuando sea que nos veamos forzados a considerar cuál de las dos cosas preferimos, debemos preferir la pérdida menor sobre la mayor, ya que en ello interviene un elemento de algo bueno. En el caso del pecado, sin embargo, ningún elemento de ningún bien interviene, y por supuesto que todo lo que es pecado debe rechazarse al instante, pase lo que pase. No obstante, Agustín excusa a Lot y al anciano sobre la base de que erraron porque estaban angustiados y agitados. Los hombres prudentes a menudo hacen cosas en un estado de agitación que luego desaprueban cuando retoman su compostura. Pero esta excusa no exonera enteramente de pecado a estos hombres, aunque de alguna manera lo mitiga.

Si alguien dice que Pablo eligió el pecado menor sobre el mayor cuando dijo que prefería ser anatema y cortado (ἀνάθεμα) de Cristo por el bien de sus hermanos judíos, antes de que ellos continuaran en la ceguera y tozudez que los retenía, quien sostenga este argumento contra nosotros debe saber que falla en entender este pasaje de Pablo correctamente.[10] Para

---

[10] Véase Romanos 9:3.

estar seguros, el apóstol quería conseguir la salvación de los judíos al costo de su propia perdición, con alguna pérdida y costo, pero no con pecado; a saber, ser maldito y cortado (ἀνάθεμα) de Cristo, no al punto de apostatar o dejar de creer en Cristo, sino solo de no disfrutar la bendición y la vida eterna. Agustín escribe mucho más en contra de tal equilibrio de pecados uno contra el otro, y en particular:

> ¿Y qué si alguien demandara de una doncella que consintiera a ser mancillada o de una mujer casada que consintiera al adulterio, y él amenazara con suicidarse si no obtiene lo que se quiere? ¿Deberían las mujeres buenas y castas consentir a él? Por supuesto que no. Ni siquiera si él termina suicidándose deben las mujeres castas considerarse culpables de su muerte. Sentirán pena por él, por supuesto, se sentirán tristes por lo que ha sucedido, pero no pensarán que hayan hecho algo malo al no conceder sus demandas ilícitas.[11]

De manera similar, Agustín escribe sobre el salmo 146: "Si uno le niega a su esposa la debida intimidad para que pueda vivir castamente, y al mismo tiempo la esposa cae en adulterio, él peca, y su plan no puede ser aprobado. No puede cometer pecado respecto a la esposa para que practique la castidad. Dios no recompensa tal mal con esa retribución."[12] A la luz de esto es encomiable el pronunciamiento de León I, distinción 46,

---

[11] Este pasaje no se encuentra en las obras de Agustín. Vermigli, aunque utiliza un discurso directo, está evidentemente parafraseando ampliamente a Agustín. Cf. *De civitate Dei* 1.16-21 (*Ciudad de Dios*, NPNF 1/2:12-15).

[12] Una vez más, Vermigli parece parafrasear a Agustín en un discurso directo que no aparece textualmente en la obra de este último, aunque el germen de la idea podría detectarse allí. Cf. Agustín, *Ennarrationes in psalmos* 146 (*Exposiciones sobre los Salmos*, NPNF 1/8:665).

capítulo *Non suo*.[13] Dice aquí[14]: "No conviene que las personas empleen su pecado para la ganancia de otros." En sus *De mendacio ad Consentium*, Agustín dice: "Uno debe hacer todo lo que pueda por la salvación de su prójimo, pero si sucede que solo puede hacerlo al pecar, entonces no hay nada que podamos hacer."[15] Y añade: "Nadie debe llegar al cielo por una mentira." Y también dice en otra parte:

> Si la gente pobre ve a un hombre rico que es cruel y codicioso y decide robar algo de él para ayudarse a sí mismos o a otras personas pobres, no mitigan su propio pecado, sino que lo incrementan.[16]

En su *Carta a Siagrio*, Gregorio de Roma escribe: "Cometer un pecado menor para evitar uno mayor es dar como sacrificio a Dios la porción de un delito propio, como está escrito en Proverbios 21" [Prov. 21:27].[17] En lo que respecta al hecho de que Crisóstomo y Ambrosio elogiaron a Lot sobre este asunto,

---

[13] Se trata del *Decretum Gratiani* (46.10: *Sicut suo*), una compilación de derecho canónico del siglo XII. Junto con otras cinco recopilaciones, formó el monumental *Corpus iuris canonici*, base del derecho canónico hasta 1917. Véase Anders Winoth, *The Making of Gratian's Decretum* (Cambridge: Cambridge University Press, 2004), 1-33.

[14] Londres 1576: quae. Jueces 1561, Zúrich 1580 y Heidelberg 1603: qua. Esta última es la mejor lectura.

[15] Por lo que respecta a esta cita y a la siguiente, aunque los sentimientos pueden encontrarse más o menos en esta obra, la formulación exacta, o incluso casi exacta, no. Una vez más, Vermigli parece parafrasear vagamente su fuente con una fraseología que parece ser una cita directa. Cf. Agustín, *De mendacio* 11 (*Sobre la mentira*, NPNF 1/3:463).

[16] El traductor no ha podido localizar ni estas palabras ni el sentimiento en las obras de Agustín.

[17] El traductor no ha encontrado ninguna carta a Siagrio, obispo de Autun, en la que se exprese este sentimiento. Es posible que la memoria de Vermigli haya fallado, o que trabajara a partir de una colección (por ejemplo, el *Decretum Gratiani*) errónea en algunos puntos.

debe tomarse como aprobación de su cuidado y fidelidad a sus invitados y como consideración de la atrocidad del pecado que los ciudadanos se estaban preparando para cometer, y no como que aprobaron que prostituyeran a sus[18] mujeres.

9. Debemos[19] notar que todos los requerimientos de Dios son demandados o prohibidos. Demandan no solo que algo se haga casualmente, sino que sea hecho con toda nuestra alma, con todo nuestro corazón, con toda nuestra fuerza y con el mayor cuidado, para que no haya nada en nosotros que no esté en sumisión a la voluntad de Dios; mientras que lo que prohíben no simplemente lo prohíben para que no se encuentre en nosotros, sino para que ni siquiera un deseo o propensión hacia él quede en nosotros. Ésta es la razón de que Dios decretara: "No codiciarás" [Éxodo 20:17], para que seamos reacios a aquellas cosas que Dios ha prohibido en nuestra mente y voluntad, y, en resumidas cuentas, en cada una de las partes de nuestro cuerpo y espíritu. De esta manera, estos dos mandamientos se complementan entre ellos.

El mandamiento: "Y amarás a Jehová tu Dios de todo tu corazón, y de toda tu alma, y con todas tus fuerzas" [Deu. 6:5] debe tomarse para aplicarse a todos los requerimientos que demandan algo, mientras que el último "no codiciarás" [Éxodo 6:17] debe entenderse de manera similar sobre todo lo que está prohibido. Por esta razón, la actualización y, por así decir, el alma de la Ley se considera que reside en estos dos mandamientos sobre la base de que sin ellos todos los otros mandamientos de Dios no se pueden realizar.

---

[18] "Su" (*eorum*) aquí sugiere que Vermigli no solo tiene en mente a Lot, sino también al anciano de Jueces 19.

[19] Este apartado está tomado del comentario de Vermigli a Romanos 7, *In epistolam S. Pauli Apostoli ad Romanos* (Basilio: Petrus Perna, 1558), 229.

BIBLIOGRAFÍA

Literatura primaria

Ambrose. *Hexameron, Paradise*. New York: Fathers of the Church, Inc., 1961.

Anselm. *The Major Works*. Edited by Brian Davies and G.R. Evans. Oxford: Oxford University Press, 1998.

Augustine. *Against Julian the Pelagian*. Translated by Matthew Schumacher. New York: Fathers of the Church, 1957.

———. *The Literal Meaning of Genesis*. Vol. 1, bks 1–6. Translated by John Hammond Taylor. New York: Paulist Press, 1982.

———. *Questions on the Heptateuch*. In *The Works of St. Augustine: A Translation for the 21st Century*, translated by Joseph T. Leinhard, S.J., and Sean Doyle. New York: Augustinian Heritage Institute, 2016.

———, *Saint Augustin: Anti-Pelagian Writings*. Translated by Peter Holmes, Robert Wallis, and Benjamin Warfield. 1st ser., vol. 5 of *Nicene and Post-Nicene Fathers*, edited by Philip Schaff. Grand Rapids, MI: Eerdmans, 1980 reprint.

———. *To Simplician, on various questions*. In *Augustine: Earlier Writings*, translated and edited by John H. S. Burleigh. Philadelphia: The Westminster Press, 1953, 376–406.

Basil of Caesarea, *St. Basil the Great: On the Human Condition*. Translated by Nonna Verna Harrison. Crestwood, NY: St. Vladimir's Seminary Press, 2005.

Calvin, John. *The Bondage and Liberation of the Will: A Defence of the Orthodox Doctrine of Human Choice against Pighius*. Edited by A.N.S. Lane. Translated by G.I. Davies. Grand Rapids, MI: Baker Books, 1996.

———. *Institutes of the Christian Religion*. Translated by Ford Lewis Battles. Atlanta: John Knox Press, 1975.

Chrysostom. *Homilies on Genesis 1–17*. Translated by Robert C. Hill. Washington, D.C.: The Catholic University of America Press, 1986.

———. *Homilies on Genesis 18–45*. Translated by Robert C. Hill. Washington, D.C.: The Catholic University of America Press, 1990.

Cyprian. *The Letters of Cyprian*. Vol. 3, Letters 55–66. Translated by G. W. Clarke. New York: Paulist Press, 1986.

Daneau, Lambert. *D. Aurelii Augustini Hiponensis Episcopi liber De haeresibus, ad Quodvultdeum . . . emendatus et commentariis illustratus, a quo eodem additae sunt haereses ab orbe condito ad constitutum Papismum et Mahumetismum, etiam ea quae hic erant ab Augustino praetermissae*. Geneva: Eustache Vignon, 1578.

Hugo of St. Victor, *On the Sacraments of the Christian Faith*. Translated by Roy Deferrari. College Station, PA: Penn State University Press, 1951.

Jerome. *Commentaries on the Twelve Prophets*. Translated by Thomas Scheck. Downers Grove, IL: InterVarsity Press, 2016.

Lombard, Peter. *The Sentences*. Translated by Guilio Silano. Toronto: Pontifical Institute of Medieval Studies, 2008.

Origen. *Commentary on the Epistle to the Romans*. Translated by Thomas Scheck. Washington, D.C.: The Catholic University of America Press, 2002.

Pighius, Albert. *De libero hominis arbitrio et divina gratia, Libri decem*. Cologne: Melchior Novesianus, 1542.

———. "De peccato originis controversia." In *Controversiarum praecipuarum in comitiis Ratisponensibus tractatarum et quibus nunc potissimum exagitatur Christi fides et religio, diligens, et luculenta explicatio*. Cologne: Melchior Novesianus, 1542, fols. i[r]-xxix[r].

Vermigli, Peter Martyr. *In Epistolam S. Pauli Apostoli ad Romanos*. Zurich: [A. Gesner], 1559

Literatura secundaria

Anderson, Marvin W. *Peter Martyr: A Reformer in Exile (1542–1562)*. Nieuwkoop: B. de Graaf, 1975.

———. "Peter Martyr on Romans." *Scottish Journal of Theology* 26, no. 4 (1973): 401–20.

Backus, Irena and Aza Goudriaan. "*Semipelagianism*: The Origins of the Term and its Passage into the History of Heresy." *Journal of Ecclesiastical History* 65, no. 1 (2014): 25–46.

Baschera, Luca. "Aristotle and Scholasticism." In *A Companion to Peter Martyr Vermigli*, edited by Torrance Kirby, Emidio Campi, and Frank James III, 133–60. Leiden: Brill, 2009.

———. "Peter Martyr Vermigli on Free Will: The Aristotelian Heritage of Reformed Theology." *Calvin Theological Journal* 42, no. 2 (2007): 325–46.

Beatrice, Pier Franco. *The Transmission of Sin: Augustine and the Pre-Augustinian Sources*. Translated by Adam Kamesar. Oxford: Oxford University Press, 2013.

Brady, Jules M. "St. Augustine's Theory of Seminal Reasons." *New Scholasticism* 38, no. 2 (1964): 141–58.

Campi, Emidio. "Genesis Commentary: Interpreting Creation." In *A Companion to Peter Martyr Vermigli*, edited by Torrance Kirby, Emidio Campi, and Frank James III, 209–30. Leiden: Brill, 2009.

Colish, Marcia. *Faith, Fiction, and Force in Medieval Baptismal Debates*. Washington DC: Catholic University of America Press, 2014.

Denlinger, Aaron. "Calvin's Understanding of Adam's Relationship to His Posterity: Recent Assertions of the Reformer's 'Federalism' Evaluated." *Calvin Theological Journal* 44, no. 2 (2009): 226–50.

Di Gangi, Mariano. *Peter Martyr Vermigli, 1499–1562: Renaissance Man, Reformation Master*. Lanham, MD: University Press of America, 1993.

Donnelly, John Patrick, SJ. *Calvinism and Scholasticism in Vermigli's Doctrine of Man and Grace*. Leiden: Brill, 1976.

———. "Peter Martyr on Fallen Man: A Protestant Scholastic View." PhD thesis, The University of Wisconsin-Madison, 1972.

———. Robert Kingdon, and Marvin Anderson. *A Bibliography of the Works of Peter Martyr Vermigli*. Ann Arbor, MI: Edwards Brothers, 1990.

Evans, Robert. *Pelagius: Inquiries and Reappraisals*. New York: The Seabury Press, 1968.

Faber, Jelle. "Imago Dei in Calvin: Calvin's Doctrine of Man as the Image of God in Connection with Sin and Restoration." In *Essays in Reformed Doctrine*, 227–50. Neerlandia, Alberta, Canada: Inheritance Publications, 1990.

Fedwick, Paul. *Basil of Caesarea: Christian, Humanist, Ascetic.* Toronto: Pontifical Institute of Mediaeval Studies, 1981.

Gousmett, Chris. "Creation Order and Miracle According to Augustine." *Evangelical Quarterly* 60, no. 3 (1988): 217–40.

Gross, Julius. *Geschichte des Erbsündendogmas: Ein Beitrag zur Geschichte des Problems vom Ursprung des Übels.* 4 vols. Munich: Ernst Reinhardt Verlag, 1960–72.

James, Frank III. "The Complex of Justification: Peter Martyr Vermigli versus Albert Pighius." In *Peter Martyr Vermigli: Humanism, Republicanism, Reformation,* edited by Emidio Campi, Frank James, and Peter Opitz, 45–58. Geneva: Droz, 2002.

Keech, Dominic. *The Anti-Pelagian Christology of Augustine of Hippo.* Oxford: Oxford University Press, 2012.

Landgraf, Artur Michael. "Die Vererbung der Sünden der Eltern auf die Kinder nach der Lehre des 12. Jahrhunderts," *Gregorianum* 21 (1940): 203–47.

Lane, Anthony. "Albert Pighius's Controversial Work on Original Sin." *Reformation and Renaissance Review* 4, no. 1 (2002): 29–61.

McLelland, Joseph C. "A Literary History of the *Loci communes.*" In *A Companion to Peter Martyr Vermigli,* edited by Torrance Kirby, Emidio Campi, and Frank James III, 479–94. Leiden: Brill, 2009.

———. "Peter Martyr Vermigli: Scholastic or Humanist?" In *Peter Martyr Vermigli and Italian Reform,* edited by Joseph C. McLelland, 141–51. Waterloo, Ontario: Sir Wilfred Laurier University Press, 1980.

Pitkin, Barbara. "Nothing but Concupiscence: Calvin's Understanding of Sin and the *Via Augustini.*" *Calvin Theological Journal* 34, no. 2 (1999): 347–69

Rees, Brinley. *Pelagius: A Reluctant Heretic.* Wolfeboro, NH: The Boydell Press, 1988.

Steinmetz, David. "Peter Martyr Vermigli (1499–1562): The Eucharistic Sacrifice." In *Reformers in the Wings,* 151–61. Philadelphia: Fortress Press, 1971.

Strohm, Christoph. "Petrus Martyr Vermiglis *Loci communes* und Calvins *Institutio Christianae religionis.*" In *A Companion to Peter Martyr Vermigli,* edited by Torrance Kirby, Emidio Campi, and Frank James III, 77–104. Leiden: Brill, 2009.

Vasoli, Cesare. "*Loci communes* and the Rhetorical and Dialectical Traditions." In *Peter Martyr Vermigli and Italian Reform,* edited by

Joseph C. McLelland, 17–28. Waterloo, Ontario: Sir Wilfred Laurier University Press, 1980.

Vorster, Nico. "Calvin's Modification of Augustine's Doctrine of Original Sin." In *Restoration through Redemption: John Calvin Revisited*, edited by Henk Belt, 45–61. Leiden: Brill, 2013.

Widengren, Geo. *Mani and Manichaeism*. New York: Holt, Rinehart, and Winston, 1965.

Williams, N.P. *The Ideas of the Fall and of Original Sin: A Historical and Critical Study*. London: Longmans, Green and Co., Ltd., 1927.

YA DISPONIBLE

LA JOYA RARA DEL CONTENTAMIENTO CRISTIANO

JEREMIAH BURROUGHS

TEOLOGÍA PARA VIVIR

Made in United States
Orlando, FL
30 April 2025

60887265R00199